U0454937

数字出版编辑
基础教程

中国音像与数字出版协会　编

SMPH
上海音乐出版社

图书在版编目（CIP）数据

数字出版编辑基础教程 / 中国音像与数字出版协会编. –
上海：上海音乐出版社，2025.
ISBN 978-7-5523-2774-8
Ⅰ. G237.6
中国国家版本馆 CIP 数据核字第 2024S6N625 号

书　　名：数字出版编辑基础教程
编　　者：中国音像与数字出版协会

责任编辑：石　含　於骏洁
封面设计：何　辰

出版：上海世纪出版集团　上海市闵行区号景路 159 弄　201101
　　　上海音乐出版社　上海市闵行区号景路 159 弄 A 座 6F　201101
网址：www.ewen.co
　　　www.smph.cn
发行：上海音乐出版社
印订：上海盛通时代印刷有限公司
开本：890×1240　1/32　印张：11.125　字数：249 千字
2025 年 1 月第 1 版　2025 年 1 月第 1 次印刷
ISBN 978-7-5523-2774-8/G·0208
定价：65.00 元

读者服务热线：(021) 53201888　印装质量热线：(021) 64310542
反盗版热线：(021) 64734302　(021) 53203663
郑重声明：版权所有　翻印必究

审定委员会

主　任：孙寿山

副主任：王亚元　张毅君

委　员(以姓氏笔画为序)：

丁晓玲　王　晨　孙宏达　李　弘　杨　晨

何　威　邹华清　张兆弓　张　巍　陆以威

陈　丹　胡　睿　敖　然　夏　欣　唐贾军

黄先蓉　彭卫国　靳　琼

编辑委员会

（以姓氏笔画为序）

王　准　王晓光　方　卿　冯思然　刘　睿
闫　翔　李　弘　岑振唯　余叶烨　张传静
陈文锦　陈馨怡　郑立新　郑　南　徐丽芳
黄先蓉　梅术文

序　言

出版是将人类知识和智慧进行归纳总结的综合性工作,是文化传播和文明传承的重要手段,而人才培养则是强化这一手段的重要保障。近年来,在党和国家相关政策引领和技术驱动下,我国数字出版产业迅速发展,以网络文学出版和网络游戏出版为代表的业态创新更是成为出版业发展的重要力量。在高质量发展的背景下,如何构建一支有效支撑和服务于我国数字出版产业发展的人才队伍已成为行业发展的重大课题。

多年来,国家建立的出版专业技术人员职业资格和继续教育培训制度,为强化行业价值引领、提升从业人员能力水平、推动出版专业人才队伍建设提供了可靠的保障,也为加强对从事网络文学出版和网络游戏出版的数字出版编辑人员的岗位能力培训和在职继续教育工作提供了思路和借鉴。

一

相较于传统的书报刊出版业态,数字出版模式具有内容数据量大、交互性强、更新速度快,以及绿色环保的发展趋势,数字出版产品更是呈现内容多媒体多模态、超链接交互、服务开放性和智能化程度高等主要特点,数字出版产业也呈现平台化、产业集中度高、对技术与资本依赖程度高等基本态势。鉴于此,服务数字出版业的从业者的教育培训更需要正本清源、守正创新、积极探索,为内容生产、技术应用和管理创新等出版融合发展提供全新的能力评价体系。因此,为网络文学出版和网络游戏出版等相关领域从业人员编写并出版适用的岗位培训辅导教材,就成为一项意义重大的实践探索。

第一,出版辅导教材将有利于加强对相关领域从业人员思想教育和业务能力培养。包括网络文学出版和网络游戏出版在内的数字出版行业在经历多年持续的高速发展之后,不但需要强化网络思维、用户思维,更需要增强价值导向思维和高质量发展思维。出版业具有鲜明的意识形态属性和文化传播功能,网络文学出版和网络游戏出版同样具有价值引领、服务人民、传播知识的社会职责。出版辅导教材,可以普及国家相关法律法规和政策知识,提升从业者对社会主义核心价值观的深刻认知,推动构建一支思想水平高、业务能力强的网络文学和网络游戏领域人才队伍。

第二,出版辅导教材将有利于规范相关领域业务流程、提升产品和服务质量。网络技术催生了网络文学出版和网络游戏出版等新兴数字出版业态,带来了相关行业的快速发展。但作为一种出版新模式,网络文学和网络游戏的出版业务流程设置是否合理、出版单位和出版从业人员的把关者职能是否真正履行、相关产品质量和服务的精准性是否能够满足用户需求,这些都需要通过系统梳理后形成成熟规范,并以教材的形式固定下来、传播出去,从而实现从机制上对相关领域的业务规范化,提升全行业高质量发展水平和产品质量水平。

第三,出版辅导教材将有利于探索并形成数字出版领域人才队伍建设新模式。开展从业人员在职岗位培训和继续教育活动是传统出版单位一项优良的人才培养传统和出版质量管理措施,多年来的实践证明了其能够有效地提升出版从业者的思想政治水平和岗位业务能力。通过为网络文学出版和网络游戏出版等数字出版新兴业态编写并出版教材,建立在职培训和评价机制,有利于摸索相关领域的人才队伍建设模式,对于构建以人才队伍为保障的数字出版业高质量发展体系将大有裨益。

二

本套辅导教材是在围绕行业管理基本要求、紧贴网络文学出版和网络游戏出版的业务实践,并通过广泛调研的基础上完成编写工作的。教材共分三册,分别为《数字出版编辑基础教程》《网络文学出版编辑实务教程》和《网络游戏出版编辑实务教程》。

《数字出版编辑基础教程》主要为相关领域从业者提供数字出版行业的基础知识,力求让学习者了解我国数字出版业发展的基本情况,全书分为六章。第一章为"出版与出版学",重点阐述了出版、出版的功能及出版学基础知识,让学习者熟悉出版行业和出版学科建设的基本情况。第二章为"数字出版",重点讲解了数字出版与网络出版的概念、典型的数字出版产品和服务形态,并对当前我国出版融合发展情况进行了分析。这一章的内容有助于学习者熟悉和了解与自身工作相关的数字出版基础知识。第三章为"数字出版产业",重点讲解了我国数字出版产业的发展现状,对数字出版产业中的基本特征、重要关系进行了分析,有助于学习者掌握我国数字出版产业的总体面貌。第四章为"数字出版管理",重点讲解党和国家对数字出版业的管理要求和政策导向,从主体管理和产品管理两个维度深入浅出地阐述了我国数字出版业的基本管理制度和政策保障体系。第五章为"数字出版编辑工作",重点讲解了数字出版工作中的编辑业务要求,对相关业务流程和语言文字规范进行了详细解读,有助于学习者熟悉网络文学出版和网络游戏出版过程中的编辑业务规范,掌握编辑工作的基础知识。第六章为"著作权与网络著作权",重点讲解著作权的类型、网络环境下著作权管理要求和相关著作权保护措施。出版在本质上是著作权管理和运营,本章介绍有助于学习者掌握著作权基础知识,熟悉网络环境下的著作权管理和保护利用手段。

《网络文学出版编辑实务教程》以网络文学出版业务流程为主线,坚持从编辑实践工作出发构建网络文学编辑相关的岗位知识体系。根据网络文学出版的业务需求,全书分为六章。第一章为"网络文学出版产业",重点阐述了网络文学的概念、特征及其与传统文学的关系,对我国网络文学产业的发展历程、发展现状和发展趋势进行了详细分析,对网络文学产业链的概念、特征、主体构成及重要关系与运行机制进行了描述。第二章为"网络文学编辑",明确了网络文学编辑工作与传统文学编辑工作的区别、网络文学编辑工作的基本流程,对网络文学编辑的政治素养、思想素养、文学素养、策划运营能力及写作能力提出了要求。第三章为"网络文学创作",重点讲解了网络文学创作主体和流程,网络文学主要题材类型的界定、分析。第四章为"网络文学内容管理",重点讲解了内容的概念和类型,并对内容管理的一般流程、基本要求及平台进行了分析。第五章为"网络文学运营",重点讲解网络文学运营工作的原则和类型,对内容运营、平台运营、用户运营、版权运营,以及品牌运营进行了详细的解读和分析。第六章为"网络文学传播",重点讲解网络文学传播的特点,分析了网络文学传播的路径和受众,研究了网络文学传播渠道的管理机制。

《网络游戏出版编辑实务教程》以网络游戏企业业务流程为主线,明确了网络游戏编辑各岗位工作要求,全书也分为六章。第一章为"网络游戏产业",重点讲解了游戏的概念、本质属性及基本特征,分析了游戏与网络游戏的发展历程,研究了网络游戏产业的现状和趋势,以及电子竞技产业的发展。第二章为"网络游戏出版编辑",重点讲解了网络游戏编辑的工作特点和基本流程,对网络游戏编辑的一些基础知识和常用软件工具的应用能力提出了要求。第三章为"网络游戏产品策划",重点讲述网络游戏产品策划的主要内容和流程,明确了编制网络游戏产品策划书的目的和编制过程中应注意的问题。第四章为"网络游戏产品开发与制作",重点讲解了网络游戏产品开发与制作的相关内容,包括程序开发、美术设计、音频设计、本地化开发等,对相关编辑人员的工作职责和所需技能提出了明确要求。第五章为"网络游戏产品内容管理与测试",重点讲解了网络游戏内容管理的概念、类型、一般流程和基本要求,明确了网络游戏产品的测试流程和要求。第六章为"网络游戏产品运营",重点讲解了网络游戏运营的主要环节和意义;对网络游戏运营及盈利模式、运营的阶段划分,以及网络游戏品牌推广进行了分析;明确了网络游戏版权运营和中国游戏出海发行的挑战与对策,对游戏出海与中国文化传播的机制进行了详细阐述。

总体看，三册辅导教材围绕政策导向和紧贴业务需求，提出了网络文学出版单位和网络游戏出版单位相关从业人员的基本素质要求，构建了从业者应具备的业务能力框架，初步形成了较为科学和完整的知识体系，是一套能够满足相关领域人才队伍建设需求的辅导教材。

三

本套辅导教材的策划和出版工作历经三年多的时间，凝聚了主管部门、行业协会及从业单位 80 多位领导、专家和编写者的心血。作为我国第一套面向网络文学出版和网络游戏出版领域从业者岗位培训的辅导用书，教材的出版实现了从"0"到"1"的艰难而可喜的跨越！

三年多来，主管部门相关领导出席教材编写工作论证会议，多次就教材的体例、结构及内容组织提出了指导性意见；中国音像与数字出版协会组织了有效的工作班子，协会领导认真负责、亲力亲为，研究解决策划和编写过程中的各种困难和问题；上海市新闻出版局相关领导同志全程参与，持续督导工作进度、指导具体工作过程；广大编写工作者任劳任怨、甘于奉献，更是为此项工作付出了开创性的智力劳动；出版单位领导和责任编辑作风严谨、工作专业，为教材的最终出版提供了质量保障。这一方面体现了党和国家对数字出版行发展的高度重视、对人才队伍建设的殷殷关切，另一方面也充分反映了广大数字出版从业者对行业高质量发展主动作为、对提升自身业务能力的迫切需求。辅导教材的出版，为数字出版相关领域的人才队伍建设打下了坚实的基础，为后续开展在职辅导培训和岗位能力评测等继续教育活动提供了有力的内容资源保障，也为下一阶段在主管部门领导下开展的数字出版编辑职业规划设计及相关技术等级制度的建立提供了有效的支撑。同时，也应该看到，由于没有先例可循，加之编写者水平和能力的局限，辅导教材中可能还存在着一些不足和问题，欢迎各级领导、行业专家和广大数字出版工作者给予批评指正，以便后期的修订和完善。

党的二十大提出，坚持科技是第一生产力、人才是第一资源、创新是第一动力，深入实施科教兴国战略、人才强国战略、创新驱动发展战略，开辟发展新领域新赛道，不断塑造发展新动能新优势。二十届三中全会进一步强调，必须增强文化自信，发展社会主义先进文化，弘扬革命文化，传承中华优秀传统文化，加快适应信息技术发展新形势，培育形成规模宏大的优秀文化人才队伍，激发全民族文化创新创造活力。作为出版新质生产力的典型代表，数字出版行业更要坚持党管人才的基本原则，要积极引导广大数字出版专业人才爱党报国、爱岗敬业，坚持以习近平新时代中国特色社会主义思想，特别是以习近平文化思想为指导，坚持正确的价值导向，以优秀的作品服务人民，以良好的服务回报社会，为构建有效传播中华优秀传统文化的全媒体传播体系贡献力量。在此过程中，这套为网络文学出版和网络游戏出版从业人员提供岗位能力培训的辅导教材将会发挥更加重要的作用。

孙寿山

2024 年 12 月于北京

目　录

第一章

出版与出版学

重点提示：出版、编辑、复制和发行的内涵和外延；出版的内在功能和社会功能；出版学的研究对象、研究内容、学科性质和研究方法。

第一节　出版概述

一、出版

我国出版活动历史悠久，但"出版"一词出现较晚。古代把出版活动称作"梓行""雕印""版印"等。直到清朝末年，思想家黄遵宪才首次使用"出版"一词。1906 年，《大清印刷物专律》首次在官方文件中正式使用这一概念。在西方，法语和英语中表示"出版"的词语分别出现于 1330 年和 1450 年。可见，无论中外,"出版"一词的出现都远远晚于出版活动本身。

关于"出版"这一概念的含义,中外存在显著不同的认知,甚至国内的看法也不尽相同,概括起来,大致可以分为三类。

(一)"单一要素"说

这种观点认为,出版就是一种"公之于众"的传播活动。从西方语言中"出版"这一词语的演变来看,法语 publier 和英语 publish 均源自拉丁语 publicare,而 publicare 的本义即是"公之于众"。所以西方国家给"出版"所下的定义中,一般都含有或强调"公之于众"的含义。

(二)"两要素"说

这种观点认为,出版是在"印刷复制"基础上"公之于众"的活动。例如,出版是"使用机械或电子的手段,将作品复制一份以上,以收费或不收费的方式向大众公布"[赵斌.面向新世纪不变的出版追求.中国编辑研究(2000),人民教育出版社,2001:270.]。再如,"出版是通过一定的物质载体,将著作制成各种形式的出版物,以传播科学文化、信息和进行思想文化交流的一种社会活动"[中国大百科全书总编辑委员会编.中国大百科全书:新闻出版,中国大百科全书出版社,1990:8.]。此外,由联合国教科文组织主持签订的《世界版权公约》(1971年)称,条约中所用出版一词,系指作品以有形形式复制,并把复制件向公众发行,使作品能被阅读或观赏的活动。

(三)"三要素"说

这种观点认为,仅有复制和发行尚不能构成完整的"出版"概念,还必须加上一个"编辑"要素,即出版是由编辑、复制与发行三大要素构成的一项社会活动。例如,"出版是指编辑、复制作品并向公众发行的活动"[全国出版专业职业资格考试办公室编.出版专业理论与实务中级,上海辞书出版社,2004:1.];再如,出版是"对著作物经过编辑加工(包括组稿、审稿、编辑加工、出版设计和校对等各项工作)后,印刷复制,向公众发行"[夏红兵编著.志鉴备考(下)·知识与规范,贵州人民出版社,2004:25.];等等。这些定义虽然在表述上有一定差异,但意义基本相同,即出版须包括"编辑""复制""发行"三个基本要素,缺一不可。

由此可见,人们对出版这一概念存在较大的认知差异,中外的观点更是相去甚远。理论上,西方国家在强调"公之于众"的同时,一般还会涉及"复制",但普遍忽视"编辑"这一要素;而我国则十分看重"编辑"要素,甚至有不少人认为"编辑"是出版工作的中心,没有"编辑"便没有出版。在出版实践活动中,西方出版界更重视出版的传播功能,将出版的中心定位在出版物的营销推广上,对于出版物质量则以"文责自负"来解释;而我国出版界则更加强调出版的过程,尤其重视对稿件的编辑加工工作,出版人将主要精力都投入在稿件的优化与价值的提升之上。

本书认为,出版应该包括编辑、复制和发行这三个基本要素,缺一不可。过分强调其中的某一要素而忽视其他要素都是不科学的,对出版实践更是不利的。因此,本书将出版定义为:一项包括编辑、复制和发行三个基本要素的社会传播活动。

二、编辑

"编辑"一词,在不同时代或语境下有不同的含义。在古代,"编辑"与"编纂""编撰""编次""编修"等词意义相近,主要用来指称对材料进行搜集、整理、加工的著作方式。在当代,各种文字材料的整理活动可以称为"编辑";在网络信息处理过程中,对网络内容资源的复制、粘贴、格式设置等也可以称为"编辑"。但是上述这些"编辑"的含义,均不在本书的研究范畴之内。本书所指的"编辑"是出版学语境下的一种专业业务活动。

在现代出版学语境下,"编辑"概念主要涉及以下几个基本要件:

首先,编辑从属于出版活动,是一种有别于著述活动的出版业务活动。在古汉语中,"编辑"通常被解释为"收集材料,整理成书"(《辞源》)或"搜集材料,以编成书"(《中文大辞典》)的活动。也就是说,在古汉语中,编辑实际上是作者的一种"著作活动"。在现代出版学语境下,"编辑"概念不再包括作者"著作活动"的含义,而是出版活动的一个组成部分。为厘清上述认知上的差异,有人将前者界定为"著述编辑",将后者称作"出版编辑"。这种区分是有意义的。

其次,编辑不仅是出版工作的一个基本业务环节,而且是出版业务流程的首要环节。如前述,出版是一项包括编辑、复制和发行三个基本要素的社会传播活动,而编辑则是出版工作的一个基本构成要素和基本业务环节。编辑是出版业务活动的起点,它通过选题策划与组织、稿件审读和加工、出版物产品形式设计等步骤,将作者提供的稿件转化为可供复制和发行的出版物"原型",为后续的复制和发行环节奠定工作基础。

最后,编辑是增加出版物产品价值的一个出版业务环节。从本质上讲,出版物产品的价值主要是由作者创造的。但是,在从作者手稿到出版物产品的转化过程中,出版工作通过其编辑环节中的策划、组织、审读、选择和加工等活动,又为作者手稿增加了新的价值。这些新增价值主要体现在出版选题的策划、书稿内容的完善、呈现方式的规范化处理等方面。

综上所述,编辑的定义为:通过策划、组织、审读、选择和加工等为出版物产品提供价值增值服务的出版活动的首要业务环节。

此外,编辑也可以用来指称从事编辑活动的专业人员,即编辑活动的主体。如总编辑、主编、策划编辑、文字编辑和美术编辑等均属职业身份。我国出版专业人员按"专业技术职务"高低可分为四级,依次为编审、副编审、编辑和助理编辑。

三、复制

复制(在传统出版活动中通常指印刷),是指将经过编辑加工的作品制作成若干份与其内容及形式要求相一致的产品复件的出版活动。

复制是创造出版物内容"物化"价值的一种出版活动。作者的手稿,经过编辑的内容加工和形式设计,只是形成了出版物"雏形",但尚不具备上市发行的条件。复制正是将这种出版物"雏形"转化为可发行的出版物产品的一项重要活动。只有通过复制,将经过编辑加工的出版物"雏形"转化为批量的出版物产品复件,才能向市场发行,最后到达读者手中。作为出版活动的一个基本环节,复制虽然不直接作用于出版物的内容,没有参与出版物内容价值的创造,但却创造了出版物的"物化"价值,为出版物发行、出版物内容的传播提供了载体。

复制的方式多种多样,主要有印刷、翻录、光盘压制、集成电路卡制作和网络下载等。不同的复制方式适用于不同载体的出版物。按载体形态，出版物可分为纸质出版物和电子出版物两种。其中，电子出版物又可以分为封装型电子出版物和网络电子出版物。这三类不同载体形态的出版物，其复制方式完全不同。

纸质出版物，如传统意义上的图书、报纸和期刊等，其复制方式是印刷。印刷术起源于我国，是我国古代四大发明之一。在人类社会发展的过程中，印刷术对文化的传播和文明的传承起着至关重要的作用。作为一种相对传统的复制方式，印刷是使用印版或其他方式将原稿上的图文信息转移到承印物上的工艺技术，一般要具备原稿、印版、油墨、承印材料和印刷机械等五大要素。20 世纪末，电子、激光、计算机等技术的发展和进步推动了数字印刷技术的快速发展。目前，数字印刷已被广泛应用于个性化印刷、可变数据印刷、按需印刷等领域中，为纸质出版业的发展提供了新机遇。

封装型电子出版物，是指将信息内容固化于特定载体并以载体为单位发行的电子出版物。其主要形态有磁盘、光盘、集成电路卡和植入移动阅读设备内发行的电子出版物等。封装型电子出版物的复制方式主要有翻录、光盘压制、集成电路卡制作等。其中，磁盘的复制方式是翻录，以光盘为载体的出版物一般用模具压制出复件，集成电路卡则是以制作方式实现的，植入移动阅读设备内发行的电子出版物是由生产单位在设备内置的存储器中用电子技术形成复件并予以固化的。

网络电子出版物，是指将信息以数字形式存储在光、磁等存储介质上，通过计算机网络高速传播，并通过计算机或类似设备阅读使用的出版物。网络出版物,既可由用户通过计算机或类似设备进行在线浏览,也可由计算机按照用户的订购要求即时产生复件供用户下载的。

四、发行

在不同的语境中,"发行"这一概念有不同的含义,如资本市场上的债券发行、货币发行,出版领域的图书发行、报刊发行等。本书中的"发行",特指出版物发行,是出版单位通过商品交换的方式将出版物商品或服务提供给消费者的一种社会经济文化活动,具体包括批发、零售以及出租、展销等。

出版物发行,是出版活动的一个重要组成部分,是创造出版物产品(或服务)时间价值与场所价值,同时也为读者创造价值的一种出版物水平流通活动,属于商品流通或商业范畴。其中,前者是通过出版物发行活动中的"存储"和"运输"两大过程来实现的,后者则是通过不断满足读者对出版物的需求来达成的,出版物发行主体"为人找书,为书找人"的种种努力,充分体现了这一价值追求。

出版物发行活动的主体主要包括出版单位和出版物发行商。其中,出版物发行商主要包括出版物批发商(如省级新华书店)和零售商(如各类实体书店、网上书店等)。出版物零售商直接面对广大读者,为读者提供出版物销售服务。在我国,国家对出版物发行依法实行许可制度。从事出版物批发、零售活动的单位和个人凭出版物经营许可证开展出版物批发、零售活动;未经许可,任何单位和个人不得从事出版物批发、零售活动。

出版物发行工作纷繁复杂,包含出版物商品的进货、销售、存储、运输和调剂等多项专门业务。每一项业务活动都有各自明确的目标与任务,且彼此环环相扣。

随着互联网的普及,数字出版产品逐渐增多并成为出版融合发展的重要方向,传统出版的发行活动也越来越多地体现出网络传播的特性。因此,关注网络环境,了解和运用网络媒介是数字出版编辑工作的重点和特色所在。

第二节　出　版　功　能

出版功能,亦即出版的价值或影响,既包括出版自身固有的效能,即内在价值;也包括出版的外部效应或作用,即外部影响。出版功能是由出版自身内部要素所决定的,通过作用于读者或社会得以显现。

出版的内在价值,具体表现为"传播信息"和"宣扬主张"。其中,"传播信息"是出版的文本(含超文本、图像、音视频)功能,"宣扬主张"是出版的理念功能。出版的外部影响,是指出版"服务读者"的社会功能。由此可见,出版包括三大基本功能:传播信息的文本功能、宣扬主张的理念功能和服务读者的社会功能。

一、传播信息的文本功能

出版,作为一项社会传播活动,其传播的信息包括数据和知识等。出版活动中的编辑、复制和发行,均是以信息为工作对象的。其中,编辑是对信息的选择、甄别和加工;复制是对经过编辑的信息进行文本(含超文本、图像、音视频)的物化(含电磁化)或固化处理;发行则是对经过编辑与复制的信息(具体表现为出版产品或服务)所进行的传播活动。因此,传播信息是出版的基本功能,也称为"文本功能"。

文本功能具体包括编辑文本、复制文本和发行文本。其中,编辑文本,主要体现为文本的选择、规范化和标准化;复制文本,体现为文本的物化(含电磁化)或固化;发行文本,则体现为文本的社会传播。三者环环相扣,缺一不可。

文本功能,是出版内部固有的效能,是出版的静态属性。它是宣扬主张的理念功能和服务读者的社会功能的基础和前提。

二、宣扬主张的理念功能

出版物上的数据、信息和知识等文本中,往往含有作者、编者或出版者的某种理念、信仰和价值观。出版,作为一种有意识的人类社会活动,具有宣扬主张(包括理念、信仰和价值观)之目的。古今中外,以出版宣扬主张是一种普遍的社会现象。传统文化中的所谓"著书立说",就有典型的"宣扬主张"的意味。

理念功能与文本功能一样,也是出版内部固有的效能,是出版的静态属性,蕴含于出版文本之中,且具有一定的隐蔽性。宣扬主张的理念功能,能够直接决定出版的社会功能。一定的出版理念必然服务于相应的意识形态。比如,马克思和恩格斯的《共产党宣言》能让无产阶级树立起共产主义的坚定信仰,走上革命的道路。相反,一部观念颓废、立场反动、价值观扭曲的出版文本,则绝对会有害无利。

三、服务读者的社会功能

社会功能,是指出版服务于政治、经济和文化发展的外在效用,是出版的文本功能和理念功能与社会结合所产生的外化效应,是出版功能的外在表现。出版的社会功能,既以文本功能与理念功能为基础,又是文本功能与理念功能的延伸,是它们的社会化体现。与文本功能与理念功能所具有的静态特征不同,出版的社会功能具有动态性特征,它与政治、经济和文化的发展密切相关,相同或相近的出版文本与出版理念,其社会功能并不一定相同。

社会功能,是出版的各项功能中最容易被社会认知的一种功能。当前关于出版功能的研究,如"四功能说""五功能说"和"十功能说"等几乎都涉及到了出版的社会功能。出版社会功能的内容非常丰富,涉及到人类社会的方方面面,主要包括出版的政治功能、经济功能和文化功能三个方面。

出版的政治功能,就是出版服务于社会政治建设的效用,它是出版社会功能的核心作用。出版,属于思想上层建筑或意识形态范畴,为政治服务是其必然要求。我国社会主义出版事业,应该坚持正确的政治方向,坚持为人民服务,为社会主义服务的出版方针,服务于中国共产党领导的中国特色社会主义建设。这也是我国出版政治功能的基本要求。

出版的经济功能,是指出版对于经济发展的效用或价值。出版的经济功能主要体现在两个方面。第一,出版业是国民经济产业体系的有机组成部分,可以直接创造社会财富。西方发达国家非常重视包括出版在内的文化创意产业的发展。截至2019 年的统计,英国电视节目及相关活动的国际销售总收入为14 亿英镑。英国也是世界上最大的纸质书出口国,占全球纸质书出口量的 17%。英国的创意产业为英国经济每年贡献了超过 1 100 亿英镑(6%),雇佣了超过 200 万人,贡献了英国出口总额的 11%。《中华人民共和国国民经济和社会发展第十二个五年规划纲要》首次明确提出,推动文化产业成为国民经济支柱性产业,增强文化产业整体实力和竞争力。这表明,包括出版在内的文化产业的发展,具有很好的经济发展前景,其对国民经济贡献率的提升是可以预期的。第二,出版业通过服务文化、科技和教育,间接服务于经济社会发展。但是,在出版实践中容易出现强调经济效益而忽视社会效益的现象。因此,出版工作者应正确处理好两个效益的关系,牢固树立"把社会效益放在首位、社会效益和经济效益相统一"的出版理念,在此前提之下,有效发挥出版的经济功能。

出版的文化功能,是指出版对于促进文化发展或进步的作用。出版的文化功能,内涵相当丰富。一种观点认为,它具体包括文化选择功能、文化生产功能、文化传播功能和文化积累功能四个方面[罗紫初.出版学理论研究述评.出版科学,2002(S1):4-11、17.]。另外,不少文献对出版的文化选择功能都有过精辟的论述。他们认为,出版的"选题"和"编辑加工"等流程能够对文化进行"去劣存优",进而实现文化选择的功能。需要强调的是,文化是个非常宽泛的概念,广义的文化包括科技、教育和休闲娱乐等内容。因此,出版的文化功能同样也包括对科技、教育和休闲娱乐等行业的促进作用。

第三节　出版学基础

作为一门学科,出版学需要解决其研究对象、研究内容、学科性质和研究方法等方面的基础性问题。其中,研究对象是出版学存在的前提和基础,彰显的是出版学存在的必要性、意义和价值;研究内容是出版学学科知识体系的科学表征,反映的是出版学核心知识的维度及其学科边界;学科性质是出版学在整体学科中所处的位置,揭示的是出版学的学科属性及其与相关学科之间的关系;研究方法是出版学学科知识体系建构的工具与手段,研究的是出版学一般研究方法及其独特的方法论体系。

一、出版学的研究对象

出版是一项历史悠久的文化事业,但出版学却是一门年轻的学科。关于出版学的研究对象,学界尚未形成共识。当前,较有影响力的观点主要有"规律说""矛盾说""文化现象说""出版要素及其关系说"和"出版活动说"等。应该说,这些学说分别从各自不同的视角揭示了出版学研究对象的部分内容,反映了出版学研究对象的某一个侧面,具有一定的学术价值。

众所周知,社会科学是以"社会现象"为研究对象的科学。因此,出版学同历史学、法学、社会学等学科一样,都是将特定的社会现象作为其研究对象的,也就是说出版学是以"出版现象"为研究对象。所谓"出版现象"可从价值维度、要素维度、工作维度、管理维度和时空维度等五个方面展开研究。首先,"出版现象"是出版学研究的出发点,是出版学科的第一问题,也是最根本、最基础的问题。其次,"出版现象"是出版学研究的关键问题或核心问题,所谓"规律""矛盾""要素及其关系"等,都是"出版现象"的衍生问题。最后,"出版现象"还是出版学研究的落脚点,揭示"出版现象"的存在方式和运行规律,最终服务于"出版现象"的科学发展。

因此,将"出版现象"界定为出版学的研究对象,不仅符合基于研究对象规定性之实质要件的要求,而且符合基于研究对象规定性之形式要件的要求。

二、出版学的研究内容

研究内容,取决于研究对象,是研究对象的展开或具体化,是关于研究对象的完整知识体系。出版学的研究内容,不是关于出版现象的各种知识的简单堆砌,而是由出版现象的价值、要素、作业、管理和时空五个维度建构起来的学科知识体系的基本框架[方卿.关于出版学研究对象的思考.中国出版,2020(6):15-23.]。这五个方面的内容既相互独立,又彼此关联,是一个关于出版现象的要素健全、结构合理、功能完备的学科知识体系。

(一)价值维度

价值维度的研究,解决的是出版现象存在的价值和意义问题,即社会为什么需要出版以及为什么有人从事出版活动,具体包括出版的功能和出版的效益两个方面的内容。其中,出版的功能,揭示的是出版现象存在和发展的社会价值,主要是从社会视角考察出版的价值和意义;出版的效益,揭示的则是出版存在和发展的自身价值,主要是从出版者(包括出版人、出版社和出版业)视角考察出版的价值和意义。

（二）要素维度

要素维度的研究,是揭示构成出版现象这一社会活动的组成要素,如出版产品、出版队伍、出版技术、出版资金、出版信息等各自的特征、属性、作用机制与机理,以及各要素间的相互关系等。要素维度的研究,主要解决的是出版现象得以实现其价值的资源保障问题。

（三）作业维度

作业维度的研究,是从出版现象的业务流程视角揭示编辑、复制、发行与阅读消费各环节的功能与价值、特征、属性、规范与要求等,主要体现为出版工作层面的研究。作业维度,解决的主要是出版现象得以实现的业务流程问题。

（四）管理维度

管理维度的研究,是揭示以什么样的理念、手段与方式来实现出版活动的价值和意义。其内容主要包括出版工作、出版业、出版法规或管理等。管理维度实际上是出版价值维度的延伸,解决的是实现出版价值的保障机制问题。

（五）时空维度

时空维度的研究,包括两个方面的内容。其中,时间维度是从历史视角,揭示出版现象过去、现在和未来的存在和发展;空间维度则是从国别或区域视角,揭示出版现象存在和发展的共性和差异。时空维度解决的是出版活动作为一种社会现象必然具有的时空属性问题。

上述五个维度的研究内容,既发源于出版现象,又回归和服务于出版现象。它们各自从不同的维度或视角,全方位地审视出版现象,揭示出版现象的存在方式和运行规律,服务于出版现象的进步和发展,构成基于出版现象的完整的学科知识体系。

三、出版学的学科性质

学科性质,是指出版学在学科体系中所处的位置,揭示的是出版学的学科属性及其与相关学科之间的关系。

出版学的学科性质应该从其研究对象和学科内部结构两个视角分别进行考察。

基于研究对象视角,一般可将学科分为哲学、社会科学和自然科学三大类。其中,研究对象为社会现象的学科便是社会科学。出版学的研究对象,是人类社会中特有的一种典型社会现象,是出版活动发展到一定历史阶段的产物,是随着出版活动的产生和发展而形成并逐步发展起来的。因此,出版学理应是一门广义的社会科学。

基于学科内部结构视角,通常将学科划分为综合性学科、边缘学科、横断学科、交叉学科、分支学科等多种门类。出版学研究虽然要运用到不同学科的研究方法,但其仍然是基于"分科立学"原则建立起来的一门社会科学学科,并不具备研究对象和研究内容的"综合"或"交叉"性质。因此,不应该将其界定为"综合性学科"或"交叉学科"。

与出版学关系较为密切的学科有传播学、新闻学、文献学和图书馆学等,这些学科与出版学的研究对象和研究内容存在邻近平行关系,可以供出版学研究借鉴和参考。

四、出版学的研究方法

研究方法是指在科学研究中发现新现象、提出新观点、建构新理论，以揭示研究对象内在规律的工具和手段。

出版学的研究方法包括哲学方法、一般研究方法和特殊研究方法（亦称专门研究方法或具体研究方法）三个层次。

1. 哲学方法，是适用于一切学科的最普遍的研究方法，是最一般也是层次最高的方法。出版学的哲学方法，主要是马克思主义辩证唯物主义哲学，其贯穿于出版学研究全过程，不仅能够指导解决出版的本体论问题，还能够解决其认识论问题。

2. 一般研究方法，是适用于多数学科的具有普遍性意义的研究方法，如文献调查法、观察法、思辨法、行为研究法、历史研究法、概念分析法、比较研究法等，它是介于哲学方法和各学科特殊研究方法之间的一种研究方法。出版学对一般研究方法的运用应该注意三个方面的问题：一是适用性问题，二是规范性使用问题，三是对新方法的敏感性问题。

3. 特殊研究方法，亦称专门研究方法或具体研究方法，是指适用于一门或几门具体学科的、不同于一般研究方法的独特研究方法，它是学科方法体系中最低层次的研究方法。出版学作为一门独立学科，有其固有的研究对象及规律性，需要科学、完整的研究方法支持。努力建设符合学科研究对象发展规律的学科方法论，形成自身独特的学科研究方法，应该成为出版学基础理论研究的重要目标。在特殊研究方法尚未形成之前，在学科实践中可以尝试将更多的一般研究方法，尤其是诸如数据科学、计算社会学、社会文本分析等新兴研究方法,应用于出版学研究中。一般研究方法的科学使用,对出版学特殊研究方法的形成具有很好的启示作用。

思 考 题

1. 什么是出版?

2. 出版的构成要素有哪些?

3. 什么是编辑?

4. 编辑的基本要件有哪些?

5. 出版的内在价值有哪些?

6. 出版的基本功能是什么?

7. 出版学的研究对象是什么?

8. 出版学的研究方法包括哪些层次?

第二章

数字出版

重点提示：网络出版、网络出版物和网络出版单位的概念和特征；数字出版与出版融合的概念和特征；典型的数字出版产品与服务类型、服务特点；推动出版融合发展。

第一节　概　　述

2005 年举办的第一届中国数字出版博览会标志着我国出版业进入了数字出版的快速发展期。出版的产业边界不断扩展，除传统的书报刊产业积极向数字出版方向拓展之外，许多基于网络的新型内容产品和服务模式，如网络游戏、数字阅读、数字动漫、数字音乐和数字教育等也快速成为数字出版产业的重要组成部分，并与传统出版形成融合互动发展之势。

数字出版是一个不断发展的概念。在其发展历程中，电子出版（Electronic Publishing）、网络出版（Net Publishing，Web Publishing，Internet Publishing）、在线出版（Publishing Online）、离线出版（Publishing Offline）、无线出版（Wireless Publishing）、移动/手机出版（Mobile/Cellphone Publishing）、跨/多/富/全媒体出版（Cross-media Publishing，Multi-media Publishing，Rich-media Publishing，All-media Publishing）、出版融合（Publication Convergence）等相近或相似术语不断涌现。这充分反映了信息技术作为一种活跃的生产力创新要素，始终在推动出版形态的不断变革。其中，"网络出版""数字出版""出版融合"等概念和术语使用范围广，较容易混淆，需要加以辨析。

一、网络出版

"网络出版"一词是在 20 世纪 90 年代中期互联网转为民用并迅速发展后被广泛应用的。网络是一个多层次、多维度的综合性概念。两个及以上彼此通信的设备即可组成网络；网络与网络之间以通用协议联结而成的庞大结构称为互联网（Internet）；与互联网相关联的概念还有因特网（Internet）和万维网（Web）。其中，因特网作为互联网的一种，是基于 TCP/IP 协议实现的；如果因特网 TCP/IP 协议的应用层使用 HTTP 协议，则称之为万维网（World Wide Web，www）。

万维网是基于客户机/服务器架构的信息发现技术和超文本技术的综合，由无数个网站（website）和网页（web page）构成。网站一般包含机构、个人等特定主体的相关信息，是一套完整的超文本页面。网站的主页（home page）是其入口，可能包含到网站各部分或其他网页的链接。网页是包含在网站中的超文本页面,在逻辑上通过超链接互相联系;其几乎具有印刷出版物的所有功能,实质上就是出版物,因此有"网络即媒介"这一广为人知的说法。用户不仅可以在网页上浏览、处理信息,而且可以利用超文本从一个网页链接到其他内容相关的网页上,在万维网的各个节点间自由跳转。所以,网络既是一种信息传输工具,也是一个信息互动平台,更像一个具有超链接拓扑结构的虚拟数据集合空间,包含传统数据环境没有的丰富信息。而信息的不同属性让网络比传统媒介多出许多维度,生长出新的运作空间。

在我国,网络出版一般是指具有一定资质、经出版主管部门审批许可的信息网络服务提供者,在批准的业务范围内将自己创作或他人创作的作品经过选择和编辑加工,登载在信息网络上或者通过网络发送到用户端,供公众浏览、阅读、使用或者下载的在线内容生产和传播行为。2016 年 3 月 10 日,《网络出版服务管理规定》(国家新闻出版广电总局、中华人民共和国工业和信息化部令第 5 号)正式施行,《互联网出版管理暂行规定》(原国家新闻出版总署、信息产业部颁布)同时废止。新规定明确了从"互联网出版活动"到"网络出版服务"的转变,将"网络出版服务"界定为"通过信息网络向公众提供网络出版物",增加智能终端应用程序为网络出版微服务应具备的条件之一,并对从事网络出版服务单位的资格和网络出版物的范围做了进一步限定。从这几年的发展状况来看,网络出版中的网络不局限于普通的互联网,还包括无线网络。以下介绍"网络出版物""网络出版单位"两个概念。

（一）网络出版物

《网络出版服务管理规定》将网络出版物界定为"通过信息网络向公众提供的,具有编辑、制作、加工等出版特征的数字化作品",并采取概括和列举方式,将原创数字化作品、与已出版作品内容相一致的数字化作品、网络文献数据库等不同形式的网络出版物都纳入其中。从内容来源看,网络出版物一般有两类:一类是从已出版的图书、报纸、期刊、音像制品、电子出版物等转换而来的作品;另一类是经过编辑加工后直接进行数字出版的作品。从内容类别看,网络出版物涉及文学、艺术、教育、自然科学、社会科学、工程技术等各个方面。从产品形态看,网络出版物的主要形式有电子图书、数字报纸、数字期刊、数字音乐、数据库、移动游戏、网络动漫、有声书等。需要注意的是,这些数字化作品一般没有具体的物理载体。

（二）网络出版单位

网络出版单位是指经新闻出版主管部门和电信管理机构批准,按照批准的业务范围从事数字出版业务的网络信息服务提供者。《网络出版服务管理规定》以《出版管理条例》《互联网信息服务管理办法》及相关法律法规为上位法。我国的网络出版单位必须依法经过出版行政主管部门批准,取得《网络出版服务许可证》,并实行年度核验制度。

网络出版单位从来源上讲,大致可以分成两类。一类是经批准扩大出版业务范围,获得数字出版业务许可的传统出版单位。已经合法设立的图书、音像、电子、报纸、期刊出版单位,在经营原有出版业务的同时,依法办理相应审批手续后在原有业务范围中增加网络出版业务,从而成为网络出版单位。另一类是经批准新增的其他网络出版单位。《网络出版服务管理规定》对于其他进入网络出版服务领域的单位，从域名、经营范围、设施、人员资质、内容审校制度等方面设置了较严格的条件。网络出版单位在将各种作品进行数字出版时，都应该遵守国家有关法律法规的规定。

二、数字出版

根据原国家新闻出版总署 2010 年发布的《关于加快我国数字出版产业发展的若干意见》（以下简称《意见》），数字出版是指"利用数字技术进行内容编辑加工，并通过网络传播数字内容产品的一种新型出版方式，其主要特征为内容生产数字化、管理过程数字化、产品形态数字化和传播渠道网络化"。数字技术（Digital Technology）是与电子计算机相伴相生的科学技术。它是指借助一定的设备将图、文、声、像等各种信息转化为计算机系统能够识别的二进制数字"0"和"1"后进行采集、加工、存储、传送、传播、还原的技术。《意见》指出，目前数字出版产品形态主要包括电子图书、数字报纸、数字期刊、网络原创文学、网络教育出版物、网络地图、数字音乐、网络动漫、网络游戏、数据库出版物、手机出版物（彩信、彩铃、手机报纸、手机期刊、手机小说、手机游戏）等。数字出版一般具备以下四个基本特征：

第一，内容生产数字化。精神产品生产阶段要采用各种数字化技术手段，使产品在内容和形式上的所有信息都以数字形式保存在计算机系统中。

第二，管理过程数字化。在业务流程中应采用数字化技术手段，将数据、信息和出版内容整合在统一的资源管理系统中，并及时进行整理和动态更新，以便协同推进业务工作。

第三，产品形态数字化。经过产品策划、设计、加工、制作、发布等数字出版流程后，应让用户可以通过计算机系统获取有价值的知识、信息和娱乐服务。

第四，传播渠道网络化。数字出版产品必须通过一定的信息网络系统实现传播，传播途径主要包括有线互联网、无线通信网和卫星网络等。

根据消费者的具体需求，通过网络下载内容并运用快速印制设备制成纸介质读物提供给消费者的"按需出版"或"按需印刷"，尽管最终产品形态是印刷型出版物，但由于其内容的母版是以二进制代码存储在计算机系统中，并可以通过网络进行传送，同时符合数字出版产品零库存的特点，所以可将其视为数字出版的一个环节，将其产品视为数字出版产品的一种形态。

在发展过程中，电子出版、网络出版与数字出版这三个术语都曾被广泛应用，但其适用范围是不一样的。电子出版和数字出版都可以用来指印刷出版的印前部分，涵盖利用计算机进行的编辑加工、排版印刷等活动。此外，电子技术既包括数字电子技术，也包括模拟电子技术。以激光视盘为例，它是运用电子技术制作的电子出版物，但记录的是模拟信号。正是在这个意义上，有学者认为，数字出版是两个传统概念的结合，即"数字化"加"电子出版"。不过随着模拟电子出版物逐渐退出历史舞台，数字出版和电子出版无论从内涵还是外延来看都变得更加近似，而"电子出版""网络出版""数字出版"在社会实践中的"所指"也渐趋一致。

第二节 数字出版产品与服务

所谓数字出版产品与服务,是指利用数字技术为市场生产和提供的可供消费的对象或系统。数字出版产品与服务目前仍处于发展中,其品种和功能等都在快速演化,新型产品与服务不断涌现。

一、概述

数字出版产品与服务,既包括内容产品,这是其核心和基础;也包括有形产品,如电子书阅读器、点读笔等电子产品;还包括无形的数字出版服务,如数字教育出版领域的教学服务,以及数字学术出版领域的科研服务等。数字出版产品与服务并不是割裂的,数字出版产品是数字出版服务的载体,数字出版服务是数字出版产品的延伸。

数字出版产品在本质上是信息编码,产品的第一份拷贝一旦生产出来,就很容易进行分享、复制、贮存和传输。用户通过网络就可以将产品从一个存储媒体复制到另一个存储媒体,不需要通过物理运输来完成产品的交割。因此,数字出版产品的存在主要依托信息网络媒介,而不是物理实体,其质量和功能不会因反复使用而改变,不会像传统出版物那样因磨损和老化而影响产品使用。从产品形态来看,数字出版与传统出版相比发生了重大变化。但是,数字出版产品目前还处在发展的初期阶段,尚无法预知其演进的最终形式。因此,本书仅介绍在实际生活中应用、流传较为广泛且具有一定产业价值的各种数字出版产品形态。

二、数字出版产品与服务的类型

按照不同的分类标准,数字出版产品与服务可以分成不同的类型。按照用户对象,可以分为大众类、教育类和专业类三类。这是沿用传统出版物的分类方法。大众类数字出版内容面向大多数普通的大众读者,用户特征及其兴趣爱好较为分散;教育类数字出版服务的群体对象相对明确,可针对用户群体提供个性化服务;专业类数字出版是功能性和针对性极强的出版领域,因此在把握用户特征及其兴趣爱好方面具有天然优势。

按照信息类型,可以分为文本型、图像型、图文型、动画型、音频型、视频型,以及上述多种信息类型的综合——多媒体型等。一种出版物可以对应一种或几种信息表达类型,例如:文摘数据库、全文数据库等主要是文本型数字出版产品;手机动漫主要是图像型或动画型数字出版产品;电子书既可以是纯文本作品,也可以是综合运用多种信息类型的多媒体增强型产品。

按照载体,可以分为磁带出版物、磁盘出版物(软盘、硬盘)、光盘出版物〔只读光盘、交互式光盘(CD‐I)、照片光盘(Photo‐CD)、高密度只读光盘(DVD‐ROM)、集成电路卡(IC Card)〕、网络出版物(互联网、移动互联网和卫星网出版物)等。同一种出版物可以采用多种载体出版,早期的许多期刊全文数据库既有光盘版本,也有在线版本。

按照用途,可以分为计算机软件类、信息检索类、阅读类、素材类、教育类、视听类、游戏类等。通常书目、文摘型数字出版产品主要用于检索信息;而在智能手机和平板电脑应用商店的各种应用程序(App),往往集多种用途于一身,既是具有一定功能的软件工具,也是供用户阅读或游戏的一种数字出版产品。

还可以根据其他标准来划分数字出版产品与服务,而根据上述分类标准得到的分类也会有交叉和重合。由于技术创新和服务模式的快速发展,数字出版产品与服务类型也处在持续的迭代、发展过程中。以下将首先介绍从传统出版物数字化发展而来的数字出版产品,然后再介绍一些典型的原生型数字出版产品和服务。

（一）传统出版物的数字化版本

早期的数字出版物多是传统出版物的数字化形式,或者是利用数字技术生成的创新产品,但继承了某类传统出版物(主要是书、报、刊)的某些特点。数字化的传统出版物主要包括电子图书、数字报纸、互联网期刊、网络数据库、有声书等。

1. 电子图书

电子图书也称"电子书""数字图书""eBook",指以二进制代码形式将文字、图片、声音、影像等信息存储于硬盘、光盘、软盘、闪存(Flash Memory)、网络及其他计算机存储介质上的图书。2010年,国家新闻出版总署发布《关于发展电子书产业的意见》,其中电子书具体所指的是植入或下载数字化文字、图片、声音、影像等信息内容的集存储介质和显示终端于一体的手持阅读器。电子书必须借助设备来读取、复制和传输,存储格式主要有 hlp、chm、pdf、exe、txt、ceb、lit、epub、kf8、azw 等。电子书具有容量大、功能多和软硬件设备依存度高的特点。

早在 1971 年,迈克尔·哈特(Michael Hart)开创了免费提供电子书的"谷登堡计划",其中包含大量版权进入公有领域书籍的电子版本。20 世纪 90 年代末,电子书交易开始出现。2000—2002 年互联网泡沫破灭,新兴的电子书业务也进入了消退期。2006 年索尼公司发布电子书阅读器 Sony Reader、次年亚马逊公司发布 Kindle 以后,电子书业务开始复苏。此后,电子书在世界各国的销售量不断增长。现在,电子书可以通过互联网、移动网络、卫星网络等不同渠道传送到读者手中,交互功能也有了很大提高;读者可以利用电脑、阅读器、智能手机或个人数字助理等多种阅读终端免费或付费获得电子书。

电子书内容广泛,涉及各类学科,其来源主要有二:一是从纸质图书转换而来的内容,并以书的形式(即以书为单位)通过信息网络发布和传输;二是直接通过网络发布的作品,发布形式大多为网页或与阅读终端软、硬件相适应的文件格式,发布时往往以篇、章、节或数据库为单位。

随着信息技术不断发展,动画、音频、视频、VR/AR 等富媒体特色的内容在电子书中的比重逐渐增加。根据版式,电子书可分为固定版式(fixed-layout)和流式(re-flowable)两种。固定版式的电子书通常用于页面布局比单栏文字更复杂的书,或者必须保持各部分内容绝对位置的书。这种格式一般适用于数字版烹饪书、儿童插图书、技术出版物等。主要的固定版式电子书格式包括适用于 Kindle 系列阅读器的 Kindle Print Replica、KF8 和 Kindle Textbook Creator,适用于苹果、谷歌和 Kobo 阅读设备的 epub3 以及适用于巴诺(Barnes & Noble)阅读设备的 Page Perfect、BOOK Kids 等。流式电子书可以根据显示屏幕的特点自动重排电子书的版式,适合以文本为主、页面布局相对简单的出版物。cebx、mobi 和 epub 等都是流式电子书格式。

2. 数字报纸

数字报纸也称"数字报"，是指采用数字技术手段采集和编辑新闻稿件、图片资料等内容信息，通过计算机网络进行传输，借助计算机、移动阅读设备、公共展示设备等终端阅读设备进行读取的一种新型媒介形态，其发布平台多与报社的采编系统相结合。

根据数字报纸发展形态的变化，其发展历程可大致分为电子报纸阶段、网络报纸阶段和多媒体数字报纸阶段。目前，数字报纸的发展已开始向数字报纸出版平台方向转变，以报纸网站为基础，以报纸内容数据库为核心，以期实现互联网、手机、电子纸、网络视频等全媒体以及全时空的报纸资源传播。

早在 1977 年，加拿大《多伦多环球邮报》就已通过信息查找系统 Gopher 提供报纸文本的自由检索服务。1987 年，美国加利福尼亚州的《圣何塞信使报》开始为读者提供电子版。1995 年，《中国贸易报》《杭州日报》开始通过因特网发行数字报纸。如今，数字报纸已经突破传统报纸只能用文字和图片表达的局限，可以插入动画、音视频、VR/AR 等富媒体资源，大大提升了阅读质量和用户体验，具有即时发布、传播快捷、用户面广、回溯性强、全文检索、编读互动、集成多种媒体等特点。越来越多的报社引入大数据、人工智能、5G 等新兴技术，积极建设融媒体中心，努力开拓新领域，不断加深与其他媒介形态的融合程度，在数字报纸的传播手段和呈现方式上不断创新。

3. 互联网期刊

互联网期刊（即以数字化方式在互联网上出版和发行的期

刊)包括"数字期刊"(即以数字化的方式编辑、出版、发行的期刊)和"电子期刊"(即以数字形式存储在电子媒介上并通过电子媒介发行和阅读使用的期刊)。互联网期刊应该具备两个基本要素:一是必须是连续性出版物,二是整个出版流程以及读者的阅读使用是以数字化方式实现的。其来源主要有两个:一是从纸质期刊经数字化处理转换而来的内容;二是在网络上直接发布的内容。发布形式也有两种:一是以单本期刊为单位传播和发布;二是以数据库方式存储,以单篇文章为单位发布。

与传统期刊相比,互联网期刊有内容容量大、出版和更新方式灵活、订阅便捷以及交互性强四个主要特征。

大众消费类互联网期刊侧重从原来单调的二维纸载形式向三维立体动画、音频、视频共存的多媒体整合形式发展,信息内容的表达也更加直观和生动。随着网络通信与信息处理技术的迅速发展,知识整合方式和表现形式的进步,专业类互联网期刊尤其是学术期刊主要以期刊全文数据库的形式发布,并通过相应的网络平台提供服务。由跨国科技出版商或大型内容集成商提供的学术期刊全文数据库平台,如施普林格的 Springer Link、爱思唯尔的 Science Direct、清华同方的中国知网等,往往集成几千种期刊的数字版本,为研究者提供"一站式"的论文浏览、检索、阅读、下载等服务。

互联网学术期刊领域一个不容忽视的现象,是自 20 世纪 90 年代以来,开放存取期刊(Open Access Journal,OAJ)风靡全球,成为学术出版领域的亮点。所谓开放存取期刊,即读者只要能上网就可以不受任何经济、法律或技术的限制而免费在线使用或下载的学术期刊。

4. 网络数据库

网络数据库是将内容根据用户需求并按照数据库技术的要求进行拆分、存储，以便用户检索、使用的产品。由于大量数据库并不以信息的公开发布和用户直接浏览、利用为目的，而且还有许多只包含原始数据的数据库必须配备检索软件以后才能使用，因此有人认为将数据库全部归入数字出版名下是不妥当的。但仍然有几种较为典型的以数字出版形式呈现的数据库。

一是书目数据库，也称"索引（目录）型数据库"，是用以存储目录、题录和文摘等书目线索的数据库，例如早在 20 世纪 60 年代就出版的《化学题录》《科学文摘》等。目前，全球最大的书目数据库是美国图书馆网络联机计算机图书馆中心（Online Computer Library Center，OCLC）与成员图书馆合作提供和维护的 OCLC 联机联合目录 WorldCat。中文书目数据库也各具特色，其中代表性的联合编目数据库如中国高等教育文献保障系统（China Academic Library & Information System，CALIS）的联机公共目录查询系统（Online Public Access Catalogue，OPAC），依托于国家图书馆及各成员馆的全国图书馆联合编目中心数据库系统，等等。

二是全文数据库，即将一个完整信息源的全部内容转化为计算机可以识别、处理的信息单元而形成的数据集合。自 1973 年美国米德公司建成世界上第一个面向公众查询的大型全文数据库 Lexis 至今，其已成为全球文献数据库的重要发展方向。重要的跨国科技出版集团如爱思唯尔、施普林格、威利等都有自己的图书期刊全文数据库。国内三大数据库商——万方、同方、维普除了二次文献数据库之外，主要提供电子报刊、学位论文、会议论文等的全文数据库;超星、书生、方正等多个电子图书商则提供电子书数据库。

三是多媒体数据库(Multimedia DataBase, MDB)。自1983年被提出后,已诞生了诸多原型和产品。实际上,整个万维网就是一个巨大的多媒体数据库,或者更确切地说是一个超媒体(Hypermedia)数据库。由于可以统一存储和管理声音、图形、图像、活动影像及文本,多媒体数据库能够表达的信息范围大大扩展,并可广泛用于商业、教育、科研和新闻传播等诸多领域。但是多媒体数据库并非只是对现有数据进行整合和包装,而是需要从多媒体数据与信息本身的特性出发,考虑将其引入数据库之后带来的问题,如信息媒体的多样化、多媒体数据集成或表现集成,以及多媒体数据与人之间的交互性等。

5. 有声书

有声书(Audio books)又称"有声读物""有声出版物",是将具有知识性、思想性的内容进行编辑加工并主要以朗读和讲述方式呈现的音频产品,具有内容丰富、形式多样、传播广泛、交互性强等特点。广义的有声书还包括有声剧、广播剧、相声、评书、播客等,狭义的有声书特指有声图书。

有声书兴起于20世纪30年代的美国,起初是为特殊人群服务的,如盲人、文盲和缺乏文本阅读能力的儿童等,带有一定的公益性和补偿性。经过近百年的发展,有声书制作技术不断进步,经历了唱片式有声书、磁带有声书、CD有声书到流媒体有声书等形式的变迁。目前主流有声书作为存储在云端供用户下载,并依托计算机、移动播放器等进行播放的编码文件,其形式也由实物转化为虚拟形式。有声书文件的格式主要包括

MP3、AAC（Advanced Audio Coding，高级音频编码）、WMA（Windows Media Audio，Windows 媒体音频）等。技术的不断演进使得有声书对用户的友好性不断凸显,其突破时间、地点等外部因素限制的特性较好地适应了当今社会碎片化阅读、移动阅读的现实需要。随着产品内容不断丰富、制作流程不断完善、市场发育不断成熟,有声书已经不再是印刷书籍的简单补充,其扩展了阅读的感官维度,正在逐步挑战视觉阅读的强势地位。

（二）网络文学

网络文学是依托互联网创作和传播的文学作品的新形态,具有内容丰富、形式多样、题材多元、传播广泛、消费便捷等特点。经过多年发展,网络文学已成为我国数字出版产业的重要组成部分和重要产品类型。

我国网络文学产业是网络文学相关企业或组织开展网络文学出版活动的集合,是由所有参与网络文学生产和提供网络文学服务的企业或组织组成的国民经济生产部门,是随着社会主义市场经济体制的逐步完善和现代生产方式的不断进步而发展起来的新兴产业。

党的十八大以来,中国特色社会主义文化进入繁荣发展的新时代。作为社会主义文化事业的重要组成部分,我国网络文学创作生态和行业秩序持续发展,社会影响力进一步增强。进入新时代,我国网络文学在调整、转型和提高中获得了发展动能,产业规模持续增长、精品力作层出不穷、行业生态日臻完善、技术创新有效推进、业态模式更加多元、海外影响力持续扩大,在保持产业规模稳步快速增长的同时,发展重心已从数量扩张向质量效益转移。

（三）网络游戏

网络游戏（Online Game，包括端游、页游和移动游戏等）与单机游戏不同，主要运行于互联网和移动互联网，可供多人同时参与进行游戏。与网络游戏概念接近的有数字游戏（Digital Game）和电子游戏（Electronic Game）。数字游戏指使用计算机或其他电子设备联网或离线进行的游戏。电子游戏这一概念起源于20世纪80年代中期，指使用计算机、掌上游戏机、游戏手柄、手机等数字设备进行的游戏。时至今日，电子游戏更多地是指基于传统电子技术的老式游戏，而较少用来指称网络游戏、虚拟现实游戏等较新型的游戏。其类型众多，有动作游戏、角色扮演游戏、益智游戏、体育游戏等。网络游戏出版主要由游戏研发、发布、运营和推广等多个环节组成。

中国网络游戏已成为世界领先的数字文化消费产品。近两年来，在推进"产品出海、服务出海"的基础上，中国游戏企业继续探索向纵深转型发展道路，推动电竞发展、布局元宇宙，更注重跨界融合发展，以此增强核心竞争力，同时，也为社会发展创造更多经济、文化、科技价值。其中，最受关注的是推动网络游戏向电竞产业的融合发展。

（四）数字动漫

数字动漫也称"网络动漫"，是通过互联网媒体策划、创作、传播的动画、漫画和游戏总称，主要以内容收费、广告投放、开发衍生产品等方式实现盈利。数字动漫过去多称"网络动漫"，近年来随着手机等移动媒体的介入，"网络动漫"一词已不能完全概括其基本特征，数字动漫的概念逐渐为人们所接受。其中，数字动画主要表现为flash形式的动画短片，而数字漫画则更多地表现为连载形式的数字漫画杂志或图书。

（五）在线知识服务

在线知识服务是基于网络平台动态更新的内容资源，随时随地向用户提供数字化信息内容的服务。在线知识服务主要有内容资源动态更新、即时服务、贴近用户应用场景、用户定制等特征。在线知识服务流程包括产品生产、在线服务、运营维护三部分。上述工作要经过正常的数字出版业务流程，包括为建设该产品所依托的网站和内容资源而进行的产品策划、内容组织、产品设计、内容审校、产品开发、产品发布等活动。在线知识服务根据产业分工，其参与主体可以分为平台方、内容提供方和第三方支持机构等。其中平台方和内容提供方直接面对用户，第三方支持机构则为平台方和内容提供方提供运营管理和技术方面的支持。目前，在线知识服务已经发展出包括在线问答、听书、专栏、社群、咨询等形式多样的模式，以满足不同用户的个性化需求。

（六）数字音乐

数字音乐是指在音乐的制作、存储、消费及传播过程中使用数字化技术的音乐，和其他数字出版产品一样，它表现为由"0"和"1"组成的二进制数字信号。数字音乐的发展开始于20世纪80年代末的德国。在中国，数字音乐最早被称为"网络音乐"或"线上音乐"，其出现可以追溯到20世纪90年代中期。1995年，中国互联网正式开始商业化应用，线上音乐逐渐成为互联网的基础应用之一。2006年，为提高我国网络音乐原创水平，加强对网络音乐的管理，规范网络音乐进口，文化部颁布实施了《关于网络音乐发展和管理的若干意见》。2009年1月7日，工业和信息化部将三张 3G(3rd Generation,第三代移动通信)牌照发给中国移动、中国电信和中国联通,标志着 3G 在全国范围的推广,手机上网时代正式开启。中国是世界互联网和手机大国,这为中国数字音乐的发展奠定了良好的基础。随后,以流媒体为主将音乐作品通过手机传递给消费者的方式逐渐成为一种流行的音乐传播和消费方式。

（七）网络广告

网络广告是指以互联网等网络为载体,以多媒体技术进行制作,以推广宣传特定信息特别是产品、服务和厂商信息为目的的数字出版产品。由于网络传播具有速度快、范围广等特点,网络广告逐渐成为主流的广告形式。随着大数据、云计算等网络技术和视听觉设计的进步,网络广告的形式和内容更加丰富,具有精准化、个性化的特点。与传统广告相比,网络广告流量大、可量化,正受到越来越多广告主的青睐。

在互联网发展初期,网络广告没有脱离传统广告形式,大多以悬窗和弹窗的图片广告形式出现在网页上。随着流媒体技术的发展,越来越多的观众转移到视频网站观看内容。流量的转移带动新的网络广告形式产生,出现了插播式、交互式和弹幕式广告。由于网络受众容易对广告产生逆反心理,除了直接展示产品和宣传语的"硬广"外,更多的广告主倾向于投放具有高度可读性的"软广",即采用漫画、视频等形式以说故事的方式推广产品。随着互联网的发展,网络广告的投放渠道也得到了扩展,尤其在社交网络上占据很大空间,遍布于微博、微信等社交软件及各类内容平台。但由于原生广告的制作和传播规范还未成熟,仍存在广告质量良莠不齐、监管不力以及隐私保护有漏洞等问题。

（八）按需出版和自出版

按需出版（Print On Demand，POD）本质上是一种"先销售、后生产"的出版模式，建立在数字化信息存储、远距离传输和数字印刷技术的基础之上。出版商收到订单后，通过计算机技术将数字化页面直接印制成书页，并完成折页、配页、装订等工序。美国是应用按需印刷技术的先行者之一。该国最大的图书批发商英格拉姆公司于 1997 年创立闪电源印刷公司（Lightning Print），最先使用 IBM 的按需印刷技术印制图书。几乎同一时期，日本、德国、法国、以色列等国家也积极从事和发展按需印刷。在国外，以按需印刷作为产品出口的数字出版所占比重不断增加，并成为新的盈利增长点。在政策支持及行业组织的努力下，我国按需印刷服务由萌芽逐步走上正轨。在可以预见的未来，基于按需印刷的数字出版不会取代传统出版，但会是后者的一个很好的补充，在某些情况下还将是一个有力的竞争对手。

自出版（Self Publishing）与西方的虚荣出版（Vanity Publishing）和我国的自费出版都有某些类似之处。所谓虚荣出版是指作者以高于纯印刷费用的价格出版自己的书籍，购买者也往往是作者自己，用于赠送他人或进行自我宣传的出版活动。我国的自费出版是指作者提供出版费用，委托出版社进行书籍编辑、审校和印刷等出版流程的出版活动。1985 年，文化部发布《关于出版社兼办自费出版业务有关事项的通知》，肯定"自费出版是一条补充的出书渠道"。而新兴的自出版特指借助互联网等信息传播技术，由作者主导完成作品策划、创作、编辑、发行推广的出版活动。网络自出版平台孕育出很多优秀的文学作品和网络作家，但由于自出版的天然机制缺陷，网络出版单位和平台必须高度重视自出版作品的内容质量和政治导向等问题。

三、数字出版产品与服务的特点

数字出版产品与服务和传统出版物相比具有多方面特点，并会在不同的数字出版产品与服务中不同程度地表现出来。

（一）多媒体与多模态

数字出版产品往往是文本、图片、音频、动画、视频等多种媒体表达类型的综合集成，所以具有多媒体性。在多媒体信息处理领域，"模态"（Modality）是指人们接收信息的特定方式。通俗来说，模态就是人们的视觉和听觉等，多模态就是将多种感官认知进行融合。一般而言，文本是以文字和各种专用符号表达的信息形式，主要用于对知识的描述性表示，比较抽象；图像通常用来描述或记录视觉感知，与其对象物有相似的外观；声音是人们传递信息和交流感情最方便、最熟悉的方式之一，音频记录和储存的就是人类能够听到的声音信息；动画是利用人的视觉暂留特性，快速播放一系列连续运动变化的图形，具有画面缩放、旋转、淡入、淡出等特殊效果；视频同样利用了人眼的视觉暂留原理，是以电信号方式捕捉、记录、处理、储存以及连续传送与重现的一系列静态影像。多媒体数字出版产品与服务往往包括多种传递信息的媒介，因此多模态也是数字出版产品与服务的主要特征之一。

对传统出版物而言，一种媒介形式通常对应一种媒体形式。例如，书报刊以文字和静止图像为主，动画片以动画为主,卡带和唱片以音频为主。每种数字出版产品与服务并不都需要用到所有媒体形式,但在大多数情况下会综合运用上述媒体形式。总体来看,数字出版产品从平面媒介产品向跨媒体、多媒体、富媒体方向发展的趋势十分明显。随着短视频等富媒体形式日益成为内容产品的重要组成部分,相对于单一化、平面化、静态化的纸质媒体,数字出版产品与服务呈现出立体化、纵深化、动态化等特征。这正是数字出版为出版物带来的更新与发展。目前,各个出版机构纷纷将自身的出版资源与音视频处理技术、VR/AR等技术相结合,进一步向跨媒体、多媒体和富媒体发展,在数字出版产品与服务的开发上取得了较大突破。

（二）超链接

数字出版产品与服务既可以采用线性方式来呈现内容,也可以采用超链接方式、非线性方式来组织信息和内容。所谓"超链接"(Hyperlink),本质上是对目标数据的引用,使用者可以通过在链接点上单击或悬停鼠标来跟随。链接点可以是文本、图表或图片,而目标数据可以是文字、图像、音频、动画、视频、电子邮件、文件或应用程序等。如果链接的对象是文字信息,那么这种将各种不同空间的文字信息组织在一起的网状文本就是"超文本"(Hypertext)。"超文本"这个术语最早出现在泰德·尼尔森(Ted Nelson)1965年的文章中。如果链接对象还包含文字以外的其他媒体形式,那么这种采用非线性网状结构组织的内容就称为"超媒体"。超媒体和超文本在本质上是一样的,都采用了超链接技术,只不过超文本技术管理的对象是纯文本,超媒体技术管理的对象从纯文本扩展到多媒体。正是由于采用了超链接技术,数字出版产品与服务才能呈现出更多在阅读和使用过程中的非线性特征。

随着计算机技术的发展,在传统图书基础上产生了新的媒介产品形态——电子书。电子书与传统纸质图书有相似之处,但部分电子书的非线性链接是纸质图书无法提供的。计算机科学家安德里斯·范·达姆(Andries van Dam)在其参与的超文本研究项目中尝试在电子书中加入丰富的非线性链接。20世纪80年代后期,美国开始出现超文本作品出版热。第一部超文本小说《下午的故事》(*Afternoon, a story*)是纽约市瓦萨学院电子教学中心主任迈克尔·乔伊斯(Michael Joyce)撰写的,并于1987年由制作电子游戏的东门系统公司以软盘形式出版。这部超文本小说致力于在词语之间建立超链接关系,现已成为超文本小说的经典之作。该公司后来陆续推出一系列主要基于词语的超文本读物,其创办的《东门超文本评论季刊》(*Eastgate Quarterly Review of Hypertext*)是第一种超文本读物评论杂志。

(三)文本开放性

与传统出版物相比,数字出版产品与服务具有开放性特征,主要表现在三个方面。

第一,除预设为"只读"形式外,数字出版产品通常很少有一个确切的"定本"。数字出版产品与服务非常易于修改,作者或出版者可以在几乎不增加成本的情况下更新版本。有些数字出版产品与服务本身就设置了开放式结局,例如交互式小说,在叙事节点上不同的选择会指向不同版本的故事,有时候作者和出版者甚至鼓励读者参与作品的创作。许多数据库,如期刊全文数据库、金融信息数据库等,本身就是内容不断扩展、更新的数字出版产品。

第二,数字出版产品与服务的单位和容量的变化范围极大。传统书报刊,甚至电影、电视、唱片,其篇幅和时长的变化总是在相对稳定的范围之内。与印刷媒介相比,数字媒介的容量几乎是无限的,允许人们创造、生产、采集、存储和传播海量信息与知识。数字出版的发展使出版的各个环节都有海量用户参与,形成大量的出版数据。所谓"信息爆炸",就是信息与数据急速增加及其冗余产生的效应。

第三,出版物呈开放状态。从纵向时间线来看,版本不断迭代;从某一时间点来看,多版本并存。随着用户需求不断升级,出版商只有不断贴合市场需求,提供新的数字出版产品与服务,才能获得更大的市场份额。数字出版产品发行后,内容生产商和用户可以在一定程度上对产品进行组合、定制,同一产品可以在纵向时间轴上拥有不同的迭代版本,在同一时间点也可以为满足不同用户的具体需求而制作不同版本,从而形成个性化服务。这与数字出版产品的可分割程度有关,可分割程度不高的数字产品不易于进行组合和定制,可分割程度高的数字出版产品易于开展个性化服务。

（四）服务智能化

随着互联网、物联网、大数据、云计算等信息技术的发展,以深度神经网络为代表的人工智能技术（Artificial Intelligence, AI）开始飞速发展。数字出版产品与服务开始具备智能化特征。所谓智能化,指产品与服务在大数据、机器学习等技术的支持下,具有能动地满足人的各种需求的属性。用户需要的不再是干巴巴的一本书,而是能够精准满足他们在获取信息或内容消费等方面需要的智能化产品与服务。许多传播媒介在完成数字化、数据化工作之后迈入了智能化发展的新阶段,通过挖掘海量数据中蕴含的价值,让编辑工作中的选题、研发、后期等环节和细节变得更有针对性、更高效,为数字出版产品与服务智能化创造机会。在供给端"出版"一侧,智能技术的发展与渐趋成熟在机器参与内容创作、大数据辅助选题决策、自动编校以及定向推广和传播等方面为出版提供支撑,改变了传统出版的内部景观与外在形式,使出版流程、产品与服务呈现自动化、系统化乃至智能化的特点。在需求端"阅读"一侧,智能技术的不断革新与累积性发展赋予了机器某种程度的"智能"并使之成为新阅读主体,反过来进一步提升机器的智能水平。此外,机器强大的计算能力也不断拓展着人类阅读的边界。

（五）互动性

互动性是数字出版产品与服务的一个典型属性。互动的一个基础含义是某种行动带来即刻后果,也就是即时反馈。这是建立在交互功能之上的,即存在某种"传—受"关系。如果这样的关系是双向的,就可以称其为"互动"。对于数字出版产品与服务而言,交互性可以是发生在人与人之间的对话,也可以是发生在人与计算机程序之间的对话。超链接、超文本和超媒体都可以是互动入口,用键盘输入命令、打印文本是体现交互性的输入和输出,而作者、读者和出版者也可以比以往进行更多的、形式更丰富的互动交流。网络游戏就是互动性十分显著的数字出版产品。

互动性改变了印刷出版物作者与读者之间的单向传播关系,可以增强读者和用户的融入感及参与性。

（六）便捷性

数字出版产品与服务为人们带来了新的便捷性。一方面，数字出版产品检索方便，可获得性强。在印刷出版时代，虽然有目录、索引、工具书等各种辅助工具，但要查找某一特定的信息或知识仍然不是很方便。数字出版产品往往内置强大的搜索工具，能够使检索者方便快捷地查找到较为准确的信息。例如，传统印刷型盲文出版物对于视觉和听觉障碍人士而言，使用起来多有不便，而采用图文、音视频和交互功能综合集成的数字出版产品与服务，将大大增加上述人群获取知识和信息的机会。

另一方面，数字出版产品与服务的传播、使用和阅读几乎不受时空限制。数字出版产品传播速度快、范围广和成本低的特点使其传播效能远远超过印刷型出版物。数字出版产品的复制和传播不涉及实物的制造和储运，成本相对低廉。汇聚大量数字出版产品的数字图书馆和服务网站，可以以"7×24"的方式全年无休地为用户提供服务，使用户不必前往物理意义上的图书馆，即可随时获取和使用数字出版产品。

第三节　推动出版融合发展

2014年以来,我国先后出台了《关于推动传统出版和新兴出版融合发展的指导意见》《关于推动出版深度融合发展的实施意见》等相关政策文件,推动出版融合发展已成为我国数字出版业进入高质量发展阶段的新方案、新要求。

1983年,美国麻省理工学院伊契尔·德·索勒·普尔(Ithiel De Sola Pool)教授提出传播媒介的"模式融合"(Convergence of Modes),指出了一种传播渠道可以传送不同的媒介产品类型,而同一类型的媒介内容也可以通过不同渠道传播的现象。《不列颠百科全书》(*Encyclopedia Britannica*)学术版对"媒介融合"的阐述是:"媒介融合,这一现象涉及信息传播技术(ICT)、电脑网络和媒介内容的互连。它汇集'3C',即计算、传播和内容(Computing, Communication, and Content),是媒介内容数字化和互联网普及的直接结果。媒介融合改变了既有的产业、服务、工作惯例,导致新内容形式的出现。"媒介融合是一个不断发展的过程,其概念也处于持续的演变过程中。它涉及出版产业、广播影视产业、信息通信产业、电子制造产业等多个产业,不仅包括媒介形态融合,还包括数字内容生产制作手段、传播手段、媒介功能、所有权、组织结构、产业组织等要素的融合。而出版融合是媒介融合在出版产业的具体体现。

媒体融合和出版融合在中外实践和理论研究层面不断发展。2014年8月,中央全面深化改革领导小组审议通过了《关于推动传统媒体和新兴媒体融合发展的指导意见》(以下简称"旧《意见》"),指出传统业态与新兴业态应融合发展,将"媒体融合"正式提高到国家发展战略的层面。2020年9月26日,中共中央办公厅、国务院办公厅印发《关于加快推进媒体深度融合发展的意见》(以下简称"新《意见》"),相比旧《意见》,其在推动融合向纵深发展方面的指导更为具体、明确。从"推动"到"加快推进",出版业融合发展的政策路径更为明确清晰。新《意见》更是强调要推动主力军全面挺进主战场,以互联网思维优化资源配置,把更多优质内容、先进技术、专业人才、项目资金向互联网主阵地汇集、向移动端倾斜,让分散在网下的力量尽快进军网上、深入网上,做大做强网络平台,占领新兴传播阵地。媒体融合,在国家顶层设计层面经历了从"相加"到"相融",再到在内容、渠道、平台、经营、管理等方面实现一体化深度融合,最后到构建全媒体传播格局的发展历程。

根据旧《意见》,结合出版业实际情况,2015年3月31日,原国家新闻出版广电总局、财政部联合发布《关于推动传统出版和新兴出版融合发展的指导意见》,明确指出要推动传统出版和新兴出版融合发展,并在思想、原则、目标、重点任务、政策措施方面提纲挈领地为我国出版业新发展指明方向。各出版单位积极贯彻落实中央要求,开展了一系列融合实践,整合自身资源、拓宽经营领域、革新产品体系、升级商业模式,在市场竞合中寻求自身新的立足点。2021年,国家新闻出版署印发《关于组织实施出版融合发展工程的通知》。2022年3月,国家新闻出版署发布通知正式启动出版融合发展工程。融合发展是出版业数字化转型升级的核心要义,是出版单位谋求出版高质量发展、追求双效统一的必由之路。

2021 年 12 月,全国科学技术名词审定委员会发布通知,将"融合出版"纳入编辑与出版学名词术语表中,并将"融合出版"概念定义为:将出版与经济社会发展一体化的活动,也是将出版业务与新兴技术和管理创新融为一体的新型出版形态。该定义遵循了中央对媒体融合的要求,即要建立以内容建设为根本、先进技术为支撑、创新管理为保障的全媒体传播体系。融合出版的最终目标,事实上是要建立一个出版融合发展的新业态。

2022 年 4 月 24 日,中共中央宣传部印发《关于推动出版深度融合发展的实施意见》(以下简称"《实施意见》"),这是中宣部关于出版融合发展的首个专门文件。该《实施意见》围绕加快推动出版深度融合发展,构建数字时代新型出版传播体系,坚持系统推进与示范引领相结合的总体思路,从战略谋划、内容建设、技术支撑、重点项目、人才队伍、保障体系等 6 个方面提出 20 项主要措施,对未来一个时期出版融合发展的目标、方向、路径、措施等作出了全面部署,提出了明确要求。该《实施意见》强调要发挥出版单位的主体作用,要在人才队伍建设和体制机制创新上着力推进。

媒介融合将促进出版融合和大的数字内容产业诞生,而融合后的数字出版将成为数字内容产业的重要组成部分。

思 考 题

1. 什么是网络出版、数字出版、出版融合?

2. 数字出版的基本特征是什么?

3. 传统出版物的数字化版本形态有哪些?

4. 典型的原生型数字出版产品和服务有哪些?

5. 数字出版产品与服务的特点有哪些?

6. 如何理解数字出版产品和服务的超链接特点?

7. 如何理解数字出版产品和服务的互动性特点?

8. 什么是融合出版?

9.《关于推动出版深度融合发展的实施意见》的主要内容有哪些?

10. 如何更好地推进传统出版与新兴出版的融合发展?

第三章

数字出版产业

> **重点提示**：数字出版产业概念、特征与规模；我国数字出版产业各细分市场发展现状；我国数字出版产业发展基本特征；我国数字出版产业发展过程中的几个重要关系。

根据全国科学技术名词审定委员会的定义，"产业"是指在社会分工条件下，从事生产、服务的经济活动实体的集合。而根据《GB/T 4754－2017 国民经济行业分类》的定义，"产业（行业）"是指从事相同性质的经济活动的所有单位的集合。组成产业集合的实体虽然利益相互联系且分工不尽相同，经营方式、产品形态、企业模式和流通环节也有较大差异，但是它们的经营对象和经营范围都是围绕共同的产品或服务而展开的。

第一节　概　　述

传统出版产业由策划、出版(包括编辑和印刷)、发行、分销和零售五个环节组成,其产业链主体主要包括作者(版权机构)、出版社、印刷厂、物流企业和经销商。而数字出版产业则是出版单位或组织所开展的数字出版活动的集合,是所有参与数字出版产品及服务的生产、传播活动的单位或组织所组成的国民经济生产部门,是出版产业、文化产业的重要组成部分。数字出版产业链主体主要包括内容提供商、技术服务商、硬件销售商、运营渠道服务商和通信服务商。

国外一般使用的是"数字内容产业"(Digital Content Industry)这一概念,而不是"数字出版产业"(Digital Publishing Industry)。比如《信息社会 2000 计划》《澳大利亚数字内容产业行动章程》《爱尔兰数字内容产业发展战略》《英国数字内容产业发展行动计划》等,都普遍采用"数字内容产业"这一概念。"数字内容产业"是指内容通过数字技术加工后进行的流通与消费活动,它产生于数字技术基础之上,是融合了新闻出版、广播影视、音视频等文化娱乐行业的新媒体形态。我国上海市在 2003 年的《上海市政府工作报告》中提出:"数字内容产业包括软件、远程教育、动漫、媒体出版、音像、数字电视、电子游戏等产品和服务,属于智力密集型、高附加值的新兴产业。"中共中央办公厅、国务院办公厅 2006年发布的《2006—2020 年国家信息化发展战略》提出,要开发教育、新闻出版、广播影视、文学艺术的信息资源,提供人民群众生产生活所需的数字化信息服务。可见,我国将数字内容产业归入了信息服务业。2016 年发布的《战略性新兴产业重点产品和服务指导目录》将数字创意产业列入我国八大战略新兴产业之一,强调"依托互联网、移动智能终端等新兴媒体进行传播的数字化音乐、动漫、影视、游戏、演出、艺术品、电子出版物、广告和移动多媒体等设计、开发"都属于数字文化创意和内容制作范畴。

在我国,数字出版产业不仅包括传统出版业的数字化部分,还包括网络游戏、网络文学、数字动漫、数字影音和在线教育等新兴出版业态。根据 2010 年国家新闻出版总署发布的《关于加快我国数字出版产业发展的若干意见》,我国第一次明确了数字出版的十一种产品形态,包括电子图书、数字报纸、数字期刊、网络文学、网络教育出版物、网络地图、数字音乐、网络动漫、网络游戏、数据库出版物、手机出版物(彩信、彩铃、手机报纸、手机期刊、手机小说、手机游戏)等。2017 年,文化部发布《关于推动数字文化产业创新发展的指导意见》,明确"数字文化产业"的概念涵盖动漫游戏、网络文学、网络音乐、网络视频等数字文化产品。

数字出版产品的传播途径主要包括有线互联网、无线通信网和卫星网络等。按目标市场,数字出版可以分为数字大众出版、数字教育出版和数字学术出版三类;按载体,数字出版可以分为电子阅读器出版、网络出版、手机出版等;按产品形态,数字出版可以分为电子书出版、数字期刊出版、数字报纸出版、网络游戏出版、网络文学出版、数字动漫出版、数字音乐出版和网络广告。同时,新媒体形态,如数字阅读、有声读物、博客及网络视频等新兴数字出版业态也包括在内。近几年来,数字出版产业经常涉及"知识服务业"这个范畴。知识服务业属于现代服务业,是用知识为其他产业、企业(组织)或个人提供服务的行业。按服务内容的不同,知识服务业大致分为三类:产业技术知识服务业、产业中介知识服务业和社会发展知识服务业。例如,北京市确定的知识服务业包括会展与机构服务业、现代金融服务业、研发与技术服务产业、教育培训产业、文化传媒产业和医疗保健产业,上海市则将研发产业、教育产业、文化传媒广告业、软件产业、咨询产业和设计产业列入"知识服务产业"。

2017 年 10 月 1 日,《GB/T 4754 - 2017 国民经济行业分类》正式实施。该国家标准在"文化、体育、娱乐"门类下的"新闻和出版业"中新增"数字出版(8626)"分类,正式确认了数字出版在国民经济行业分类中的产业地位。

近年来,伴随数字技术与传统产业的渐进融合,数字产业化和产业数字化协同推进,基于数字经济的数字出版外部发展环境逐渐优化。所谓数字经济是建立在数字技术基础上的创意、生产、流通、消费及再投资等的全部经济活动,一般具有开放、兼容和共享的经济特征。数字经济的出现和繁荣催生了数字生产者、数字消费者、数字商业、数字政府以及数字社会的全新经济图画和模式。根据中国信息通信研究院的数据,我国数字经济2023 年的总规模达到 53.9 万亿元,较上年增长 3.7 万亿元,增幅扩张步入相对稳定区间。数字经济在国民经济中的地位和作用进一步凸显。2023 年我国数字经济占 GDP 比重已达42.8%,较上年提升 1.3 个百分点,数字经济同比名义增长 7.39%,高于同期 GDP 名义增速 2.76 个百分点,数字经济增长对 GDP增长的贡献率达 66.45%,数字经济有效地支撑了经济增长。在这过程中,如何更好地发挥数字出版产业在我国数字经济发展大潮中的作用则显得十分重要。根据中国新闻出版研究院的数据统计,2023 年,我国数字出版产业整体收入规模(本章数据如无特殊说明,均不包括我国港澳台数据)达到 16 179.68 亿元。其中,互联网期刊收入达 34.89 亿元,电子书达 73 亿元,数字报纸(不含手机报)达 6 亿元,博客类应用达 125 亿元,网络动漫达 364.03 亿元,移动出版(仅包括移动阅读)达 567.02 亿元,网络游戏达 3 029.64 亿元,在线教育达 2 882 亿元,互联网广告达 7 190.6 亿元,数字音乐(包括在线音乐、音乐短视频、音乐直播、在线 K 歌业务)达 1 907.5 亿元。根据中国音像与数字出版协会同期的统计,2023 年我国网络文学总营收规模达到 383.0 亿元。截至 2023 年底,我国网络文学用户规模为 5.50 亿人。根据中国音像与数字出版协会发布的《2023 年中国游戏产业报告》显示,2023 年,中国游戏市场实际销售收入 3 029.64 亿元,中国自主研发游戏海外市场实际销售收入为 163.66 亿美元,折合人民币超过 1 000 亿元人民币。

上述数字出版产业的数据统计,并没有纳入与其自身相关的软硬件、会展服务以及周边行业的衍生服务收入,作为内容产业的源头和推动者,数字出版产业大有可为。"十四五"时期是我国全面建成小康社会、实现第一个百年奋斗目标之后,乘势而上开启全面建设社会主义现代化国家新征程、向第二个百年奋斗目标进军的第一个五年。出版工作是党的宣传思想文化工作的重要组成部分,是促进文化繁荣兴盛、建设社会主义文化强国的重要力量,迫切需要积极适应新一轮科技革命和产业变革趋势,深化改革创新,转化增长动能,更好地抢占数字时代出版发展制高点,形成出版业高质量发展的驱动力。

第二节　我国数字出版产业现状

"十三五"以来,传统新闻出版单位数字化创新能力持续增强,新兴出版业态发展势头良好。我国数字出版产业规模不断壮大,出版业在文化产业中的地位更加凸显。

2016 年,《中华人民共和国国民经济和社会发展第十三个五年规划纲要》首次将"数字出版"列入国家五年规划纲要,提出"加快发展网络视听、移动多媒体、数字出版、动漫游戏等新兴产业,推动出版发行、影视制作、工艺美术等传统产业转型升级"。2019 年 5 月,国家新闻出版署启动《数字出版精品遴选推荐计划》,并在全国遴选了首批 95 个数字出版精品项目。2021 年以来,国家新闻出版署开始组织实施出版融合发展工程,并逐步形成了数字出版精品遴选推荐计划、出版融合发展示范单位遴选推荐计划、数字出版优质平台遴选推荐计划和出版融合发展优秀人才遴选培养计划等 4 个子计划构成的出版融合发展工程项目矩阵。在工程总体框架下,每年开展 2 个子计划遴选工作,同步推荐展示 4 个子计划相关成果,推动出版业提升融合发展的整体能力和水平。

由于数字出版具有海量存储、搜索便捷、传输快速、成本低廉、互动性强、绿色环保等特点,数字出版产业快速发展,全行业整体收入规模由 2016 年度的 5 720.85 亿元增长到 2023 年度的 16 179.68 亿元。数字出版产业已经成为新闻出版业的战略性新兴产业和出版业发展的主要方向。

一、数字书报刊出版产业

与传统图书、报纸和期刊出版结合较为紧密的数字出版业态主要有电子书、数字报纸和互联网期刊。2021年,电子书、数字报纸和互联网期刊的总收入为101.17亿元,相较于2020年的94.03亿元增长了7.59%,高于2020年5.56%的增长幅度。其中,电子书出版总收入66亿元,数字报纸出版(不含手机报)总收入6.7亿元,互联网期刊出版总收入28.47亿元。

表3-1 2018—2023年我国数字书报刊出版产业收入情况

(单位:亿元)

分类 \ 年度	2018	2019	2020	2021	2022	2023
互联网期刊	21.38	23.08	24.53	28.47	29.51	34.89
电子书(含网络原创出版物)	56	58	62	66	69	73
数字报纸(不含手机报)	8.3	8	7.5	6.7	6.4	6
数字书报刊产业总收入	85.68	89.08	94.03	101.17	104.91	113.89
数字出版产业总收入	8 330.78	9 881.43	11 781.67	12 762.64	13 586.99	16 179.68
数字书报刊收入在产业总收入中的占比	1.03%	0.90%	0.80%	0.79%	0.77%	0.70%

总体来看,数字书报刊出版产业总收入虽然一直保持增长,但其在数字出版产业总收入中的占比已由 2016 年的 1.37％下降到 2023 年的 0.70％,降幅超过 40％。

（一）电子书出版产业

电子书是数字出版产品的典型形态,也是大众消费者最熟悉的数字出版产品。电子书出版是数字出版产业中发展最早、成熟度最高的业态形式,是数字出版产业的基础业态,对数字出版其他业态的发展具有重要影响。电子书产业已发展成为一种知识信息传播的重要载体,新型出版物的主要形态。由此形成的电子书产业包括内容提供商、技术提供商、设备制造商和渠道运营商等产业环节,其产业链由内容原创、编辑加工、数字转换、芯片植入、平台投送、设备生产、市场销售和进出口贸易等环节构成,是出版发行和互联网、数字化等高新技术相融合的产物。

电子书包括三个基本要素:一是内容,即文字、图片、声音、影像等数字化信息;二是阅读器,即阅读的载体,包括各种 PC、平板电脑、智能手机和专门为读取电子书而开发的阅读器等终端阅读设备;三是阅读软件,这是保证数字化信息内容能够为阅读设备所展现的关键,如 Adobe Reader、掌阅 iReader 等。随着智能手机的技术发展,许多电子书厂商通过在智能手机中安装应用程序,实现手机端的电子书阅读功能。

电子书出版的组织架构,包括电子书内容生产加工企业和电子书内容分销与传播企业,这两者大致对应传统图书出版业中的出版社和发行企业。与此相应,电子书出版的主要业务活动也包括两个方面:一是电子书内容的加工制作,即电子书内容生产活动,该生产活动不仅包括类似传统出版活动中的编审校工作，还包括基于特定标准和技术平台的数字化处理；二是电子书分销与传播活动，主要涉及电子书产品订阅、推送与读者服务等工作。

从世界范围看，电子书发展整体向好。目前，美国市场上的电子书商业模式基本上可以分为三大类：亚马逊公司的"资源整合平台＋Kindle 终端"模式，谷歌公司的数字图书馆模式，苹果公司的"开放平台＋iPad"模式。美国电子书行业的主要成本包括内容成本和硬件成本。其中，内容成本主要包括版权购买成本、内容加工成本、版权保护成本这三个方面。

根据中国新闻出版研究院的统计，我国电子书产业收入已经由 2016 年的 52 亿元增加到 2023 年的 73 亿元。收入构成主要包括电子书、电子书阅读器和网络原创电子出版物的销售收入。根据《2023 年度中国数字阅读报告》的数据，截至 2023 年底，在部分剔除重复授权的情况下，国内主要数字阅读平台上架的电子书规模约为 215.84 万部。

（二）数字报纸出版产业

报纸是传统出版物中时效性最强的出版物。将数字技术应用到报业，有利于进一步强化报纸的性能，更好地满足受众需求。数字报纸正是在数字技术基础上发展起来的一种新兴出版业态。

数字报纸不是对传统报纸的取代，而是在数字技术条件下对报纸价值的提升和结构的再造。数字报纸既传承了纸质报纸的版面信息和阅读体验，又融合了互联网的快速互动和多媒体等特点，以方便的版面导航、丰富的阅读体验、快捷的发布时效和低成本的生产方式，赢得了业内人士的青睐。与传统报纸相比,数字报纸具有更强的功能性、更快的时效性和更好的交互性。

按出版发行方式,数字报纸可分为印刷型与数字化兼有的数字报纸和纯数字报纸。前者以传统报社的数字报纸为代表,将其纸质报纸数字化后上传至官网供受众阅览,这类报纸较好地保持了传统报纸的版面语言。后者主要以综合性新闻门户网站为代表,其提供的是一条条新闻,而非一份份报纸。按存储介质,数字报纸可分为封装型数字报纸和网络型数字报纸。前者指存储于磁盘、光盘等封装型介质中的数字报纸,后者指在网络上传播的数字报纸。目前,封装型数字报纸已较为少见,数字报纸主要还是通过网络传播。按目标用户读取方式,数字报纸可分为 PC 数字报、移动设备数字报和公共展示设备数字报。PC数字报,是通过 PC 浏览器、PC 客户端和电脑光盘等读取的一种数字报纸,包括互联网报纸、综合性新闻门户网站、报纸数据库、数字报光盘等。移动设备数字报是通过手机、阅读器等移动阅读设备读取的数字报纸,包括手机报、电子报(通过有线或者无线网络将互联网报纸下载至阅读器中)等。公共展示设备数字报是通过户外大屏、移动电视、触摸屏等公共展示设备读取的数字报纸,是目前新兴的一种数字报纸类型,多用于图书馆、机场等公共场所。其中,互联网报纸、手机报和电子报是数字报纸最常见的三种类型,也是数字报纸出版最重要的部分。

数字报纸出版是基于数字报纸的生产、传播等经济活动所形成的一种新兴数字出版形态。数字报业是传统报业的战略转型和适应新的媒介生态的战略选择。世界各国政府及报业企业都十分重视数字报业的发展。

近年来,我国主要报业集团纷纷涉足数字报业,较大比重的传统报纸纷纷上网,成为媒体融合的重要发展方向。但由于新兴媒体的冲击,我国数字报纸产业的总体收入规模呈逐年下降的趋势。根据中国新闻出版研究院的数据统计,2016年我国数字报业(不包括手机报)产值为9亿元,到2023年已降为6亿元。

（三）互联网期刊出版产业

互联网期刊出版是期刊内容生产加工与传播活动的集合,是生产和提供互联网期刊产品及服务的一个数字出版门类。从产业形态看,互联网期刊出版活动主要包括三种方式:将传统纸质期刊数字化,构建数字出版平台整合发布数字化的期刊内容,开发多媒体期刊在线平台出版发行完全数字化的期刊。

互联网期刊自20世纪70年代诞生以来,在短短几十年间取得了巨大成就。尤其是20世纪90年代中期以后,互联网的普及和数字出版技术的进步,大大推动了数字期刊的发展。互联网期刊的发展主要经历了联机型、单机型、网络型和多媒体互动型四个发展阶段。当前,国外在学术期刊数字出版领域已经形成了更为先进的技术和商业模式。进入21世纪,开放存取期刊与知识共享协议(Creative Commons, CC)已成为学术期刊数字化发展的典型代表。开放存取期刊一般采用作者付费出版、读者免费获得、无限制使用的运作模式,论文版权由作者持有。在论文质量控制方面,开放存取期刊与传统期刊类似,采用严格的同行评审制度。开放存取期刊不再利用版权限制获取和使用所发布的文献,而是利用版权和其他工具来确保文献可永久公开获取,开放存取出版已成为学术出版的重要方式。知识共享协议,也称"知识共享许可协议",是允许他人分发作品的公共版权许可之一,于 2002 年 12 月 16 日由美国非营利性组织 Creative Commons 首次发布。协议 4.0 于 2013 年 11 月 25 日发布,允许作者选择不同的授权条款和根据不同国家的著作权法制定的版权协议,版权持有人可以将姓名标示(BY)、非商业性使用(NC)、禁止改编(ND)和相同方式分享(SA)等四种方式进行组合,形成不同版本的知识共享协议。

开放存取期刊和知识共享协议有着天然的关联性。一方面,开放存取期刊使知识共享协议的开放、共享、互济等理念得以传承;另一方面,知识共享协议作为与传统授权模式相异的许可机制,为开放存取期刊出版提供了版权管理规则。从市场需求角度看,数字期刊产业仍有较大的发展空间。调整发展战略应该成为我国数字期刊未来发展的必然选择,其中,开放存取数字期刊的出现是学术期刊发展的一个重要方向。

目前,我国数字期刊产业中网络出版运营商市场集中度较高,其中同方知网、万方数据等四五家传统整合型数字期刊出版运营商,以及 Poco 等四五家互动多媒体数字期刊出版运营商占据了绝大部分市场,其余数百家网络出版运营商以及传统期刊社独立运营的网络版数字期刊所占市场份额微乎其微。

根据中国新闻出版研究院的统计,我国数字期刊产业总收入由 2016 年的 17.5 亿元增长到 2023 年的 34.89 亿元,呈现平稳发展态势。

二、数字教育出版产业

数字教育出版也称"在线教育出版",是指应用数字技术和网络技术开展与学习、教育和培训有关的出版活动,是数字技术与出版和教育融合发展的产物,包括幼儿教育、中小学教育、高等教育、非学历教育和职业教育的数字教材、在线课程、在线学习资源库、在线测评以及在线学习平台等建设、管理与运营工作,是传统出版数字化转型的重要方向。

(一)现状与特点

根据中国新闻出版研究院的统计,2016 年我国在线教育出版产业营收为 251 亿元,2023 年增长至 2 882 亿元(见表 3-2)。数字教育出版产业收入连续快速增长,在数字出版产业总收入规模中的占比达到 17.81%,成为数字出版的重要板块。

表 3-2　2018—2023 年我国数字教育出版产业收入情况

(单位:亿元)

年　度	2018	2019	2020	2021	2022	2023
数字教育出版产业收入	1 330	2 010	2 573	2 610	2 620	2 882

数字教育出版需要建立开放的教学内容资源库和融合信息技术的新媒体平台,即不仅要提供纸质教材、教辅的数字化内容,更重要的是为教学提供个性化、专业化的服务、环境和解决方案。根据数字教育出版发展的特点,可以将数字教育出版分为两个典型的发展阶段。

第一阶段是 2015 年及以前的数字教育出版 1.0 阶段。此阶段经历网络学校、数字图书馆、电子书包等发展业态,后期以"三通两平台"为依托的教育信息化,开始从"分散建设"向"整体规划、统筹推进"转型,强调以应用为导向,以促进信息技术与教育教学融合为核心。此阶段主要的数字教育出版以教育数字化和网络化为特征。与此相适应,传统出版单位纷纷建立数字化的编辑加工平台和产品服务系统,开发了大量适合网络服务的数字教学资源和数字课程等数字教育出版产品。这一时期,教育数字出版产业的特征有三个方面:一是内容资源加速从单一提供纸质出版物向提供多媒体产品和多样化内容资源转型,二是生产方式加速从编、印、发构成的传统线性组织方式向使用数字技术和网络技术的非线性运营方式转型,三是传播渠道加速从传统发行渠道向 PC、手机、平板电脑等全媒体渠道转型。同期,平台运营商、技术服务商、电信运营商及互联网企业也纷纷进军数字教育服务领域,与传统出版单位形成竞合发展态势。此阶段主要由数据库运营商、电信服务商以及电子书阅读器厂商提供的数字教育产品和服务为主,传统出版单位的数字化发展以内容形式、服务平台、技术手段、传播手段等单点创新为主,受欢迎、叫得响的数字教育出版产品和服务不多。

　　第二阶段是从 2016 年开始的数字教育出版 2.0 阶段。在"十三五"的开局之年,"数字出版"作为发展战略首次被列入国家规划,国家"互联网＋"行动开始全面实施。以大数据、云计算、移动互联网、人工智能及 AR/VR 为代表的新一代信息技术在数字教育出版领域开始得到广泛应用,特别是由于智能终端和 4G 网络的普及应用,基于移动互联网的在线教育出版市场规模快速扩张。2016 年 6 月,教育部颁布的《教育信息化"十三五"规划》，将今后一个时期的发展方向确定为"构建网络化、数字化、个性化、终身化的教育体系，建设'人人皆学、处处能学、时时可学'的学习型社会"。这一时期，数字教育出版产业具有移动化、智能化特征，产业链呈现三个发展态势：一是内容资源需要在知识点的解构、体系化和全媒体化方面进行深度编辑加工；二是内容生产传播的一体化、运营服务的社区化和用户互动的智能化得到全面加强；三是传统出版单位、数字教育和培训机构及终端设备制造商因顺应数字教学资源的聚集和在线教学的平台化趋势，开始构建开放、协同、共享的数字教育出版新生态。

数字教育出版市场按照教育类型可分为学前数字教育出版市场、基础数字教育出版市场、高等数字教育出版市场、非学历数字教育出版市场和职业数字教育出版市场。学前数字教育出版市场针对全国 1 亿多 0～6 岁的学前儿童，以开发互动性和趣味性强的数字出版产品为主，各出版和服务机构以点读笔、智能手机为终端提供集声音、视频、动画和文本为一体的富媒体出版物。基础数字教育出版市场针对中小学教育和学习的刚性需求，通过建设学习资源库和在线服务社区提供电子版教材、电子书包及其他数字化衍生出版物，为学生、教师和家长提供可满足不同需求的服务。由于基础教育市场的特殊性，该市场具有较高的进入门槛。高等数字教育出版市场面向高级人才培养提供数字教材、电子图书、在线课程、移动 App 等专业数字教育服务。非学历数字教育出版市场和职业数字教育出版市场是以构建终身教育体系和学习型社会为目标，针对独立学习、辅助学习及与职业角色相关性强的特点，开展分散式、移动式和订单式的在线教育服务，具有在线学习和线下辅导相结合的特点。

（二）典型产品和服务

典型的数字教育出版产业的产品和服务包括电子书包、数字教材、在线教学资源库、在线课程、在线测评及在线教学平台，此外还有计算机辅助教学工具、学习社区、虚拟教室等产品和服务形态。

电子书包是指以学生为服务对象，以个人电子终端和网络学习资源为载体，贯穿于预习、上课、作业、辅导、测评等各个学习环节的数字化教学系统，具有绿色环保、易于携带、容量大、功能多、更新快的特点。

数字教材是指利用数字技术将传统纸质内容进行结构化、多媒体形式处理，并将其转化为适用于各类电子终端输出的电子教材，具有互动性、多媒体和结构化的特点。按照发展阶段和产品成熟度区分，数字教材可分为纸质教材的数字化、多媒体数字教材和互动式数字教材三种类型。

在线教学资源库是指通过网络形式为用户提供课件资料、教学视频、测试题等数字资源，供用户检索、交互、反馈和提取，实现教学资源集成管理和综合使用的数据库系统，具有容量大、更新快、使用便捷的特点。在线教学资源库很大程度上是过去图书所配的光盘资料的网络版，是在线课程的基础和早期形式。

在线课程也称"网络课程"，是以数字化和网络化形式表现的某个学科的教学内容及实施的教学活动的总称，包含了视频学习、课件资料、讨论区、测验与作业以及用户个人资料等各类数字资源，具有教学模式灵活、教学互动性强、教学资源开放的特点。近年来兴起的慕课（MOOC）、小规模定制在线课程（SPOC）以及微课都属于此类数字教育产品。

在线测评系统是利用数字技术进行网络考试的计算机辅助教学系统，一般包括自动组卷、考试管理及成绩管理等功能，其特点在于围绕课前、课中以及课后等不同测评需求，既方便学生检测自己的知识掌握情况，也方便教师利用在线测评的便捷性，做好对试题的系统批改，并用以调整教学方案。

在线教学平台又称"网络教学平台"，是指为教育教学提供在线服务的软件技术系统的总称，一般包括在线教学支持系统、网上教务管理系统、网上课程开发工具和在线教学资源管理系统四个主要部分，具有功能可定制、部署灵活和开放共享的特点。在线教学平台经历了从内容管理系统、学习管理系统、学习内容管理系统和通用型在线教学平台四个发展阶段，按平台性质可分为综合类、辅导工具类、语言类、IT类、职业教育类、数学类和音乐类。

整体而言，在线教育出版产业正处在快速发展期，但传统出版单位还没有形成稳定的商业模式，传统出版的编辑技能、业务流程和组织架构还不能适应数字教育出版产业的产品开发、系统建设和平台运营。

（三）发展趋势

随着"数字中国"和"网络强国"等国家重大战略的实施及学习型社会的建设，人们的教育需求正从标准化学习向个性化和终身学习发展，而教育服务供给也必将由"标准化供给"向"个性化服务"转变。在线教育出版产业提供的直播教学平台、数字教材、个性化在线教学等崭新的教育模式具有灵活性、节约成本和提升效率的独特优势，协作式学习、研究性学习和探索式学习成为趋势，数字教育出版也必须从内容、产品和服务等方面进行结构性改革。

　　数字教育出版产业以为教师、学生和家长等用户提供数字出版产品和服务为目标,需要在以下两个方面进行改革,一是建立满足用户对学习资源和业务系统等出版资源进行自由筛选的自助服务模式,二是建立满足用户随时随地以多种方式接受教学服务的移动服务模式。只有这样,数字教育出版才能与数字化学习社会实现融合发展。

　　技术创新给在线教育出版产业带来新的发展机遇,"人工智能＋教育"、个性化推荐、云计算技术以及大数据分析技术、AR/VR 技术等正在被运用到各种在线教育和培训的场景中。同时,现有的在线教育模式中,线上服务与线下教学相对独立,两者的融合需要进一步深入,未来的教育模式将进一步优化,教学环境也将更加完善。

　　目前,以出版、教育、培训、咨询和投融资为一体的数字教育出版产业新生态正在融合和形成中,各传统出版单位以自身优质资源为核心,在开展与教育机构资源共享的同时,同新媒体公司和互联网企业在技术与资本方面展开合作,将真正实现互通共融、优势互补,推动在线教育出版产业从内容生产到用户服务的全产业链融合发展。

三、网络文学出版产业

　　网络文学出版作为数字出版产业的重要组成部分,在满足人民群众日益增长的文化需求方面发挥着重要作用。近年来,依托源远流长的中华文化和繁荣稳定的社会经济环境,在国家政策的大力推动、积极引导和支撑保障下,我国网络文学产业在新时代迸发出勃勃生机。

（一）现状与特点

2012—2023 年间,网络文学出版产业创作活跃,生态繁荣,规模不断扩大,质量不断提升,已成为文化生产、文化传播和国际文化交流的重要内容,具体反映在总营收规模、作品规模、用户规模、IP 营收规模和出海营收规模等方面。

网络文学市场的总营收规模由 2012 年的 24.5 亿元增长至 2023 年的 383.0 亿元,总增长率为 1 463.27％,年均复合增长率为 28.4％。可以看到,网络文学营收规模由初期(2012—2017年)年均复合增长率 39.45％降至 19.18％(2018—2023 年),即经历爆发式增长后,逐渐回归常态,在保持产业规模稳步增长的同时,产业发展重心已从数量增长向质量提升转变。

网络文学作品规模由 2012 年的 800.2 万部增长至 2023 年的 3 786.46 万部,总增长率为 373.19％,年均复合增长率为 15.18％。2018 年后,作品规模增长显著放缓,2018—2023 年的总增长率约为 55.05％,年均复合增长率为 9.17％。这进一步说明,经过十余年的市场培育,网络文学作品结构不断优化,降速、减量、提质已成为网络文学行业的普遍共识。

网络文学的用户规模从 2012 年的 2.3 亿人增长至 2023 年的 5.5 亿人,整体增长率约为 139.13％。2012—2023 年,我国网民规模也在持续上涨,从 2012 年的 5.6 亿人增长至 2023 年的 10.92 亿人,增长率约为 95％。相比之下,网络文学用户规模增长率高于网民规模增长率,且 2018 年、2019 年和 2023 年的占比均超过 50％,分别达到 51.81％、51.11％和 50.37％,增长空间依然巨大。

　　网络文学 IP 营收规模自 2012 年的 0.06 亿元增加到 2021 年的 41.31 亿元,总增长率高达 68 750％,年均复合增长率达到 106.7％。2018 年被业界认为是网络文学的 IP 元年,整体营收规模超过 16 亿元,增幅超过 85％,2019 年网络文学的 IP 营收规模增至 48.9 亿元,年增幅超过 200％。随着市场结构的逐年优化与成熟,近两年网络文学的 IP 营收规模增长趋于平缓,"轻衍生"成为网络文学行业角逐的重点方向。

　　我国网络文学市场出海营收规模由 2018 年的 4.0 亿元增长至 2023 年的 43.50 亿元,2018—2021 年的增长率达到 987.50％,年均复合增长率为 61.17％。在作品规模方面,在未区分重复授权、多语种翻译、授权地区及海外原创等因素的情况下,2019 年和 2020 年出海作品数量分别超过了 10 万部和 20 万部,2023 年达到了 69.58 万部(种),实现了巨大跃升。在走出去的国家和地区方面,目前我国网络文学出海的主要地区是东南亚、北美,日韩、南美和欧非也在逐步开拓中。

　　总体来看,我国网络文学出版产业近几年积极加强出版质量,强化内容建设。同时,建立健全内容审核机制、严格规范登载发布行为、定期开展社会效益评价考核、加强评选活动管理等,行业发展更加健康可持续,已成为全民阅读和公共文化服务体系的重要支撑力量。

　　(二)发展趋势

　　随着产业规模的迅速扩大,我国网络文学出版产业也亟须治理的优化和提升。2021 年,国家有关部门对文娱领域开展综合治理,打出"组合拳",政府和各平台协同联动,推动网络文学产业形成"政府—平台—个人"多元治理格局。

党的二十大报告提出,加快发展数字经济,促进数字经济与实体经济深度融合,网络文学出版产业任重道远。网络文学出版将以其日渐提高的文化影响力和国际传播力,成为传播中华文化和讲述中国故事的重要力量。未来,中国网络文学出版产业将呈现出四个发展趋势。

一是逐步强化精品内容的生产能力,承担文化强国建设重任。内容精品化始终是行业生存和发展的核心和关键。尤其在互联网时代,网络文学的快速发展极大地丰富了文学作品的内容题材和传播方式,逐渐成为文化产业发展的重要内容源头。伴随着相关产业链的形成和网络文学市场化运作的不断深入,网络文学也面临着如何持续实现高质量、精品化发展的挑战。网络文学企业也应自觉担负起新时代赋予的文化使命,坚持中国特色社会主义文化发展道路,增强文化自信,围绕举旗帜、聚民心、育新人、兴文化、展形象建设社会主义文化强国,以社会主义核心价值观为引领,发展社会主义先进文化,弘扬革命文化,传承中华优秀传统文化,满足人民日益增长的精神文化需求,以不断提升国家文化软实力和中华文化影响力为目标,打造更多导向鲜明、内容优质的精品网络文学作品,构建双效统一、勇担责任的行业良好生态。

二是强化 IP 全链条发展模式,多元化提升企业竞争力。随着网络文学产业生态雏形初现,各网络平台在经营思路上也有所转变,不再盲目追求大而全,而是转向对于网络文学 IP 的深度开发,尤其是在有声、影视剧、动漫、微短剧、剧本杀,甚至"元宇宙"等领域。同时,各平台还着力于探索 IP 全链条发展模式,增强网络文学内容在泛娱乐化产业中培育、运营、衍生上的优势,推进产业朝着内容精品化和主流化不断演进。一方面,各大网络文学平台由之前的"分而治之"转变为"强强联手",努力实现共创共享共赢。除了阅文、掌阅、中文在线等平台间实现了业务交叉合作之外,豆瓣、知乎、今日头条等网站也纷纷涉足网络文学领域,让故事性文字参与到网络文学生产、转化的产业链条当中,推动网络文学的业态发生变化。另一方面,网络文学还进一步发挥自身在文化产业的巨大影响力,推动有声、影视、动漫、短视频等相关企业参与到网络文学生产环节中,成为连接各产业融合发展的纽带,进而推动极具产业活力的网络文学生态系统的形成。

三是推进行业出海能力建设,助力海外传播体系构建。当前,网络文学已经成为展现中国形象的重要窗口,作品海外输出量、覆盖地区不断增加,形成了持续广泛的文化扩散效应。可以看到,众多网络文学平台本土化进程迅速加快,大 IP 及其衍生产品在海外延伸效应持续扩大,中国网络文学的海外本土化传播体系已经初步建立。下一步,网络文学企业将更加注重海外市场的开拓、建设和维护,紧密跟踪海外用户需求,完善作品海外供给体系,做好中国故事和中国声音的全球化、分众化、区域化表达,提升中国文化国际传播影响力、中华文化感召力和中国形象亲和力,努力构建起健康有序、多元立体的中华文化海外传播体系。

四是加强网络文学理论研究,健全完善评价评论体系。与传统文学不同,网络文学的经营方向旗帜鲜明,其点击率排名、付费阅读、打赏、价值链开发、IP 打造等,都是为了实现市场效益最大化。在市场利益环境的驱动下,网络文学作品在很长一段时间内集聚了很多格调不高、内容粗糙的作品,创作者也往往为市场利益所捆绑。要改变这一现状,就必须加强网络文学的理论研究,建立网络文学评论与评价体系,深入挖掘更多思想性、艺术性俱佳的网络文学作品。同时,也要从企业实际出发,加大价值引领,完善网络文学作品的评论和评价机制,分级分层、分门别类,加大满足主流价值和具有市场影响力的优秀作品的推荐力度,更好地满足人民群众的数字阅读需求。另外,强化行业作者队伍建设、加强行业发展监管、完善版权保护市场秩序也将成为行业发展的重点。

四、网络游戏出版产业

与数字出版中的其他产业类型相比,网络游戏出版产业更具创新性,同时若管理机制不到位,则可能会有一定的负面效应。我国网络游戏始于 20 世纪八九十年代,早期是单机游戏阶段,21 世纪开始进入互联网客户端(PC)游戏阶段,2008 年以后,由于智能手机的普及,网络游戏开始向移动端转移。

(一)现状与特点

根据中国音像与数字出版协会发布的相关数据,2023 年中国游戏市场实际销售收入为 3 029.64 亿元,同比增长 13.95%。总收入同比增长并再创新高的主要原因包括:一是 2022 年新冠疫情期间产业面临的诸多负面影响有所消退,用户消费意愿和能力有所回升。二是游戏新品数量集聚并出现了热门产品,与长线运营的多款头部游戏共同支撑了收入增长。三是多端并发成为趋势,移动游戏和客户端游戏实销收入均有明显增长。

从游戏品类的市场情况来看,2023 年,中国移动游戏市场实际销售收入 2 268.60 亿元,比 2022 年增加了 338.02 亿元,同比增长 17.51%,占总收入的比例为 74.88%。2023 年移动游戏的收入也创造了新的纪录。从游戏题材角度来看,在收入排名前一百的移动游戏产品中,角色扮演类游戏、卡牌类游戏和策略类游戏三类收入之和占总收入的 49%,接近一半。2023 年,客户端游戏市场实际销售收入为 662.83 亿元,同比增长 8%,占总收入的比重约为 21.88%。网页游戏市场实际销售收入为 47.50 亿元,占总收入的比重约为 1.57%。主机游戏市场实际销售收入为 28.93 亿元,占总收入的比重约为 0.95%。可见,2023 年移动游戏仍占据我国游戏市场的主体地位,且典型的游戏品类占据了移动游戏的大半市场份额。

根据谷歌与 App Annie 联合发布的《2021 年移动游戏出海洞察报告》,2021 年上半年,中国移动游戏海外下载量达到 17 亿次;中国出海游戏海外玩家消费达 80 亿美元,同比增长 47%,接近全球用户支出的 25%;2021 年上半年海外排名前两千的移动游戏中,23.4% 的移动游戏运营商来自中国,证明了国产游戏在全球游戏市场上的强劲竞争力。

中国自主开发的游戏数量多,类型、题材和玩法多元,覆盖的海外国家和地区广泛。在 2023 年中国自主开发移动游戏海外重点地区收入分布中,超半数的收入来自美国、日本和韩国三大市场。其中,来自美国市场的收入占比 32.51%,来自日本、韩国的收入占比分别为 18.87% 和 8.18%。我国自主研发移动游戏在北美、日韩、欧洲 3 个区域的收入,占海外市场的七成以上。且 2023 年在美、日、韩、德、英、加等主流市场的收入占比,同比均有增长。尽管我国游戏企业虽在积极开拓中东、拉美、东南亚等新兴市场,但从收入来看,这些新兴市场的开拓在 2023 年仍未见到显著提升。

（二）发展趋势

网络游戏具有很强的两面性。一方面,它是当代社会重要的娱乐方式和文化现象,从商业角度来看也是非常成功的新兴文化产业分支,并且正在世界各国蓬勃发展;另一方面,长期以来有一种"把网络游戏视为洪水猛兽"的观念,认为它诱使青少年沉湎其中荒废学业,不利于青少年身心发育。国家新闻出版署于 2019 年 10 月 25 日发布的《关于防止未成年人沉迷网络游戏的通知》,明确了网络游戏行业为未成年人提供服务应遵循的原则和规范。但是,网络游戏作为一种手段是发挥积极作用还是消极作用,主要取决于使用者及其使用方式。相反,网络游戏中的教育游戏、功能游戏等在教育、培训领域都有着广阔的应用空间和发展前景。因此,人们应该加强研究,趋利避害,以更加全面、客观和科学的态度认识并利用网络游戏。

同时,随着市场和消费者对网络游戏需求的转变,网络游戏开发品质要求越来越高。游戏开发企业和平台运营企业之间的利益平衡,以及与网络游戏相关的灰色产业链对游戏自身健康发展的冲击等,都会对网络游戏的发展产生许多的不确定性。

五、数字动漫出版产业

我国数字动漫出版产业发展比较平稳,产业集中度高,用户规模大。

（一）现状与特点

据中国新闻出版研究院统计,2023 年我国数字动漫出版产业总收入为 364.03 亿元。

表 3–3　2018—2023 年我国数字动漫出版产业收入情况

（单位：亿元）

年　度	2018	2019	2020	2021	2022	2023
数字动漫出版产业收入	180.8	171	238.7	293.4	330.94	364.03

根据艾瑞咨询提供的数据，由于动漫产业链复杂，动漫生产集群初现端倪，动漫展会和交易气氛活跃，动漫生产与移动终端和互联网结合日益紧密，2020 年我国动漫产业总产值达 2 212 亿元。动漫产品因其大众性、易读性和娱乐性，一直以来就为人们所喜爱，比如，我国的《葫芦娃》《黑猫警长》《孙悟空大闹天宫》。因而，动漫产业一直是文化产业发展的重点。2009 年，我国颁布了《文化产业振兴规划》，其中就将动漫产业列为文化产业中重点扶持发展的产业门类。在数字技术背景下，数字动漫产品较之传统动漫产品更受消费者青睐，数字动漫出版也成为数字出版中最具活力的新兴产业领域之一。

在数字动漫产业领域有两个概念需要注意，即"二次元"和"IP"。所谓"二次元"，即"二维"的意思，是一个始于日本的概念，由于早期的动画、漫画、游戏作品都是以二维图像构成的，画面是一个平面，所以称之为"二次元世界"，简称"二次元"，并逐渐引申为由动画（Animation）、漫画（Comic）、游戏（Game）和小说（Novel）人群组成的文化圈（ACGN）的称呼。所谓"IP"，即"Intellectual Property"，指知识产权或智慧财产，包括具有商标、著作权及设计权的文学和艺术作品。通过 IP 授权将版权方

(IP所有者)的IP授权给其他客户使用,开发与原作品紧密相关的衍生品,成为数字动漫产业发展的重要方式。

数字动漫作品突破了传统动漫作品较为单一的传播形式,呈现出如下四个方面的特点:

第一,传播的交互、多向和跨媒体性。用户不仅可以自主选择动漫产品的表现形式、阅读方式,甚至可以DIY(Do It Yourself)数字动漫作品。因此,数字动漫产品改变了传统动漫产品单向传播的特征,可以进行双向甚至多向传播。此外,数字动漫可通过多种媒介进行跨媒体传播。

第二,视觉效果更佳。数字动漫的一大特质就是画面形象更逼真、更具表现力,给予用户更炫、更酷、更时尚的感官享受。

第三,应用的广泛性。与传统动漫相比,数字动漫的制作成本低、程序简单、效率高、品质好,更易于大众化传播,因而更能实现广泛应用。

第四,产品衍生性强。数字动漫对与其相关的周边衍生产品及产业的波及效应显著。

数字动漫产品的常见形式主要有以下三类:一是网络动漫,即通过门户网站、视频分享网站、网络点播台等互联网网站进行传播的动漫产品,是数字动漫出版最初的产业形态;二是手机动漫,即通过手机电视平台、手机漫画客户端、Wap、Web、彩信等方式传播的动漫产品,包括基于手机技术的手机动画、手机动漫广告、动漫彩信、动漫屏保以及其他漫画图片等;三是以IPTV、VOD点播、移动电视为载体传播的动漫产品。

动漫按照作品题材,可以分为推理、言情、动作、战争、后宫、历史、悬疑、科幻等;按照播放平台,则可以分为电视动画、剧场动画、原始光盘动画和网络动画。

整体来看,动漫产业链条并不长,且各环节交叉较多,下游衍生变现为产业链中利润最高的环节,因此动漫企业大多在主要业务的基础上进行了产业链的延伸,尤其是将上游的内容生产和下游的衍生变现环节相结合,通过"IP＋产业"的闭环实现盈利。中游内容传播则需借助平台实现,企业也可通过这一环节向动漫产业上下游延伸,借助自有平台优势快速进入动漫市场,如腾讯、哔哩哔哩、阅文集团等。

数字动漫产业与其巨大的经济价值相比,还有一个特点是会对青少年产生巨大的精神影响力,甚至会影响他们的价值标准、审美情趣以及生活习惯等。因此要扩大国产数字动漫产业的传播效应,展示出独有的中国文化与精神内涵,并强化其与传统文化艺术如绘画、戏曲、音乐、书法等中国元素的结合。

（二）发展趋势

2015年以后,更多互联网巨头开始进入数字动漫领域,国产原创数字动漫作品越来越受到年轻人的欢迎。腾讯、阅文集团、爱奇艺、网易等企业深度介入数字动漫出版,形成的腾讯动漫、快看动漫、咪咕动漫等平台不但纷纷运营动漫作品,还广泛介入数字动漫的内容创作。数字动漫领域正在吸引更多的人才和资金流入。

美国是世界上最大的动漫生产国和输出国,日本是仅次于美国的第二大动漫生产国。包括动漫产业在内的文化产业在日本是仅次于旅游业的第二大支柱产业。而目前我国数字动漫出版产业与美国和日本等动漫强国相比还存在较大的差距,主要表现在本土原创能力、产业链布局与运行机制、人才培养和知识产权保护等方面。

我国政府十分注重扶持数字动漫产业发展,2017年发布的《"十三五"时期文化发展改革规划》明确提出要加快发展动漫游戏、创意设计、3D和巨幕电影等新兴产业。为支持引导国产优秀原创动漫创作生产,推动动漫出版产业繁荣发展,国家出版行政部门多年来一直组织实施"原动力"中国原创动漫出版扶持计划,对阐释中国精神、中国价值、中国力量的优秀动漫作品给予资金支持。同时,我国对动漫软件出口实施免征增值税的政策。

2019年8月,国务院印发《国务院办公厅关于进一步激发文化和旅游消费潜力的意见》,明确提出"促进演艺、娱乐、动漫、创意设计、网络文化、工艺美术等行业创新发展"。2021年发布的《"十四五"文化产业发展规划》提出要提升动漫产业质量效益、打造中国动漫品牌、促进动漫"全产业链"和"全年龄段"发展。

六、数字音乐产业

数字音乐也称"在线音乐""网络音乐",是数字技术在传统音乐产业中应用的产物,也是当今娱乐文化产业关注的重点领域之一。广义的数字音乐,是指通过数字方式进行生产、存储、传播、消费的音乐作品,既包括有线音乐、无线音乐等非物质形态的音乐产品,也包括CD、VCD等物质形态的音乐产品。狭义的数字音乐,是指通过数字方式进行生产、存储并通过有线或无线方式进行传播、消费的非物质形态的音乐产品。

数字音乐具有制作相对简单、易于存储和传播的特点。根据数字音乐内容分发网络的不同,数字音乐可分为网络音乐和移动音乐。网络音乐,是指通过有线网络以及Wi-Fi等无线网络直接传输到PC客户端上的数字音乐。移动音乐又称"手机音乐"或者"无线音乐",是指通过移动增值业务模式和移动通信网络传输至移动通信终端或通过 PC 客户端管理的移动式播放硬件的数字音乐。根据服务方式及技术特点的不同,数字音乐可以分为下载音乐和流媒体音乐两类。

(一)现状与特点

根据中国音像与数字出版协会的数据,包括在线音乐、音乐短视频、音乐直播、在线 K 歌业务在内的我国数字音乐产业总收入由 2018 年的 676.4 亿元增长到 2023 年的 1 907.5 亿元。

表 3 - 4　2018—2023 年我国数字音乐产业收入情况

(单位:亿元)

年　度	2018	2019	2020	2021	2022	2023
数字音乐产业收入	103.5	124	710	790.68	1 554.9	1 907.5

数字音乐产生于 20 世纪 90 年代中期的互联网发展初期,在 21 世纪初进入商业化开发阶段。依其发展过程中的商业模式及载体的变化,数字音乐的发展历程大致可以划分为四个阶段。

第一,自由下载阶段。1993 年,MP3 音频压缩技术诞生。其后,众多音乐爱好者利用这一技术将自己的 CD 音乐转成 MP3 格式并上传至互联网供其他用户自由下载。这是数字音乐传播活动的最初方式。从版权保护的角度看,这种没有获得作者授权的传播行为对数字音乐发展的影响是消极和负面的。

第二,免费在线下载平台阶段。20 世纪 90 年代后期,专门的音乐下载网站开始如雨后春笋般涌现。其中,具有代表性的有 MP3.com、eMusic、Napster 等。MP3.com 是最早免费提供音乐下载的在线平台；eMusic 于 2000 年推出了第一个数字音乐订阅业务，开始了付费下载的探索；Napster 则以 P2P 在线音乐业务著称。此时，数字音乐产业初具规模，并有了音乐订阅的探索，但仍没有进入付费阶段，也没有形成切实可行的商业模式，运营商主要依靠广告获取收益。

第三，便携式数字播放器阶段。最初的 MP3 文件只能由电脑来播放，随着 MP3 的逐渐流行，部分硬件生产厂商抓住机会推出了可以随身携带的 MP3 音乐播放器，数字音乐由此得以普及。随后，音乐手机的出现又进一步扩大了数字音乐的用户群。这两种产品共同刺激着人们对数字音乐的需求，互联网和无线平台上的音乐下载量与日俱增。与移动式播放硬件的结合，成为这一时期数字音乐发展的主要商业模式。但这一时期的数字音乐依然没有解决版权问题。

第四，付费下载阶段。在数字音乐发展的早期，免费几乎成了其代名词。由于缺乏可行的盈利模式，数字音乐始终难以实现产业化。2003 年，苹果公司创造了将播放器和正版音乐"捆绑"销售的数字音乐销售模式，即 iPod＋iTunes 模式。这一模式成为数字音乐史上第一个成功的商业模式。它解决了数字音乐的版权问题和下载收费问题，为数字音乐的收费下载提供了一个可操作的样板。数字音乐由此进入了产业化发展阶段。

（二）发展趋势

初期由于版权保护意识的薄弱与监管政策的缺位，我国的数字音乐市场呈现盗版横行、混乱无序的状态。随着国家层面对于版权监管的重视并开展网络侵权盗版的专项治理，我国数字音乐发展逐步进入规范化、健康化阶段。网络音乐用户规模不断增长,用户付费意识逐渐增强,产业价值链、收费模式和盈利模式日渐形成,并最终产生了一个庞大的音乐消费市场。目前,数字音乐产品已经逐步取代唱片、磁带等传统音乐产品在音乐活动中的地位,对人们的日常生活产生了广泛影响。从唱片公司到电信部门,再到网络运营商、服务商乃至零售商,都纷纷在数字音乐领域不断拓展业务,数字音乐产业已成为我国数字内容产业的重要组成部分。自 20 世纪 90 年代开始,数字音乐已成为现代音乐产业的主体,我国 2015—2018 年音乐产业投融资数量也由 54 起增加到 84 起。总体来看,我国数字音乐相关市场仍处于发展起步阶段,市场成熟度不高。

2015 年,国家版权局发布了《关于责令网络音乐服务商停止未经授权传播音乐作品的通知》。通知要求加强对网络音乐服务商的版权执法监督力度,推动建立良好的网络音乐版权秩序和运营生态。随后国家版权局又配套发布了《关于大力推进我国音乐产业发展的若干意见》,鼓励音乐企业与通信运营商和网络服务商进行合作,开发以手机、移动多媒体终端及集成电路卡、数据库等为载体和表现形式的多种音乐出版发行形式;鼓励建设大型、权威的音乐信息服务和交流平台、音乐生产和制作平台、音乐展示和销售平台、数字音乐传播平台;推动音乐作品相互授权和广泛传播,鼓励相关单位探索网络环境下传播音乐作品的商业模式,逐步实现数字音乐的正版化运营。同时,国家版权局将数字音乐版权专项整治纳入"剑网行动"重点任务,制定了数字音乐正版化"三步走"工作思路,即打击侵权盗版、规范授权模式和完善商业模式,有力推动了我国数字音乐产业发展。但由于音乐作品版权问题较为复杂、作品应用场景多样,以及历史形成的授权模式不够完善等多种因素,数字音乐产业各方版权关系需进一步规范理顺。同年,原文化部也发出《关于进一步加强和改进网络音乐内容管理工作的通知》,明确网络音乐内容实行企业自主审核、承担主体责任,文化行政部门进行事中事后监督的管理制度。

2022年1月,国家版权局在北京约谈主要唱片公司、词曲版权公司和数字音乐平台等,要求数字音乐产业各方协力维护数字音乐版权秩序,构建数字音乐版权良好生态。约谈要求数字音乐产业各方遵守著作权法律法规,依法行使和维护权利,抵制各类侵犯音乐著作权行为,配合国家版权局对数字音乐的版权重点监管工作,落实相关部门维护数字音乐版权秩序的措施,支持相关著作权集体管理组织依法开展数字音乐授权工作,促进数字音乐广泛有序传播。

总体来看,在产业政策驱动、互联网巨头整合基本完成、移动支付日趋便利化和流媒体数量大幅增长的情况下,我国数字音乐即将进入发展的快车道。同时,我们也应清醒地看到数字音乐市场存在着版权纠纷多、维权成本高、商业模式单一等行业弊端。我国数字音乐产业的发展任重道远。

七、其他数字出版产业

近年来,我国有声阅读、博客、网络视频等新兴数字内容业态发展迅猛,市场规模逐年扩大。同时,由于产业发展迅猛,互联网广告规模也迅速扩展。

(一)有声阅读

有声书又称"有声读物""有声出版物",是将具有知识性、思想性的内容进行编辑加工并主要以朗读和讲述方式呈现的音频产品,具有内容丰富、形式多样、传播广泛、交互性强等特点。广义的有声书还包括有声剧、广播剧、相声、评书、播客等;狭义的有声书特指有声图书。移动互联网的发展,使得有声读物具有应用场景丰富、运营机制灵活、技术创新快等特点。近年来我国出现的"知识付费"类应用,本质是在对出版物内容进行演绎、提炼的基础上,将知识产品变成服务,实现价值提升,形成的一种全新的有声阅读商业模式。因此,"知识付费"也可以认为是有声阅读的一种新兴业态。

2023 年,我国有声阅读行业总营收规模为 116.35 亿元,相较 2022 年,增长 21.60%。其中订阅收入 59.21 亿元,占整体营收的 50.89%;版权收入 15.5 亿元,占比 13.32%;广告及其他收入 41.64 亿元,占比 35.79%。其中订阅收入占比超过 50%,版权收入占比略有增长,约为 13%,广告收入占比则达到 35.79%。近年来,虽然有声阅读市场中的订阅收入仍在增长,但版权收入和广告收入也呈现稳步增长态势。详见表 3-5。

表 3-5 2023 年我国有声阅读行业收入情况

(单位:亿元)

收 入 类 型	收 入 规 模	占 比
订阅收入	59.21	50.89%
广告及其他收入	41.64	35.79%
版权收入	15.5	13.32%
总计	116.35	100.00%

有声阅读市场主体包括内容提供方、渠道运营商和技术服务商。其中内容提供方主要包括版权提供者,既有报纸、杂志、广播、电视等传统媒体,也有网络文学平台、自媒体等新兴媒体;渠道运营商主要包括微信、豆瓣、微博的分享渠道,还包括喜马拉雅 FM、咪咕数媒等线上平台,也有不少车载设备、有声图书馆等线下渠道;技术服务商则主要包括科大讯飞、中国移动以及相应的电商、应用商城和第三方支付服务提供者。

有声阅读的商业模式主要是通过获取版权资源、强化用户黏性、培养付费习惯、推进产业融合的全流程市场化运营来实现的。其中,推进产业融合,就是采用"内容＋智能家居"的方式,利用智能音箱、智能耳机等设备与有声读物 App 实现融合。听书满足了人们在不便用手或用眼的场景下进行阅读的需求,在培养用户阅读习惯上具有全场景优势,为全民阅读政策的推广与实施创造了良好条件,已然成为了一种新兴阅读方式,融入了国民的日常生活。目前,有声阅读市场正处于快速发展阶段,市场规模不断扩大,产品类型多样化发展,产品形态、制作水平不断升级,用户群体和听书时长稳步增长,消费者需求也在不断增加。同时,数据也表明,喜马拉雅 FM、得到和蜻蜓 FM 等龙头企业的收入规模较大,有声阅读行业具有较强的产业集中度。

目前来看,有声阅读行业还存在商业模式单一、内容精品化明显不足的缺陷,政策体系、版权保护等问题还有待完善。同时,有声阅读主要收入来源仍是用户订阅付费收入,与传统音频广播的广告收入模式有显著不同,其挖掘广告收入的潜力仍然具有较大空间。下一步,有声阅读行业需要不断发掘用户需求,持续探索更为成熟的商业模式;通过应用人工智能技术和智能设备,打造精品内容,同时大力开拓儿童有声读物、高端知识课程等垂直细分市场。我国有声读物行业发展前景广阔。

（二）博客

2002 年博客中国网站创立,"博客"概念在中国开始流行。2004—2006 年经历了快速发展之后,网民对博客的认知程度明显提高,博客用户数量和活跃博客作者数量发展势头良好。2007 年以后,随着各大门户网站对博客频道的重视,用户群开始向主流门户转移,并逐步形成较为固定的博客群落。2008年,随着校内网、开心网等一大批社交(SNS)网站的崛起,国内博客发展进入新阶段,用户之间互动交流更为便捷,这也使得众多网站用户转型成为活跃的博客用户。

随着互联网平台化和移动化趋势越来越明显,强调互动、分享、即时的微博(Micro-blog)等 Web2.0 服务模式成为博客发展的新方向。2006 年 3 月,博客技术先驱、blogger.com 创始人埃文·威廉姆斯(Evan Williams)创建的新兴技术公司 Obvious 推出微博服务,用户可以通过 Web、Wap 及各种客户端组建个人社区,以 140 字左右的文字更新信息,并实现即时分享。2009年 8 月,新浪推出"新浪微博"内测版,成为国内门户网站中第一家提供微博服务的网站。2010 年,国内四大门户网站均开启了微博服务。目前,我国少数博主已拥有超过 1 000 万粉丝,通过提供视频、文本吸引数千万次点击,形成巨大的流量经济和广告效益。

根据中国新闻出版研究院统计,2023 年我国各类博客应用总收入达到 125 亿元,较 2018 年的 115.3 亿元,增长率为8.4％。2018—2023 年我国博客类应用产业收入情况见表 3-6。

表 3‑6　2018—2023 年我国博客类应用产业收入情况

（单位：亿元）

年　度	2018	2019	2020	2021	2022	2023
博客类应用产业收入	115.3	117.7	116.3	151.56	132.08	125.00

（三）网络视频

网络视频产业是指在互联网上提供免费或有偿视频流播放、下载服务的行业。网络视频一般包含长视频和短视频两类，其运营模式也不尽相同。长视频内容来源主要有向专业影像生产机构和代理机构购买版权内容以及网络视频企业自制内容两种渠道，也有少量用户自创上传的内容，涉及电影、电视剧、综艺节目、体育赛事等。短视频内容主要来自上传用户的原创，时间较短，一般在五分钟以内，情节简单，满足人们碎片化的娱乐性和知识性需求。因此，也有人将短视频称为"视频微博"。

自 2005 年以来，我国网络视频大致经历了初始培育、资本驱动、政府监管和寡头竞争四个发展阶段。目前，我国网络视频行业形成了综合视频平台、视频直播平台、垂直视频平台、短视频平台为主的细分领域。根据中国网络视听节目服务协会发布的《中国网络视听发展研究报告（2024）》显示，2023 年，包括长视频、短视频、直播、音频等领域在内的网络视听行业市场规模首次突破万亿，达 11 524.81 亿元，以网络视听业务为主营业务的存续企业共有 66 万余家。截至 2023 年 12 月，全网短视频账号总数达 15.5 亿个，职业主播数量达 1 508 万人，主要短视频平台日均短视频更新量近 8 000 万，日直播场次超过 350 万场。

庞大的从业者体量、可观的市场规模,推动网络视听成为数字经济发展的重要力量。

我国网络视频平台内容细分化趋势明显,以电视剧、电影、综艺、动漫等核心品类为基础,不断向游戏、电竞、音乐等新兴品类拓展。同时,各大网络视频平台利用信息技术,快速响应用户需求,实现内容的精准推送,提升了产业运营效率。网络视频领域的娱乐内容生态,通过整合平台内外的资源实现联动,从小说、漫画到网络剧、综艺、动漫、电影,再到授权游戏、商品、服务等,实现视频内容与音乐、文学、游戏、电商等领域协同发展,形成 IP 运营的良好生态。

在短视频领域,以抖音、快手为代表的产业巨头快速崛起。短视频单集时长短,流量耗费小,内容更为垂直、碎片化、简单直接,更容易满足用户娱乐化需求。自 2017 年以来,用户规模的增长和广告主的关注带动短视频市场规模扩大,到 2022 年,短视频领域市场规模为 2 928.3 亿元,占中国泛网络视听产业市场规模的比重达到了 40.3%,成为该产业增长的主要来源。另据中国互联网络信息中心发布的《第 53 次《中国互联网络发展状况统计报告》显示,截至 2023 年 12 月,短视频用户规模为 10.53 亿人,较 2022 年 12 月增长 4 145 万人,占网民整体的 96.4%。作为对新网民最具吸引力的互联网应用,我国网络视频(含短视频)发展环境持续优化,内容供给不断丰富,推动行业发展迈上新台阶。短视频平台已成为网民获取新闻资讯的首要渠道。短视频的商业模式主要是广告、用户付费和电商。

近年来,网络直播发展迅猛,已成为互联网电商领域的风口。根据中国网络视听节目服务协会发布的《中国网络视听发展研究报告(2023)》,作为仅次于短视频的网络视听第二大应用,网络直播在 2022 年的用户规模达到了 7.51 亿,已深入娱乐、教育、商业等多个领域,发展前景十分广阔。根据中国网络视听协会发布的《中国网络视听发展研究报告(2024)》显示,我国网络视听用户中,有七成以上用户因看短视频/直播购买商品,超四成用户认为短视频/直播已成为主要消费渠道。其中,53.7%的用户经常收看电商直播/直播带货,较 2022 年(30.3%)增加 23.4 个百分点,增速最快。

未来,网络视频行业还将进一步赋能创业就业,促进实体经济发展。以视频为入口的新场景、新业态在社会生活和产业结构中的连接赋能作用将日益凸显。

(四)网络广告

随着互联网的普及和迅猛发展,各种形式的网络广告纷纷涌现。网络广告产业作为数字出版商实现经营补偿的有效手段和数字出版服务的天然衍生品,已成为实现数字出版产业规模最大化和经济效益优化的重要支撑手段。

网络广告,是指广告主通过付费的方式在互联网上发布文字、声音、图像、影像、动画等多媒体形式的商业信息,并以沟通和劝说为目的的一种广告传播形式。网络广告产业也包含传统广告的五要素,即广告主、广告信息、广告媒体、广告受众和广告费用。一般而言,网络广告形式多样,传播时空广泛,通过程序和网络平台自动运行,具有较强的交互性和操作灵活性。

根据操作方式的不同,网络广告可分为搜索引擎广告、展示类广告、链接式广告、投递式广告,其中搜索引擎广告和展示类广告是最重要的两种广告形式,市场份额合计占比近 90%。搜索引擎广告主要通过关键词搜索和排序提供广告入口;展示类广告只传递信息,不支持点击,不含交互的页面,常常以一个企业的 VI 形象为内容主题,主要有品牌图形广告、富媒体广告和视频贴片广告等形式;链接式广告通过点击链接进入相应的广告页面,包括按钮广告、旗帜广告等;投递式广告主要以电子邮件等形式向受众投递广告,比如 E-mail 广告、下载携带式广告等。

根据中国新闻出版研究院的统计,我国网络广告总收入规模由 2018 年的 3 717 亿元增长到 2023 年的 7 190.60 亿元,增幅超过 90%。2016—2021 年我国网络广告产业收入情况如表3－7所示。

表 3－7　2018—2023 年我国网络广告产业收入情况

（单位:亿元）

年　　度	2018	2019	2020	2021	2022	2023
网络广告产业收入	3 717	4 341	4 966	5 435	6 639.2	7 190.60

第三节　我国数字出版产业特征

经过十多年的发展,我国的数字出版产业正处于快速成长期,产业结构不断优化,发展质量不断提升。目前,我国数字出版产业正在迈向生产传播一体化和运营服务智能化的深化发展阶段,已表现出一些鲜明的产业特征。

一、内容精品化已成战略

2020 年 9 月 26 日,中共中央办公厅、国务院办公厅印发《关于加快推进媒体深度融合发展的意见》,指出要建立以内容建设为根本、先进技术为支撑、创新管理为保障的全媒体传播体系。2021 年 9 月,中共中央办公厅、国务院办公厅印发了《关于加强网络文明建设的意见》,强调"加强网络文明建设,是推进社会主义精神文明建设、提高社会文明程度的必然要求"。可以看到,国家层面已经在思想引领、道德建设、产业生态治理、文明建设等方面提出了明确要求,并且也为数字出版产业发展指明了方向。

在数字出版领域,针对数字出版精品推出的包括全民阅读优秀项目推介工作、出版融合发展工程、有声读物精品出版工程、百佳数字出版精品项目、优秀现实题材和历史题材网络文学出版工程等一系列遴选项目,均推动着行业精品内容的生产、创作和传播。2019 年以来,主管部门先后推出多项政策举措,按照导向正确、内容优质、创新突出、双效俱佳的原则先后遴选推荐了 100 多项,包括主题出版、大众出版、专业出版、教育出版、少儿出版等多种具有示范推广价值的数字出版精品项目。其中尤其以主题出版类的数字出版项目最为突出,包括深入研究和阐释习近平新时代中国特色社会主义思想、深化中国特色社会主义和中国梦宣传教育、宣传阐释中央精神和重大决策部署、宣传阐释社会主义核心价值观、展示真实立体全面的中国等主题产品或服务,突出中国重点工程、重点项目建设,讴歌新时代的项目等。

随着中国特色社会主义建设迈入新时代,数字出版行业一方面需进一步强化底线思维,做好内容把关,在政治方向、底线原则、内容安全等方面进一步加强队伍和机制建设;另一方面,要积极主动地宣传推广学习贯彻习近平新时代中国特色社会主义思想的主题出版类作品、展现人民群众新风貌的现实题材作品,推出一批弘扬中华优秀传统文化和先进革命文化的数字出版精品,推动内容精品化战略持续健康发展。

二、产业发展平台化

数字出版产品及服务的生产、提供、消费一般都要通过数字出版平台展开,数字出版产业的发展对平台的依赖程度较高。数字出版产业发展的平台化特征主要表现在以下四个方面:

第一,编辑加工平台化。例如,数字学术期刊出版主要通过在线稿件处理平台实现稿件在线投稿、同行评议、编辑加工和产品分销;网络文学作品的创作、编辑加工、内容审核以及运营服务也是通过系统平台进行的。

第二,产品及服务发布、分销平台化。例如,我国的四大期刊数据库都有强大的期刊内容发布平台。技术服务商和渠道服务商都着力打造分销平台，以对分销渠道的控制实现对数字出版产业链的控制。

第三，阅读服务平台化。无论是网络阅读平台还是终端阅读平台，基于阅读平台的集成性优势吸引读者已经成为市场竞争的"制胜准则"。

第四，反馈分析平台化。通过数字出版技术平台，可实现生产、传播和阅读数据的挖掘、分析和共享，有利于提升数字出版产品的经营管理效能和出版单位服务用户的反馈能力。

数字出版产业的平台化在促进数字出版业务发展及市场占有方面发挥着重要作用，但数字出版平台化过程是一项投入大、回报周期长的浩大工程。独立的非共享平台建设不仅浪费企业资源，也浪费社会资源，所以平台开放共享是数字出版产业发展的重要方向，需要从两个方面推进：

首先，推动平台技术资源的开放共享，解决中小型数字出版企业无力单独搭建数字出版平台的难题。基于云计算的"云服务"概念的产生及应用，个体用户和中小企业几乎无须前期投资即可轻松实现网站的开发和建设。在数字出版平台的建设中，可以由实力雄厚的企业搭建一个开放共享的技术平台，多个企业共用平台技术资源。

其次，强化平台内容资源的开放存取，这主要是针对学术内容的数字出版而言的。所谓开放存取，是指某文献在互联网公共领域可以被免费获取，任何用户都可以阅读、下载、复制、传递、打印、检索、超链接该文献，并为之建立索引，用作软件的输入数据或其他任何合法用途。用户在使用该文献时不受财力、法律或技术限制，只需在存取时保持文献完整；对复制和传递的唯一限制，或者说版权的唯一作用是，作者有权控制作品的完整性，以及作品被准确接收和引用。近年来，越来越多的数字出版平台部分甚至全部开放内容资源，供全球读者共享。由此可见，技术平台的开放共享对于资源能力有限的数字出版单位而言将是一种"福音"，使其可以共用技术平台服务商提供的平台资源。

对于数字学术出版平台而言，重视学术出版领域的开放存取发展趋势，可以有选择性地实现平台部分内容资源的开放共享，从而更有效地推动行业高质量发展。

三、产业集中化程度高

产业集中度也称"市场集中度"，是指某一行业内少数企业对该行业的支配程度，一般用这些企业的某一指标（如销售量）占该行业总量的百分比来表示，是衡量产业竞争性和垄断性的重要指标。在数字技术背景下，数字出版单位的市场优势是通过其占有的优质内容资源和用户资源体现出来的。导致内容和用户资源向少数企业集中的因素主要有三个方面：

第一，从用户需求来看，在用户需求趋向多元化、个性化的今天，数字出版平台集成性、海量容量的功能性特征为用户个性化需求与企业规模化经营之间的冲突提供了很好的解决途径。因此，搭建数字出版平台以集成更多的内容资源满足不同的用户需求，正逐渐成为数字出版产业发展的主流之一。

第二，从规模经济来看，数字出版产业的成本特性——更高的固定成本投入和更低的边际成本——决定了其需要占领更大的市场以获取更多的利润补偿成本投入，因而更依赖规模经济，这在客观上要求数字出版单位追求内容和用户资源的高度集成。

第三,从产业集中度来看,在市场驱动下,竞争的优胜劣汰会促使产业内某一领域竞争力低下的企业不断退出市场,其内容和用户资源则不断向该领域的市场领先者集中。这就要求具有优势的数字出版单位不断增强其内容和用户资源的集成能力。

四、业态和模式创新快

随着技术与内容的融合逐渐深化,许多新的数字出版业态和服务模式正在快速发展,由边缘走向舞台中央。以4G的全面商业化应用为起点,移动阅读、有声读物、知识付费、短视频等新业态推动数字出版产业持续变革。这种变革具有两个鲜明的特性:一是信息技术在云计算、大数据及人工智能等方面的快速推动,具有极强的技术赋能特性;二是新兴出版业态对市场和用户的响应与反馈更加迅捷。由于数字出版产业的内容生产、传播及运营普遍围绕一体化平台展开,各业务环节的融合日趋紧密,用户服务的时效性和市场反馈的针对性更强。

在移动互联网技术快速发展的背景下,数字出版产业出现移动化、视频化和智能化等新特征。根据中国互联网络信息中心(CNNIC)的统计,截至2023年12月,我国网民规模达10.92亿,互联网普及率达77.5%,其中手机网民占比99.9%;在全体网民中,即时通信、网络视频、短视频用户使用率分别为97.0%、97.7%和96.4%,用户规模分别为10.60亿、10.67亿和10.53亿,视频内容消费时代已经来临。同时,在大数据、云计算、AR/

VR等信息技术支撑下,越来越多的数字出版服务提供商开始提供人工智能型的产品形态和服务模式。决策管理、生产过程和传播服务的自动化应用越来越多,使数字出版产业的数据化、智能化发展态势更加明显。

新兴出版业态在移动互联网等新技术应用上的领先优势、内容生产和传播体系的高度平台化,以及用户服务的日趋智能化,正在推动数字出版业态持续变革和快速重构。业态和模式的快速创新成为数字出版产业的新特征。

五、以技术和资金为保障

数字出版产业是依托技术和资金推动发展的新兴出版产业。其中,以技术为基础保障的数字出版产业发展主要表现在两个方面:

第一,"内容为体,技术为用"的本质决定技术在数字出版产业发展中的支撑作用。一方面,数字出版产业的发展高度依赖技术研发与应用。从目前国内外的发展情况来看,技术开发商凭借在内容生产与传播、载体研发等方面的技术优势,不断创新数字出版的产品与服务形态,在产业发展过程中不断强化其市场作用。另一方面,平台提供商的地位日趋凸显,成为推动数字出版产业发展的重要力量。技术开发商和平台提供商的角色往往是重合的,依靠研发并提供数字出版平台技术而参与数字出版活动的企业,在实践中更易主导数字出版产业链的发展。随着元宇宙概念的提出,区块链、XR以及大数据、AI技术在数字出版领域的应用范围越来越广泛,头部的技术企业和互联网平台正在加快推进以技术为支撑保障的数字出版融合发展。

　　第二,标准规范的统一是数字出版产业有序发展的重要保障。一方面,数字出版产品及服务的形式多种多样,不同的产品及服务形式具有不同的技术标准,所以数字出版产业的技术标准比较复杂。另一方面,参与数字出版业务的企业所实施的技术标准各不相同,也使数字出版产业技术标准难以统一。2013年以来,借助中央文化企业的数字化转型升级项目的开展,我国制定了一系列数字出版标准规范,包括中央文化企业数字化转型升级《项目管理指南》《图书数字资源数据保存与流转要求》《出版社数字出版业务流程规范》等。2019年,有关新闻出版行业知识服务的系列国家标准也正式发布。建立层次分明、分类科学、完整适用的技术标准体系,可以减少因标准不统一而造成的资源浪费和消费者使用不便等问题。同时,包括腾讯、阿里等在内的头部企业在相关内容产业技术创新专利申请中的大幅领先,正在为出版融合发展提供良好的出版科技创新条件。

　　数字出版产业的发展离不开资金的支撑保障。近几年来,中国出版集团、中国科技出版传媒集团和部分地方出版传媒集团登陆A股市场,开展了较大规模的融资活动。另据财政部门统计,在"十二五"期间,中央文化产业发展专项资金共安排202亿元,支持项目3 500多个,其中支持新闻出版行业87.17亿元,占资金总量的43.15%;项目1 268个,占项目总数的35.89%。除专项资金外,中央文化企业国有资本经营预算共安排资金37.91亿元,其中支持新闻出版行业25.97亿元,占资金总量的68.5%。

六、"出海发展"成为共识

以网络文学、网络游戏和数字动漫等新兴出版业态为代表的中国数字出版产业正在围绕"出海发展"推进行业更上一层楼,数字出版产业的"走出去"战略与实践正在成为中华文化自信的重要表现。

要加快构建中国话语和中国叙事体系,用中国理论阐释中国实践,用中国实践升华中国理论,打造融通中外的新概念、新范畴、新表述,更加充分、更加鲜明地展现中国故事及其背后的思想力量和精神力量。努力塑造可信、可爱、可敬的中国形象,这是我国出版业服务中华优秀文化"走出去"的前进方向,是在构建中华文化海外传播体系过程中的工作任务和目标要求。

我国数字出版产业的"走出去"已经过十余年发展,目前正处于战略发展机遇期。中国数字出版单位在海外业务规模逐渐扩大,率先打开了与我国文化相近的东南亚市场,随后欧美市场也先后开启。国产手机海外渗透率提升和海外潜在用户规模扩大两大利好,更是成为了数字出版产业"出海"的重要支撑。一方面,国产手机在海外市场占有率的提升,可以使之更好地作为流量的入口推广包括网络文学、网络游戏和数字动漫以及电子书在内的国产数字出版产品及服务,有利于国内市场的海外延伸;另一方面,中国典型的数字出版产品在国外拥有庞大的潜在用户群,也为我国数字出版产业的海外拓展打下了良好基础。

中国音像与数字出版协会的数据表明,2023 年中国自主研发游戏海外市场实际销售收入 163.66 亿美元,折合人民币超过 1 000 亿元,移动游戏占比仍然较大。在中国自主研发移动游戏海外重点地区收入分布中,来自美国市场的收入占比 32.31%,来自日本、韩国的收入分别占比 18.87% 和 8.18%。这三个国家依然是中国游戏企业出海的主要目标市场。此外,德国、英国、加拿大 3 国的市场占比合计也有 9.45%。根据中国音像与数字出版协会发布的《2021 年中国网络文学发展报告》,2018—2020 年,中国网络文学海外输出数量每年保持在万部以上,2020 年作品翻译总量为 11 073 部,翻译语言达十几种,被调研企业的平台网站日均 UV(独立 IP 访客数量)超过了 975.8 万人次。"出海"的覆盖区域从东南亚、东北亚、中东扩展到北美、欧洲、非洲,近年来,又向南美及相关西语、葡语地区延展。网络文学俨然成为中国文化新名片。与此同时,网络文学的 IP 改编价值也在放大,一些热门 IP 同时被改编为影视、游戏、动漫、文创周边等艺术样式和文化消费形式,特征突出的历史人物、中医药、中餐以及武术等中华文化符号通过网络文学作品在国外得到广泛传播,形成了持续的文化扩散效应。

动漫作为深受青少年欢迎的早期数字出版产品,也是中华文化海外传播的重要数字出版产品形态。随着用户规模的逐年扩大,动漫已经从小众亚文化转变为主流娱乐方式。在文旅部、国家广电总局、北京市人民政府联合主办的第十四届北京文博会上发布的《成就新时代的中国文化符号:2018—2019 年度文化 IP 评价报告》中显示,中国 IP 海外评价 Top20 榜单里有 4 个动漫原创 IP 在海外用户关注榜上位居前列。根据在第二届动漫产业年会上发布的《中国动漫游戏产业年度报告》,近年来,中国动画从《伍六七》《白蛇：缘起》《新封神：哪吒重生》《罗小黑战记》等先后入围法国安纳西国际动画电影节，到《冲破天际》获得第 91 届奥斯卡最佳动画短片提名，再到 2021 年上海美术电影制片厂的 10 部经典动画影片在英国展映、国风动漫《天宝伏妖录》上线国外最大流媒体平台"Netflix"，中国优秀的动画不断进入国际视野。我国数字动漫作品所包含的丰富的中华文化元素，在海外已有良好口碑和较强的感召力，中国动漫海外影响力不断提升。

目前，数字出版产业"出海"从出版授权到建立线上互动阅读平台、翻译平台，再到开启海外原创、IP 衍生作品输出海外，不仅实现了规模化，而且完成了从文本输出到模式输出、文化输出的转变。近年来，众多数字出版平台纷纷成立翻译部门，与当地企业联合开发产品，许多基础雄厚的企业更是在海外成立本土公司，扎根当地开展业务，海外传播已经成为众多数字出版企业的核心业务。

未来，我国数字出版的"出海"战略将更重视"出海"原创作品的全 IP 打造，与落地国或地区合作强化海外传播，通过将数字出版产业的内容与影视、动漫、游戏、周边等多元产品相融合，放大作品的影响力和粉丝文化发酵能力，延长"出海"产业链。

七、产业链融合趋势明显

传统出版业以提供有形的出版产品为主，而数字出版产品和服务则可以直接通过互联网、云存储或植入其他产品的方式提供服务，与用户进行交互和反馈。例如，过去在提供大型工业产品时，需要印制配套的纸质使用手册，不但检索不便，更新和重印也面临诸多困难，而现在可以利用移动通信技术，实现信息与设备的互通，推动出版知识服务与各行业的紧密互动。又如，许多出版单位在提供农业知识和气象信息时，直接通过微信公众号、资讯服务 App 等新媒体与用户进行沟通，既增加了服务的针对性和及时性，又实现了与用户和渠道的完美融合。由于数字出版产业与教育、科技、生产、医疗、广告、影视、法律、财务、金融和评估等行业紧密相关，通过将信息内容与技术、渠道及用户不断进行跨界整合，数字出版产业融合发展的趋势日益明显。

新兴出版业态也通过 IP 转化和线下活动，实现了快速的数字产业化发展。各数字出版平台不断夯实 IP 全产业链开发能力，不断增强核心竞争优势，在数字版权领域拥有强大的持续生产能力。基于丰富的内容储备，平台与业内付费及免费分销渠道广泛合作，业务覆盖数字阅读企业、有声阅读平台、短视频平台以及动漫、游戏平台等，实现了数字出版内容的多渠道传播和 IP 多元化开发，联动效应和协同效应显著增强。阅文集团 2021 年对 IP《庆余年》改编的同名电视剧海外发行运营获评 2021—2022 年度国家文化出口重点项目，并且登上了全球五大洲多种新媒体平台和电视台，将文字通过影视化等形式更加立体丰富地呈现出来，向世界展现出中华文化的深厚底蕴。

同时，技术企业正在通过连接内容和传统产业，实现数字文化大产业融合。例如，中国联通沃悦读公司打造智慧文旅产业，构建数字公共文化服务平台产品矩阵，通过"数字公共文旅云、智慧图书馆、文旅地图、农家书屋、读书吧"五大应用场景赋能数字公共文化领域，满足广大群众不同空间、不同维度的阅读需求，提升文旅产业数字运营能力。2021 年，沃悦读"数字公共文化平台"打造了汉寿县现代公共文化服务体系建设项目、武冈市"文旅云"数字化建设项目等标杆性项目,通过在湖南省树立标杆,向全国复制推广。

　　数字出版平台化和技术创新的发展正在推动数字出版产业上下游的紧密合作,实现更高阶段的融合发展。

第四节　数字出版产业中的重要关系

数字出版产业本质上是内容和创意产业，它既是互联网技术和数字技术支撑发展的新兴产业形态，也是管理机制不断创新的新兴内容生态体系。而且，互联网是意识形态工作的主战场和前沿阵地，要加强互联网内容建设，深入实施网络内容建设工程，用人类文明优秀成果滋养网络空间，建设健康文明的网络生态。

因此，在壮大我国数字出版产业发展的同时，应注意处理好四个重要关系。

一、内容与技术的关系

内容与技术的关系涉及数字出版的本质，只有正确理解和把握它们之间的关系，才能够有效开展数字出版业务。一味强调技术的作用，盲目投入重金搭建数字出版平台，或者一味强调内容的重要性，不重视与技术提供商或平台商合作，都是对内容与技术辩证关系的误读。

内容与技术是数字出版的两个基本要件。其中，内容是数字出版的本质，技术是数字出版的手段，即所谓"内容为体，技术为用"。内容为体，强调数字出版的本质是对内容的选择、编辑加工和传播；技术为用，表明数字技术的特征或属性决定了数字出版的内容选择、编辑加工和传播方式。

在数字出版业务活动中，真正应该强调的是如何有效利用现代数字技术,以精品化战略提升出版的质量与效率,而不仅仅是搭建数字出版平台或实现流程的数字化。新媒体和互联网催生的大批新兴业态和服务模式,为数字出版产品内容展示和传播提供了极为丰富的技术手段。利用新技术实现产品与服务在内容和形式上的完美统一,是数字出版产业发展的主要任务。

通过提升传统出版的数字技术含量,实现数字出版业务的发展,国外已有一些经验可供借鉴。例如,专业出版商励德·爱思唯尔(Reed Elsevier)利用数据库技术组建起包括 30 万名高级学者的审稿团队,实现对出版内容的选择与评审。再如,开放存取出版商 PLoS 针对传统同行评审的弊端,推出了基于网络的开放同行评审制度,借助引用跟踪技术实现对论文影响力的科学评价。

广义的内容与技术的关系还包括确认内容提供商和平台运营商的不同作用。在数字出版活动中,传统出版单位应注意深度开发各种传播载体,提供不同的产品形态和版本,加大内容的运营力度,拉长内容服务的链条;内容提供商应该更加聚焦于内容的深度开发,深耕精品内容和行业资源,以特色内容来提升与平台商议价的能力,避免与平台运营商角逐分销市场。而具有强大技术优势的平台运营商也正在发挥越来越重要的作用,一方面为出版商提供强有力的技术支持,另一方面更是高度介入甚至接管了传统发行商负责的数字出版产品营销业务,形成了与内容提供商的另类竞争。

此外,在不同技术背景下,出版内容的组织与表现形态是完全不同的。出版内容资源的组织与表现形态,只有与当时的技术吻合,其价值才能得到有效体现。如果不能充分利用先进的技术手段,对内容资源实现深度加工与有效呈现,再好的内容资源也难以有效发挥应有价值。也就是说,借助现代数字技术实现内容的拆分、标引,可以按用户需求进行重组的数字内容资源将有效支撑企业的数字出版业务发展。

因此,只有确认内容在数字出版中的核心地位的同时,高度重视信息技术在产业发展中的重要支撑作用,正确处理内容与技术的辩证关系,才能牢牢把握数字出版产业的发展趋势。

二、产品功能与用户需求的关系

营销学理论认为产品是为满足用户需求而生产的。也就是说,有什么样的需求就会出现什么样的产品。数字技术的兴起与普及,在改变用户阅读需求的同时,也改变了出版产品的形态。

当前,关于数字环境下用户阅读需求和数字出版产品形态的研究虽然受到了广泛关注,但在数字出版产业实践中,对这两者关系的处理仍然存在较大偏差。大多数出版单位仍然基于传统出版产业中产品与需求的关系开展数字出版业务,即以数字媒体(如电子书)形式生产与提供传统出版内容。其所谓数字出版活动,更多地表现为出版载体形态的变化,而不是产品内容结构和服务模式的改变。这种形态的产品仍然只能满足用户线性阅读需求和单向性知识传授需求,而难以满足用户的非线性、交互性阅读需求。非线性阅读是指用户通过互联网可以多维度浏览自己关注的内容,交互性阅读是指读者利用相关技术与互联网进行需求交互和内容更新。国外一些知名专业出版商基于阅读需求变化而开发新的数字出版产品,取得了不错的效果。例如,励德·爱思唯尔采用语义网技术开发的 Reflect,可以对论文中的科学术语进行自动标注,展示多个生命科学领域数据库的内容资源。在《细胞》杂志中嵌入 Reflect,金字塔式的结构可使读者根据自己的兴趣点和理解程度一直点击下去,获取越来越详细的相关内容资源,甚至包括音频、视频资源,实现非线性化阅读。不仅如此,爱思唯尔还将谷歌地图引入在线期刊库,实现学术论文的可视化,提升作者、读者与内容的互动性。这些在线解决方案和产品完全不同于传统的图书、期刊,它们对出版内容资源进行了有效的结构化处理,可以满足传统出版产品无法实现的非线性阅读需求。

由此可见,在数字出版产业发展中,产品开发需要更多考虑用户阅读的非线性需求特征和基于网络服务的模式变革,而不仅仅是产品载体形态的变化。

三、产业发展与管理创新的关系

根据中共中央办公厅、国务院办公厅于 2020 年 9 月印发的《关于加快推进媒体深度融合发展的意见》,要求尽快建立以内容建设为根本、先进技术为支撑、创新管理为保障的全媒体传播体系。要深化主流媒体体制机制改革,建立适应全媒体生产传播的一体化组织架构,构建新型采编流程,形成集约高效的内容生产体系和传播链条。这一指导思想和工作思路为深化我国数字出版产业的发展指出了前进方向,即只有在强化内容建设和技术支撑的重要作用的同时,同步推进管理创新,才能建立起数字出版高质量发展的新生态。

建立以内容建设为根本、先进技术为支撑的数字出版产业发展模式,是强化数字出版生产力要素的重要举措,而以创新管理为保障则体现了推动数字出版生产关系适应数字出版生产力发展的机制创新。

马克思主义经典理论指出,生产力与生产关系是社会生产的两个方面,二者的有机统一构成生产方式。马克思进而指出,能简单鲜明地反映生产力系统的功能与特征的是劳动工具,劳动工具还能显示一个社会生产时代具有决定意义的特征。而生产关系包括生产资料所有制的形式、人们在生产中的地位和相互关系,以及产品分配的形式等。根据上述理论,数字出版业的"生产力"主要包括劳动者(数字编辑)、劳动工具(信息技术应用)以及劳动对象(数字化内容)。因此,应用新一代信息技术开展数字内容生产的数字编辑,即掌握了信息技术应用技能的数字编辑是数字出版的关键、核心和基础。与之相适应的数字出版"生产关系"则包括数字出版生产资料的所有制形式、数字出版业务组织形式以及数字出版业务考核机制和成果分配方式。

2022 年 4 月,中共中央宣传部印发了《关于推动出版深度融合发展的实施意见》,提出要围绕坚持正确发展方向、科学设定发展目标、统筹规划发展布局,加强出版融合发展战略谋划;要立足扩大优质内容供给、创新内容呈现传播方式、打造重点领域内容精品,强化出版融合发展内容建设;要着眼加强前沿技术探索应用、促进成熟技术应用推广、健全科技创新应用体系,充分发挥技术对出版融合发展的支撑作用;要聚焦优化提升重大工程实施效果、着力打造重点品牌项目、做强做优头部示范企业、加强重要成果展示交流,打造出版融合发展重点工程项目;要围绕夯实人才培养基础、强化高层次人才培养激励、发挥企业人才建设主体作用,建强出版融合发展人才队伍;要不断完善政策扶持机制、深化体制机制改革、营造良好发展环境、逐级抓好贯彻落实,健全出版融合发展保障体系。可见,该实施意见不但提供了出版融合发展的工作思路,而且强调了内容建设、技术支撑、项目带动等重要工作抓手,更明确了要发挥企业主体作用,推进管理机制创新的重要保障作用。

基于"十四五"时期"数字中国""网络强国""科技强国"等战略的实施,新一代信息技术无疑会推动数字出版产业的生产力发展水平持续提高,形成与数字出版生产力发展阶段相适应的生产关系,比如数字出版业务的生产组织形式、考核激励和成果分配机制等方面必然要做相应调整。开展新时代的数字出版工作,必须有一支专业的数字出版人才队伍,必须建立新一代的信息技术平台和丰富的数字内容资源,同时,必须辅之以相适应的业务组织形式和考核激励机制模式,确保新型数字出版工作条件下的生产关系与数字出版生产力的有效互动,从而实现数字出版产业发展各环节在内容、技术与管理上的全域融合。

管理创新包括出版融合业务的流程重组、出版融合发展的成果分配和考核评价、出版融合发展的人才培养和职称体系建设等。这些是推动出版业高质量发展的硬骨头和关键点,也是实现出版深度融合发展的主战场和决胜点。也就是说,在推进数字出版产业发展的过程中,不但要重视内容和技术的重要推动作用,还要始终狠抓管理机制创新。

四、传统出版与新兴出版的关系

数字出版产业大致包括两部分:一是传统出版数字化转

型,如电子书出版、数据库出版、开放存取出版等;二是新兴出版业态,如数字阅读、数字教育、数字音乐、网络动漫、网络游戏、网络文学、网络广告等。前者是运用新技术对传统出版进行的改造,提升传统出版业的服务水平;后者则是由新技术带来的出版范畴的拓展,形成新的出版领域。在数字出版产业发展中,两者同等重要,不可偏废,应该推动和促进两者在内容、技术、平台和渠道等方面的融合发展。在部分发达国家,发展数字出版新业态主要由大型传媒集团或 IT 企业操作,传统出版业的数字化升级主要由传统出版商实施。励德·爱思唯尔集团拥有深入了解用户需求的能力、掌握海量内容和数据的能力、强大的技术能力等数字化转型和产业融合发展的核心能力,在 2019 年实现全球销售收入近 100 亿美元,其中 87% 的收入来自数字化及展览业务。

中国新闻出版研究院发布的报告显示,2023 年中国数字出版产业总营收规模中,在线教育收入产业规模达 2 882 亿元,网络动漫收入规模达 364.03 亿元,互联网期刊、电子图书、数字报纸的总收入为 113.89 亿元。另据中国音像与数字出版协会发布的《2023 年中国网络文学发展报告》和《2023 年中国游戏产业报告》,同期我国游戏市场实际销售收入首次突破 3 000 亿元,网络文学市场实际销售收入达到 383.0 亿元,而中国自主研发游戏海外市场实际销售收入达到 163.66 亿美元。各种研究报告的相关数据表明,在数字出版新业态高速发展的同时,传统出版的数字化升级仍然相对滞后。

推动我国数字出版产业高质量发展,实现传统出版与新兴出版协同融合势在必行。同为数字内容产业,传统出版与新兴出版的融合发展可以从两个方面着力。

一是要推动传统出版内部管理创新，实现传统出版业务与数字化业务协同发展。对于传统出版的数字化业务，如电子书、多媒体读物、数据库、在线课程等产品如何策划、生产如何组织、技术如何应用、质量如何保障、运营如何开展、用户如何服务，传统出版单位从理念到手段机制创新还不足，模式还不够成熟定型。同时，现有出版单位的监督考核机制因推进出版融合所需的投入而产生的压力太大，对于数字出版业务在管理、流程和渠道运营等方面深度融合还没有足够的激励手段，国家级奖励和社会效益考核等评价机制对出版融合发展关注有待进一步加强，相关融合出版产品的税收政策优惠力度也需要加强。目前，传统出版经营管理与出版融合发展模式创新之间还不同程度地存在"两批人、两条线、两张皮"的现象。为此，要加大力度开展出版融合的模式创新，推进出版单位选题策划、内容生产、印制发行、运营服务等业务流程的一体化融合。既要从出版供给侧结构优化上下功夫，将传统业务流程和出版融合业务流程统一规划、统一管理、统一考核，分阶段逐步实现"一批人、一条线、一张皮"，又要从政策环境上加大需求侧要素拉动，通过资金补助、规划引导、评奖评优等手段，以"双效统一"为导向，推动出版单位开展融媒体产品的策划和新媒体渠道运营的一体化实践，大力扶持数字出版精品内容的创作和生产。

二是要推动传统出版单位与新兴出版单位从内容生产、渠道融合和项目带动等方面加强顶层设计和统筹协调，提前布局，为构建数字时代新型出版传播体系奠定基础。例如，在内容生产上，为满足数字时代不同受众群体的阅读需求，应鼓励企业深挖用户价值,聚焦优质内容,重点打造精品 IP,即组织实施图书出版与有声阅读、网络文学、短视频、动漫影视联动效应强的精品遴选项目,谋划布局一批精品 IP 作品和项目。在渠道融合上,应鼓励出版单位与新媒体网站、数字内容投送平台及其他相关互联网企业进行合作,尤其是在渠道拓展和内容分销模式的探索创新方面,实现数字出版内容的多渠道传播,建立一批触达面广、影响力强、阅读率高的数字出版传播平台。在项目带动上,要在传统出版、数字阅读和新媒体运营等领域进行大力整合,以技术创新、项目合作等机制为引领,构建一批新型数字出版传播平台。

以内容、渠道和项目为纽带,处理好传统出版与新兴出版的协同融合关系,可以有效推动我国数字出版产业持续健康发展。

思 考 题

1. 传统出版产业由哪些环节组成?

2. 数字教育出版经历了几个发展阶段? 不同阶段有何特征?

3. 典型的数字教育出版产业的产品和服务有哪些?

4. 相较于传统动漫作品,数字动漫作品有哪些特点?

5. 数字音乐经历了哪几个发展阶段?

6. 如何理解网络视频行业的发展?

7. 我国数字出版产业特征有哪些?

8. 如何推进我国数字出版产业的精品化战略?

9. 如何更好地推动我国数字出版行业的"出海发展"?

10. 如何正确处理数字出版产业发展中内容和技术的关系?

第四章

数字出版管理

重点提示：习近平总书记关于宣传思想工作的重要论述；我国出版工作的指导思想、方针原则和主要任务；数字出版管理的法律法规；对数字出版单位的管理；对数字出版从业人员的管理，对数字出版人才的建设与教育培训；有关数字出版产品内容、制作、运营和进口活动的管理。

第一节　概　述

管理是人类为了使系统的功效不断提高而从事的一系列活动。随着信息化进程的不断推进，出版产业与数字技术、网络技术的加速融合，数字出版产业表现出强劲的发展势头和巨大的产业潜力，为了保障我国数字出版产业在快速发展中有章可循，必须采取相应的措施对数字出版产业进行管理。

一、习近平总书记关于宣传思想工作的重要论述

党的十八大以来，以习近平同志为核心的党中央把宣传思想工作摆在全局工作的重要位置，作出一系列重大决策，实施一系列重大举措，党的理论创新全面推进，中国特色社会主义和中国梦深入人心，社会主义核心价值观和中华优秀传统文化广泛弘扬，主流思想舆论不断巩固壮大，文化自信得到彰显，国家文化软实力和中华文化影响力大幅提升，全党全社会在思想上的团结统一更加巩固。习近平总书记围绕党的宣传思想工作发表了一系列重要论述，提出了一系列新思想、新观点、新论断，不断深化对宣传思想工作的规律性认识，为做好党的宣传思想工作指明了前进方向。

（一）关于宣传思想工作根本遵循的重要论述

2018年，习近平总书记在全国宣传思想工作会议上指出："坚持党对意识形态工作的领导权，坚持思想工作'两个巩固'的根本任务，坚持用新时代中国特色社会主义思想武装全党、教育人民，坚持培育和践行社会主义核心价值观，坚持文化自信是更基础、更广泛、更深厚的自信，是更基本、更深沉、更持久的力量，坚持提高新闻舆论传播力、引导力、影响力、公信力，坚持以人民为中心的创作导向，坚持营造风清气正的网络空间，坚持讲好中国故事、传播好中国声音。"这就是做好宣传思想工作的根本遵循，必须长期坚持、不断发展。

第一，坚持党对意识形态工作的领导权。意识形态关乎旗帜、关乎道路、关乎国家政治安全。习近平总书记在中共十八届

三中全会第一次全体会议上指出："经济建设是党的中心工作，意识形态工作是党的一项极端重要的工作。面对改革发展稳定复杂局面和社会思想意识多元多样、媒体格局深刻变化，在集中精力进行经济建设的同时，必须把意识形态工作的领导权、管理权、话语权牢牢掌握在手中，任何时候都不能旁落，否则就要犯无可挽回的历史性错误。要按照高举旗帜、围绕大局、服务人民、改革创新的总要求，做好宣传思想工作，加强社会主义文化建设，壮大主流思想舆论，重点推动统一思想、凝聚力量。"

第二，坚持思想工作"两个巩固"的根本任务。"两个巩固"即"巩固马克思主义在意识形态领域的指导地位，巩固全党全国人民团结奋斗的共同思想基础"。习近平总书记在主持十八届中央政治局第四十三次集体学习时谈到："马克思主义就是我们党和人民事业不断发展的参天大树之根本，就是我们党和人民不断奋进的万里长河之泉源。背离或放弃马克思主义，我们党就会失去灵魂、迷失方向。在坚持以马克思主义为指导这一根本问题上，我们必须坚定不移，任何时候任何情况下都不能动摇。"在纪念马克思诞辰 200 周年大会上，习近平总书记再一次强调："实践证明，马克思主义的命运早已同中国共产党的命运、中国人民的命运、中华民族的命运紧紧连在一起……历史和人民选择马克思主义是完全正确的，中国共产党把马克思主义写在自己的旗帜上是完全正确的，坚持马克思主义基本原理同中国具体实际相结合、不断推进马克思主义中国化时代化是完全正确的！"

第三，坚持用新时代中国特色社会主义思想武装全党、教育人民。习近平总书记在十九大报告中指出："新时代中国特色社会主义思想,是对马克思列宁主义、毛泽东思想、邓小平理论、'三个代表'重要思想、科学发展观的继承和发展,是马克思主义中国化最新成果,是党和人民实践经验和集体智慧的结晶,是中国特色社会主义理论体系的重要组成部分,是全党全国人民为实现中华民族伟大复兴而奋斗的行动指南,必须长期坚持并不断发展。"在中共十九届一中全会上,习近平总书记再一次强调:"新时代中国特色社会主义思想和基本方略,不是从天上掉下来的,不是主观臆想出来的,而是党的十八大以来,在新中国成立特别是改革开放以来我们党推进理论创新和实践创新的基础上,全党全国各族人民进行艰辛理论探索的成果,是全党全国各族人民创新创造的智慧结晶⋯⋯在新时代的征程上,全党同志一定要弘扬理论联系实际的学风,紧密联系党和国家事业发生的历史性变革,紧密联系中国特色社会主义进入新时代的新实际,紧密联系我国社会主要矛盾的重大变化,紧密联系'两个一百年'奋斗目标和各项任务,自觉运用理论指导实践,使各方面工作更符合客观规律、科学规律的要求,不断提高新时代坚持和发展中国特色社会主义的能力,把党的科学理论转化为万众一心推动实现'两个一百年'奋斗目标、实现中华民族伟大复兴中国梦的强大力量。"

第四,坚持培育和践行社会主义核心价值观。习近平总书记在主持十八届中央政治局第十三次集体学习时指出:"历史和现实都表明,核心价值观是一个国家的重要稳定器,能否构建具有强大感召力的核心价值观,关系社会和谐稳定,关系国家长治久安⋯⋯我们要从巩固全党全国各族人民团结奋斗的共同思想基础、巩固党的执政地位的战略高度,持续加强社会主义核心价值体系建设,把培育和弘扬社会主义核心价值观作为凝魂聚气、强基固本的基础工程,作为一项根本任务,切实抓紧抓好。"

第五,坚持文化自信是更基础、更广泛、更深厚的自信,是更基本、更深沉、更持久的力量。习近平总书记在中国文联十大、中国作协九大开幕式上指出:"文化是一个国家、一个民族的灵魂……文化自信,是更基础、更广泛、更深厚的自信,是更基本、更深沉、更持久的力量。坚定文化自信,是事关国运兴衰、事关文化安全、事关民族精神独立性的大问题。"在党的十九大报告中,习近平总书记进一步指出:"文化兴国运兴,文化强民族强。没有高度的文化自信,没有文化的繁荣兴盛,就没有中华民族伟大复兴。"

第六,坚持提高新闻舆论传播力、引导力、影响力、公信力。伴随信息社会不断发展,新兴媒体影响越来越大,舆论生态、媒体格局、传播方式发生深刻变化,新闻舆论工作面临新的挑战。习近平总书记在主持十九届中央政治局第十二次集体学习时强调:"宣传思想工作要把握大势,做到因势而谋、应势而动、顺势而为。我们要加快推动媒体融合发展,使主流媒体具有强大传播力、引导力、影响力、公信力,形成网上网下同心圆,使全体人民在理想信念、价值理念、道德观念上紧紧团结在一起,让正能量更强劲、主旋律更高昂。"

第七,坚持以人民为中心的创作导向。习近平总书记在2014年文艺工作座谈会上讲到:"人民既是历史的创造者、也是历史的见证者……以人民为中心,就是要把满足人民精神文化需求作为文艺和文艺工作的出发点和落脚点,把人民作为文艺表现的主体,把人民作为文艺审美的鉴赏家和评判者,把为人民服务作为文艺工作者的天职……文艺工作者要想有成就，就必须自觉与人民同呼吸、共命运、心连心，欢乐着人民的欢乐，忧患着人民的忧患，做人民的孺子牛。这是唯一正确的道路，也是作家艺术家最大的幸福。"

第八，坚持营造风清气正的网络空间。习近平总书记在2016年网络安全和信息化工作座谈会上讲到："网络空间是亿万民众共同的精神家园。网络空间天朗气清、生态良好，符合人民利益。网络空间乌烟瘴气、生态恶化，不符合人民利益。谁都不愿生活在一个充斥着虚假、诈骗、攻击、谩骂、恐怖、色情、暴力的空间。互联网不是法外之地。利用网络鼓吹推翻国家政权，煽动宗教极端主义，宣扬民族分裂思想，教唆暴力恐怖活动，等等，这样的行为要坚决制止和打击，决不能任其大行其道。利用网络进行欺诈活动，散布色情材料，进行人身攻击，兜售非法物品，等等，这样的言行也要坚决管控，决不能任其大行其道。没有哪个国家会允许这样的行为泛滥开来。我们要本着对社会负责、对人民负责的态度，依法加强网络空间治理，加强网络内容建设，做强网上正面宣传，培育积极健康、向上向善的网络文化，用社会主义核心价值观和人类优秀文明成果滋养人心、滋养社会，做到正能量充沛、主旋律高昂，为广大网民特别是青少年营造一个风清气正的网络空间。"

第九，坚持讲好中国故事、传播好中国声音。习近平总书记在2016年党的新闻舆论工作座谈会上讲到："讲故事，是国际传播的最佳方式。要讲好中国特色社会主义的故事，讲好中国梦的故事，讲好中国人的故事，讲好中华优秀文化的故事，讲好中国和平发展的故事。讲故事就是讲事实、讲形象、讲情感、讲道理,讲事实才能说服人,讲形象才能打动人,讲情感才能感染人,讲道理才能影响人。要组织各种精彩、精炼的故事载体,把中国道路、中国理论、中国制度、中国精神、中国力量寓于其中,使人想听爱听,听有所思,听有所得……近些年来,我们加强国际传播能力建设,支持中央主要媒体走出去,参与国际传媒市场竞争,取得重要成果。这方面的工作要继续抓下去,优化战略布局,集中优势资源,着力打造具有较强国际影响的外宣旗舰媒体。中央主要媒体要强化驻外机构对外传播职能,加快实施本土化战略,成为国际传播生力军。"

（二）关于宣传思想工作中心环节的重要论述

宣传思想工作的中心环节就是统一思想、凝聚力量。习近平总书记在2018年全国宣传思想工作会议上指出:"当前,我国发展形势总的很好,我们党要团结带领人民实现党的十九大确定的战略目标,夺取中国特色社会主义新胜利,更加需要坚定自信、鼓舞斗志,更加需要同心同德、团结奋斗。我们必须把人民对美好生活的向往作为我们的奋斗目标,既解决实际问题又解决思想问题,更好地强信心、聚民心、暖人心、筑同心。我们必须既积极主动阐释好中国道路、中国特色,又有效维护我国政治安全和文化安全。我们必须坚持以立为本、立破并举,不断增强社会主义意识形态的凝聚力和引领力。我们必须科学认识网络传播规律,提高用网治网水平,使互联网这个最大变量变成事业发展的最大增量。"

（三）关于宣传思想工作使命任务的重要论述

习近平总书记在2018年全国宣传思想工作会议上指出,做好新形势下宣传思想工作,必须自觉承担起举旗帜、聚民心、育新人、兴文化、展形象的使命任务。

第一，举旗帜，就是要高举马克思主义、中国特色社会主义的旗帜，坚持不懈用习近平新时代中国特色社会主义思想武装全党、教育人民、推动工作，在学懂弄通做实上下功夫，推动当代中国马克思主义、二十一世纪马克思主义深入人心、落地生根。习近平总书记在"不忘初心、牢记使命"主题教育总结大会上讲到："理论创新每前进一步，理论武装就要跟进一步……要把学习贯彻党的创新理论作为思想武装的重中之重，同学习马克思主义基本原理贯通起来，同学习党史、新中国史、改革开放史、社会主义发展史结合起来，同新时代我们进行伟大斗争、建设伟大工程、推进伟大事业、实现伟大梦想的丰富实践联系起来，在学懂弄通做实上下苦功夫，在解放思想中统一思想，在深化认识中提高认识，切实增强贯彻落实的思想自觉和行动自觉。"

第二，聚民心，就是要牢牢把握正确舆论导向，唱响主旋律，壮大正能量，做大做强主流思想舆论，把全党全国人民士气鼓舞起来、精神振奋起来，朝着党中央确定的宏伟目标团结一心向前进。习近平总书记在党的新闻舆论工作座谈会上谈到："舆论导向正确，就能凝聚人心、汇聚力量，推动事业发展；舆论导向错误，就会动摇人心、瓦解斗志，危害党和人民事业。这一点，全党同志特别是新闻舆论战线的同志要时刻牢记。要坚持以正确舆论引导人，做到所有工作都有利于坚持中国共产党领导和我国社会主义制度，有利于推动改革发展，有利于增进全国各族人民团结，有利于维护社会和谐稳定。讲导向，这是最重要、最根本的导向。"

第三，育新人，就是要坚持立德树人、以文化人，建设社会主义精神文明、培育和践行社会主义核心价值观，提高人民思想觉悟、道德水准、文明素养，培养能够担当民族复兴大任的时代新人。习近平总书记在全国教育大会上谈到，培养社会主义建设者和接班人关键是要做好以下几方面工作：一是要在坚定理想信念上下功夫，二是要在厚植爱国主义情怀上下功夫，三是要在加强品德修养上下功夫，四是要在增长知识见识上下功夫，五是要在培养奋斗精神上下功夫，六是要在增强综合素养上下功夫。"我国是中国共产党领导的社会主义国家，这就决定了我们的教育必须把培养社会主义建设者和接班人作为根本任务，培养一代又一代拥护中国共产党领导和我国社会主义制度、立志为中国特色社会主义奋斗终身的有用人才。"

第四，兴文化，就是要坚持中国特色社会主义文化发展道路，推动中华优秀传统文化创造性转化、创新性发展，继承革命文化，发展社会主义先进文化，激发全民族文化创新创造活力，建设社会主义文化强国。习近平在中国文联十一大、中国作协十大开幕式上强调："当代中国，江山壮丽，人民豪迈，前程远大。时代为我国文艺繁荣发展提供了前所未有的广阔舞台。推动社会主义文艺繁荣发展、建设社会主义文化强国，广大文艺工作者义不容辞、重任在肩、大有作为。广大文艺工作者要增强文化自觉、坚定文化自信，以强烈的历史主动精神，积极投身社会主义文化强国建设，坚持为人民服务、为社会主义服务方向，坚持百花齐放、百家争鸣方针，坚持创造性转化、创新性发展，聚焦举旗帜、聚民心、育新人、兴文化、展形象的使命任务，在培根铸魂上展现新担当，在守正创新上实现新作为，在明德修身上焕发新风貌，用自强不息、厚德载物的文化创造，展示中国文艺新气象，铸就中华文化新辉煌,为实现第二个百年奋斗目标、实现中华民族伟大复兴的中国梦提供强大的价值引导力、文化凝聚力、精神推动力。"

第五,展形象,就是要推进国际传播能力建设,讲好中国故事、传播好中国声音,向世界展现真实、立体、全面的中国,提高国家文化软实力和中华文化影响力。习近平总书记在中共十八届四中全会第二次全体会议上讲到:"做好思想舆论工作是全党的事情。讲好中国故事,不仅中央的同志要讲,而且各级领导干部都要讲;不仅宣传部门要讲、媒体要讲,而且实际工作部门都要讲、各条战线都要讲。对重要对外工作,确有需要可不受出国次数规定限制,一事一报,经过中央批准就可以去。要动员各方面一起做思想舆论工作,加强统筹协调,整合各类资源,推动内宣外宣一体发展,奏响交响乐、大合唱,把中国故事讲得愈来愈精彩,让中国声音愈来愈洪亮。"

(四)关于宣传思想工作战略任务的重要论述

习近平总书记在 2018 年全国宣传思想工作会议上指出:"建设具有强大凝聚力和引领力的社会主义意识形态,是全党特别是宣传思想战线必须担负起的一个战略任务。要做好做强马克思主义宣传教育工作,特别是要在学懂弄通做实新时代中国特色社会主义思想上下功夫。要把坚定'四个自信'作为建设社会主义意识形态的关键,坚持马克思主义在我国哲学社会科学领域的指导地位,建设具有中国特色、中国风格、中国气派的哲学社会科学。要把握正确舆论导向,提高新闻舆论传播力、引导力、影响力、公信力,巩固壮大主流思想舆论。要加强传播手段和话语方式创新,让党的创新理论'飞入寻常百姓家'。要旗帜鲜明坚持真理,立场坚定批驳谬误。要压实压紧各级党委(党组)责任,做到任务落实不马虎、阵地管理不懈怠、责任追究不含糊。"

二、我国出版工作的指导思想、方针原则和主要任务

我国的出版工作是中国特色社会主义事业的重要组成部分。为了加强对出版工作的指导和管理,我国有关出版的法律、法规、政策,都对出版工作必须坚持的指导思想、方针原则和主要任务作出了明确的规定。

(一)出版工作的指导思想

高举中国特色社会主义伟大旗帜,坚持以马克思列宁主义、毛泽东思想、邓小平理论、"三个代表"重要思想、科学发展观、习近平新时代中国特色社会主义思想为指导,全面贯彻落实习近平总书记关于出版工作的重要论述,紧扣新时代中国特色社会主义事业总体布局和战略布局,围绕立足新发展阶段、贯彻新发展理念、构建新发展格局,聚焦举旗帜、聚民心、育新人、兴文化、展形象的使命任务,以社会主义核心价值观为引领,以推动出版业高质量发展为主题,以深化出版领域供给侧结构性改革为主线,以推动出版业改革创新为根本动力,以多出优秀作品为中心环节,以满足人民日益增长的学习阅读需求为根本目的,为人民群众提供更加充实、更为丰富、更高质量的出版产品和服务,推动出版业实现质量更好、效益更高、竞争力更强、影响力更大的发展。

(二)出版工作的方针原则

出版工作的方针原则是指法律法规规定的出版工作必须遵

循的指导方针和行为准则。根据我国《宪法》《出版管理条例》以及其他有关出版的法律法规规定，我国出版工作必须坚持党管出版；为人民服务，为社会主义服务；将社会效益放在首位，实现社会效益与经济效益相结合；保障公民依法行使出版自由的权利；依法管理；行业自律等方针原则。

1. 党管出版

由于出版业具有鲜明的意识形态属性，党和政府一直坚持对出版业的管理，这在中国特色社会主义进入新时代的关键时期尤为明显。为了应对媒体环境变化导致的主流意识形态淡化、弱化和边缘化危机，《中央党内法规制定工作五年规划纲要（2013—2017年）》提出坚持党管媒体原则，完善新闻媒体及新闻从业人员管理制度和办法，加强对互联网等新兴媒体的管理，把舆论导向管理落到实处。本纲要虽倾向于对新闻媒体的领导与管理，但为深化出版管理体制改革、强化党对出版业的管理奠定了基础。2015年3月，国家新闻出版广电总局和财政部联合印发《关于推动传统出版和新兴出版融合发展的指导意见》，在基本原则中强调必须始终坚持党管出版，把坚持正确政治方向和出版导向贯穿到出版融合发展的各环节、全过程。只有牢牢掌握意识形态工作领导权，才能更好巩固和发展主流意识形态，不断增强意识形态领域主导权和话语权。由此，2018年3月21日，中共中央印发并实施《深化党和国家机构改革方案》，将原国家新闻出版广电总局的新闻出版管理职责划入中央宣传部，在顶层设计上优化我国出版管理体制的机构设置和职能配置，加强党对出版工作的领导，充分体现党对将出版业作为舆论阵地建设的高度重视，以及牢牢把握正确舆论导向、维护国家意识形态安全的战略思考。

2. 为人民服务，为社会主义服务

我国 1954 年制定的《宪法》，于 1975 年、1978 年、1982 年进行了修改，后又在 1988 年、1993 年、1999 年、2004 年、2018 年由全国人民代表大会对个别条款作了修改和补充，其明确规定："国家发展为人民服务、为社会主义服务的文学艺术事业、新闻广播电视事业、出版发行事业、图书馆博物馆文化馆和其他文化事业，开展群众性的文化活动。"这就指明了包括出版发行事业在内的各种文化事业"为人民服务、为社会主义服务"的方向。

宪法是制定所有其他法律法规的依据。遵照宪法规定的总的原则，1983 年 6 月，《中共中央、国务院关于加强出版工作的决定》对我国社会主义出版工作的性质、方针、任务作了明确的规定，指出："我国的出版事业，与资本主义国家的出版事业根本不同，是党领导的社会主义事业的一个组成部分，必须坚持为人民服务、为社会主义服务的根本方针，宣传马克思列宁主义、毛泽东思想，传播一切有益于经济和社会发展的科学技术和文化知识，丰富人民的精神文化生活。"1997 年国务院颁布的《出版管理条例》(2011 年、2013 年、2014 年、2016 年、2020 年五次修订)在第三条明确规定："出版活动必须坚持为人民服务、为社会主义服务的方向。"这是对上述方针原则的进一步强调。

出版工作坚持为人民服务、为社会主义服务，是社会主义出版事业基本性质和要求的反映，是指导出版工作的最高准则，也是所有出版单位、出版工作者必须坚持的政治方向。

(1) 为人民服务，是对出版活动主体及其权利的规定

全心全意为人民服务，是中国共产党的根本宗旨，也是社会

主义道德包括出版职业道德在内的根本宗旨。当这个术语成为出版法制的法律用语时，它便成为对出版事业的义务性规范，而与之相对应的人民则成为享有进行出版活动的各项权利的主体。人民，只有人民，才是历史的真正创造者，才是我们国家的主人。按照宪法的规定，国家的一切权力属于人民；人民依照法律的规定，通过各种途径和形式，管理国家事务，管理经济和文化事业，管理社会事务，行使当家作主的权力。出版活动作为一项具有广泛影响的社会和政治活动，其主体当然也是人民。中国共产党自成立之日起就把为人民服务放在各项工作的首位。人民群众既是建设社会主义出版事业的主体，也是出版工作服务的对象。全心全意为人民服务是中华人民共和国出版事业的根本宗旨。出版工作如果不为人民服务，就必然失去发展的前途、依据和动力，必然走向与基本目标相反的邪路。

我国的出版事业既是党的思想政治工作的重要组成部分，又是在中国共产党领导下建设中国特色社会主义事业的一个重要组成部分，同时也是与人民群众的利益息息相关的重大工程，担负着宣传思想、普及文化、提高全民族科学文化素养的历史重任。我国的出版事业必须在中国共产党的领导下，坚持"全心全意为人民服务"的根本宗旨，保证正确的舆论导向和发展方向。出版工作坚持为人民服务，就应该不断地用人民喜闻乐见的内容和形式，弘扬主旋律，提倡多样化，满足人民不同层次的、多方面的、健康的精神文化需要。

（2）为社会主义服务，是对出版事业的政治性质和出版活动的指导思想的规定

以法的形式规范出版事业和出版活动的性质和指导思想，

是我国出版法有别于世界上其他国家成文出版法的重要特点。社会主义既是指一种社会制度，也是指一种思想体系、意识形态，此处两种含义兼而有之。我国是人民民主专政的社会主义国家，社会主义制度是我国的根本制度。我国在宪法中明确出版事业为社会主义服务的方向，是为了保证出版事业符合和适应社会主义制度的基本要求，从而对我国社会主义事业的发展发挥积极的巩固和促进作用。同时，出版物的内容在总体上总是带有明确的意识形态属性，出版事业为社会主义服务，也就是要在出版活动中坚持社会主义意识形态的主导地位，抵制和反对资本主义的、封建主义的和其他的腐朽思想，加强社会主义精神文明建设。新时代，出版工作者应深入贯彻学习习近平新时代中国特色社会主义思想，坚持以社会主义先进文化为引领，大力弘扬社会主义核心价值观。

社会主义代表了广大人民的根本利益，为人民服务最重要的就是为人民大众最根本的利益服务。要坚持人民主体地位，顺应人民群众对美好生活的向往，不断实现好、维护好、发展好最广大人民的根本利益，做到发展为了人民，发展依靠人民，发展成果由人民共享。因此，社会主义出版工作必须与社会主义的经济基础相适应，为巩固和发展社会主义经济基础服务，为建设中国特色社会主义服务，是出版工作的根本方针原则。社会主义是出版事业得以存在和发展的基础，也是出版事业服务的内容。为社会主义服务，就是为巩固和发展社会主义的经济基础与上层建筑服务，为发展社会生产力、推进社会主义现代化建设服务。

我国进入社会主义初级阶段以后，为人民服务就与为社会主义服务密切联系在一起，成为不可分割的整体。认真为社会主义服务，就是从根本上为人民服务。人民需要社会主义，正在建设社会主义，如果某些出版物离开了社会主义的崇高目标，不去为它服务，反而损害这个伟大的事业，那也就违背了为人民服务的宗旨。历史的经验证明，出版事业如果脱离社会主义，不与社会主义建设事业相结合，不认真为社会主义服务，那么，出版事业的生存和发展必然会受到影响。

坚持为人民服务、为社会主义服务的方向，出版部门的活动就必须密切联系群众，倾听群众呼声，随时注意避免脱离群众、脱离实际；出版工作就要坚持以科学的理论武装人，以正确的舆论引导人，以高尚的精神塑造人，以优秀的作品鼓舞人。可以说，为人民服务、为社会主义服务，其中包含着出版事业发展的必然规律，不管何时何地，出版工作者都要坚持把人民群众的利益和要求放在首位，全心全意地依靠人民群众、为社会主义建设服务，这是我国出版事业发展的必由之路。

3. 将社会效益放在首位，实现社会效益与经济效益相结合

1983 年 6 月 6 日，《中共中央国务院关于加强出版工作的决定》确立了新时期出版工作的性质、任务和指导方针，第一次明确提出了出版工作首先要注重社会效果，同时要注重经济效果，明确了"两个效益"的关系问题，更为重要的是这是党和国家首次以文件的形式肯定出版工作的经济性质，对出版工作的经济效益提出了要求，开拓了出版工作的思路，为真正意义上的出版物市场的形成和发展提供了政策条件和理论依据。

国务院颁布的《出版管理条例》第四条规定："从事出版活动，应当将社会效益放在首位，实现社会效益与经济效益相结

合。"这是我国出版业必须认真贯彻的一项重要原则。

出版物具有两重性。就其内容而言，它是精神产品；就其载体而言，它是物质产品。精神产品的属性要求其取得实际影响精神世界和指导实践活动的社会效益；物质产品具有商品属性，要求其进入流通领域，实现商品交换，取得经济效益。出版物的两重性互相依存，又存在着错综复杂的矛盾。这种两重性在出版工作中常常表现为社会效益和经济效益的矛盾。

出版工作中的社会效益是指出版物有益于社会主义物质文明、政治文明、精神文明建设，影响人们的素养、社会发展的进程、民族国家的未来等的效果和利益。经济效益是指出版单位通过商品交换实现出版物的经济价值，取得维持再生产和扩大再生产所必需的经济效果和利益。两者之间存在着相互促进又相互矛盾的辩证统一关系。

社会主义的出版工作，一定要将社会效益放在首位。坚持把社会效益放在首位，就是坚持出版工作的社会主义方向，就是执行有关出版工作的一系列方针、政策，保证出版物的质量，就是对广大人民群众认真负责。坚持把社会效益放在首位，这是由我国出版事业的社会主义性质所决定的。

在坚持把社会效益放在首位的前提下，也要注意出版物作为商品所产生的经济效益。这就要求出版单位在出版工作中把社会主义精神文明建设的要求同社会主义市场经济的要求很好地结合起来。要在出版工作中具体地认识、利用价值规律，认识、利用社会主义基本经济规律，认识、利用社会主义上层建筑反映经济基础又为经济基础服务的规律。

总之，出版工作的性质，决定了出版单位、出版工作者在组织出版物的生产与流通时既要讲社会效益又要讲经济效益。即既要注意出版物影响精神世界和指导实践活动的社会效益,也要注意出版物作为商品出售而产生的经济效益。但是,根据出版物的特性和社会主义出版工作基本方针和基本任务的要求,应该把社会效益放在首位,实现社会效益和经济效益相结合。

为了保证出版工作坚持为人民服务、为社会主义服务、将社会效益放在首位,实现社会效益与经济效益相结合等基本方针原则的贯彻,《出版管理条例》还制定了若干义务性规范和禁止性规范,其中第二十五、二十六条是对出版物内容的禁载规定。第二十五条前九款禁载内容,是同《刑法》(包括全国人民代表大会有关各项决定和补充规定)、《民法典》《国家安全法》《保守国家秘密法》等法律及其有关行政法规的规定相衔接的;第十款"有法律、行政法规和国家规定禁止的其他内容"的规定,也是根据相关法律法规规定做出的,例如《反不正当竞争法》规定的商业秘密等。第二十六条关于以未成年人为对象的出版物的禁载内容的规定,则是根据《未成年人保护法》有关精神做出的。禁止这些内容通过出版活动公开传播,是维护我国社会制度和国家安全,保障正常社会秩序、经济秩序,保护公共利益和公民合法权益的需要,是确保出版活动有益于提高民族素养、有益于经济发展和社会全面进步的需要,世界上许多国家对出版活动都有类似的规范。

4. 保障公民依法行使出版自由的权利

言论、出版自由是我国公民的一项基本权利。中华人民共和国成立以来的历次宪法都规定了公民的这项权利。现行《宪法》第三十五条规定:"中华人民共和国公民有言论、出版、集会、结社、游行、示威的自由。"《宪法》第四十七条规定："中华人民共和国公民有进行科学研究、文学艺术创作和其他文化活动的自由。国家对于从事教育、科学、技术、文学、艺术和其他文化事业的公民的有益于人民的创造性工作，给以鼓励和帮助。"

出版自由（Freedom of the Press），是指公民通过以印刷或其他复制手段制成的出版物公开表达和传播意见、思想、感情、信息、知识等的自由。出版自由是言论自由的一种表现形式，它的一个重要特征是公开表达，即向不特定的多数人传播。出版自由，是我国公民参与社会活动和政治活动的一项经常性的政治权利，同时也是与文化教育紧密相关的权利，是广大人民群众发表意见、显示力量和参加国家管理的必要条件。这里应注意的是，言论自由是公民对于国家和社会的各项问题有自由发表意见的权利。言论自由在公民的各项自由权利中居于重要地位。出版自由是公民有权在宪法和法律所规定的条件和范围内，以文字、声像等形式印刷或录制出来并公开出版（播放）以表达其思想和见解的自由。它是言论自由的延伸，比言论自由有更深更广的影响。出版自由和言论自由的主要区别在于出版自由是以出版的形式来表达思想和见解的。

在世界范围内，保护出版自由已为众多国家所确认。1789年法国的《人权宣言》和1791年美国的宪法修正案（即《权利法案》），是世界上较早确认公民有出版自由的法典。第二次世界大战以后，出版自由还进入了国际法保护的范畴。我国已签署的联合国《公民权利和政治权利国际公约》第十九条规定："人人有自由发表意见的权利；此项权利包括寻求、接受和传递各种消息和思想的自由。"为此目的，可采取"不论国界，也不论口头的、书写的、印刷的"形式。诚然,在如何理解出版自由的含义上,不同意识形态之间有很大的不同。今天我们所要确立和保障的是具有中国特色的社会主义的出版自由,它是同我们的价值目标相一致的,即通过保障出版自由,更好地为人民服务、为社会主义服务,促进出版事业的繁荣和健康发展。

从法理上说,权利总是同一定的义务相联系的。任何自由和权利都不是绝对的,都有其法定界限。出版自由也是一样,它是具体的、相对的、有限度的,必须在法律规定的范围内行使。马克思说:"没有无义务的权利,也没有无权利的义务。"[马克思,恩格斯.马克思恩格斯全集:第 17 卷,北京:人民出版社,1956:476.]孟德斯鸠说:"自由是做法律所许可的一切事情的权利;如果一个公民能够做法律所禁止的事情,他就不再有自由了。"[孟德斯鸠.论法的精神(上),北京:商务印书馆,1992:154.]在一切建立了正常的法制秩序的社会里,任何人、任何组织在行使出版自由这一宪法所赋予的基本权利时,必须遵守法律对这种权利的限制,必须依法承担相应的义务和责任,也必然负有不滥用此项权利的义务。

我国确定出版自由合理界限的法律依据是《宪法》第五条规定的"任何组织或者个人都不得有超越宪法和法律的特权",以及《宪法》第五十一条规定的"中华人民共和国公民在行使自由和权利的时候,不得损害国家的、社会的、集体的利益和其他公民的合法的自由和权利"。

根据宪法的原则性规定,我国《出版管理条例》第五条规定:"公民依法行使出版自由的权利,各级人民政府应当予以保障。公民在行使出版自由的权利的时候,必须遵守宪法和法律,不得反对宪法确定的基本原则,不得损害国家的、社会的、集体的利益和其他公民的合法的自由和权利。"

这一规定是按照权利和义务相对应的原则对公民出版自由权利的规范。其中"公民依法行使出版自由的权利"是对公民的授权性规范;"各级人民政府应当予以保障"是对政府的义务性规范;而"依法"又是公民行使权利时必须承担的义务,这一义务表现为"公民在行使出版自由的权利的时候,必须遵守宪法和法律,不得反对宪法确定的基本原则,不得损害国家的、社会的、集体的利益和其他公民的合法的自由和权利"。

另外,《出版管理条例》第二十三条对公民如何行使出版自由的权利作了进一步的表述:"公民可以依照本条例规定,在出版物上自由表达自己对国家事务、经济和文化事业、社会事务的见解和意愿,自由发表自己从事科学研究、文学艺术创作和其他文化活动的成果。"这是对现阶段我国公民行使出版自由的方式的总体表述,应理解为包括了公民依法在书报刊等出版物上自由发表意见、表达自己意志、对国家和社会事务实行舆论监督等方式。

为保障合法出版,《出版管理条例》还制定了禁止性规范。其中第二十三条第二款规定:"合法出版物受法律保护,任何组织和个人不得非法干扰、阻止、破坏出版物的出版。"第五十九条规定:"对非法干扰、阻止和破坏出版物出版、印刷或者复制、进口、发行的行为,县级以上各级人民政府出版行政主管部门及其他有关部门,应当及时采取措施,予以制止。"

我国一方面在政治上保证公民的出版自由,另一方面在物质条件上也对出版自由予以保障。即我国在发展经济的基础上,不断地发展出版事业,增加出版设备,以保证人民的出版自由。比如,中华人民共和国成立以来,在党和政府的领导下,国家投入大量人力、物力和财力,使出版事业得到了空前发展。完成社会主义改造的 1956 年,全国只有 97 家出版社,到 2019 年,全国出版、印刷和发行服务业实现营业收入 18 896.1 亿元。全国书报刊出版、印刷能力和发行能力成倍增长,这就为人民行使出版自由的权利提供了越来越好的物质条件。

5. 依法管理

我国《出版管理条例》第六条规定:"国务院出版行政主管部门负责全国的出版活动的监督管理工作。国务院其他有关部门按照国务院规定的职责分工,负责有关的出版活动的监督管理工作。县级以上地方各级人民政府负责出版管理的部门(以下简称出版行政主管部门)负责本行政区域内出版活动的监督管理工作。县级以上地方各级人民政府其他有关部门在各自的职责范围内,负责有关的出版活动的监督管理工作。"

市场经济也可以说是法治经济。社会主义市场经济必须在公开、公正、公平的环境和条件下运行,而这种环境和条件必须由国家的法律法规来保证。出版事业的发展也是如此。出版行政主管部门是国家的职能部门,管理活动代表国家意志,这种意志是通过法律和法规体现的。因此,出版管理必须严格依法办事,把各项管理活动纳入法制轨道。

依法进行出版活动和依法进行出版管理是依法治国、依法行政在出版领域的具体体现。有关出版的法律法规是中国特色社会主义法律体系不可或缺的组成部分。随着我国社会主义法律体系的初步形成,我国出版业已形成了由宪法、法律、行政法规、行政规章等组成的法律框架。这些法律法规贯彻了马克思列宁主义、毛泽东思想、邓小平理论、"三个代表"重要思想、科学发展观以及习近平新时代中国特色社会主义思想的基本精神,体现了出版工作的指导方针、政策和基本任务,规范了出版行为的准则和必要程序,明确了出版管理的职责,划清了出版活动合法、违法与犯罪的界限,规定了相应的法律责任,为依法进行出版活动和出版管理提供了依据。

出版工作离不开法律法规,法律法规是出版工作的准则和依据。目前,在出版工作中比较重要的法规包括以下几类:对书报刊出版、印刷、发行工作的规定,对音像制品、电子出版物工作的规定,对著作权保护的规定,对"扫黄打非"的有关规定,等等。

在从事出版工作的过程中,必须坚持依法管理的原则,其基本要求是:有法可依,有法必依,执法必严,违法必究。

有法可依是指健全和完善有关出版工作的法律法规体系,使出版工作的每一项具体管理活动都有法律依据,尽量避免盲目性和随意性。这就要求出版行政主管部门从出版产业发展的需要出发,修改不适应新形势的法律法规,制定新的法规,以适应出版业不断发展的需要。

有法必依是指出版行政主管部门必须按法律规定办事,只要是已经颁布实施的法律法规,任何机关、团体、企事业单位和公民个人都必须严格遵守,出版行政主管部门也不例外,而且还要带头执法、守法。

执法必严是指严格执行法律规定,对任何出版单位、出版工作者的违法行为都一视同仁,严肃处理,不徇私情,更不能知法犯法、违法乱纪。只有严格执法,才能维护法律的严肃性和权威性。

违法必究是指对违法者必须追究法律责任和给予法律制裁。任何机关、团体、企事业单位和公民个人都不能逾越法律,对于触犯法律者,该处罚的一定处罚,该重罚的绝不轻饶。只有这样,才能震慑违法分子,减少违法活动,维护法律尊严。

6. 行业自律

《出版管理条例》第八条规定:"出版行业的社会团体按照其章程,在出版行政主管部门的指导下,实行自律管理。"

行业自律是指行业组织、行业协会通过制定各种行规、行约来加强行业自身的约束力。

行业组织是由同一个行业的企事业单位自愿组成的经济性团体。它是根据社会发展的需要,特别是市场经济发展的需要,由同一行业的企事业单位为了行业的共同利益自发地、自愿地组成,不带有政府行为的强制性特征,具有自治性或民间性的特征。行业组织介于政府和企业法人之间,代表行业内众多企业法人的利益,是政府与企业间的有益桥梁。其主要职能是代表本行业与政府协商谈判,协调行业发展,推动行业管理和技术水平的提高,解决行业内纠纷,组织对外交流,等等。尤其是在行业政策制定上,成熟的行业组织能影响政府政策导向,使政府的决策更有利于某些行业或某些利益集团,或使政府的决策更接近于现实,从而为政府的宏观经济调控创造条件。

行业协会是生产专业分工和市场竞争发展到一定阶段的产

物。当行业迅速发展并逐步走向成熟的时候,行业成员可能会因追求自身的利益而进行不公平竞争或做出其他不利于整个行业发展的行径。此时,行业协会就以监督者和利益关系协调者的身份应运而生。在市场经济发达的国家,行业协会具有不可替代的协调、指导功能,它以一种有效的工商业活动管理方式显示出其特有的商业文化传统,呈现出民间组织性、利益公共性、互益性、平等性和开放性等重要特征,在一些国家政策和法律的制定、劳资和贸易纠纷的谈判和解决,以及行业标准的制定方面,都发挥着极其重要的作用。

比如,在美国,出版行业协会对出版行业有着严格的管理,许多在我国由政府行使的管理职能,在美国实际上由行业协会行使。美国书业协会的主要作用是:作为行业代表,维护会员利益,协调会员之间的关系,举办、参加有关书展,推广会员图书,交流信息,组织科学研究,组织全国图书评奖,特别是全国图书委员会主持的"全国图书奖",影响很大。另外,美国出版业很重视自律,一些协会甚至制定了自律措施,以约束编辑、出版活动。

在我国,行业协会一方面代表和维护行业利益,以行业的整体形象就相关问题跟有关部门和单位进行联系、沟通与合作;另一方面,行业协会也行使管理的职能,在督促会员遵守和执行国家相关法律及规定的同时,制定共同遵守的规则并提倡自律。

我国已经加入世界贸易组织,并逐步放开书报刊分销服务业。随着我国出版物市场全面对内、对外开放,出版运营模式逐渐多样化,市场经济调节作用的权重日渐增加,政府职能也将逐步实现从直接管理向间接管理、微观管理向宏观管理的转变,越来越多的社会工作和行业管理的具体工作将交由行业协会来承担,新的形势迫切需要出版行业协会参与协调、管理,以促进出版业的发展。我国目前的出版工作者协会、印刷技术协会、发行业协会由于资金问题以及权威性不足等原因,与行政机关存在着无法摆脱的依附关系,所起的作用仅限于培训、组织出版科研活动等,还不是纯粹意义上的行业协会。

因此,各级出版行业协会应当逐步改变目前依附于行政管理机关的状况,体现出版行业协会的特点和相对独立性;应当配合出版行政主管部门的宏观调控,制定行业规范和行业标准,协调行业内部的产、供、销关系,协调统一各类价格,避免生产经营的盲目性和不正当竞争,实行行业自律,以便维护协会成员的利益,保护合法的经营活动,发挥社会监督作用。

(三)出版工作的主要任务

我国《宪法》在"序言"中指出:"中国新民主主义革命的胜利和社会主义事业的成就,是中国共产党领导中国各族人民,在马克思列宁主义、毛泽东思想的指引下,坚持真理,修正错误,战胜许多艰难险阻而取得的。我国将长期处于社会主义初级阶段。国家的根本任务是,沿着中国特色社会主义道路,集中力量进行社会主义现代化建设。中国各族人民将继续在中国共产党领导下,在马克思列宁主义、毛泽东思想、邓小平理论、'三个代表'重要思想、科学发展观、习近平新时代中国特色社会主义思想指引下,坚持人民民主专政,坚持社会主义道路,坚持改革开放,不断完善社会主义的各项制度,发展社会主义市场经济,发展社会主义民主,健全社会主义法治,贯彻新发展理念,自力更生,艰苦奋斗,逐步实现工业、农业、国防和科学技术的现代化,推动物质文明、政治文明、精神文明、社会文明、生态文明协调发展,把我国建设成为富强民主文明和谐美丽的社会主义现代化强国,实现中华民族伟大复兴。"同时,《宪法》第二十二条规定:"国家发展为人民服务、为社会主义服务的文学艺术事业、新闻广播电视事业、出版发行事业、图书馆博物馆文化馆和其他文化事业,开展群众性的文化活动。"

为了实现国家的根本任务,促进社会主义先进生产力和先进文化的发展,满足人民群众日益增长的精神文化需求,我国《出版管理条例》根据《宪法》的精神,在第三条规定:"出版活动必须坚持为人民服务、为社会主义服务的方向,坚持以马克思列宁主义、毛泽东思想、邓小平理论和'三个代表'重要思想为指导,贯彻落实科学发展观,传播和积累有益于提高民族素养、有益于经济发展和社会进步的科学技术和文化知识,弘扬民族优秀文化,促进国际文化交流,丰富和提高人民的精神生活。"新时代,出版工作者还应深入贯彻学习习近平新时代中国特色社会主义思想,坚持以社会主义先进文化为引领,大力弘扬社会主义核心价值观。该条规定明确了我国出版工作的主要任务。

1. 宣传党的思想理论,着力宣传习近平新时代中国特色社会主义思想

实践证明,马克思列宁主义、毛泽东思想、邓小平理论、"三个代表"重要思想、科学发展观和习近平新时代中国特色社会主义思想,是我国革命和社会主义建设事业取得胜利的指南,是我们建党立国的根本,是社会主义精神文明建设的根

本,也是社会主义出版事业建设的根本。宣传马克思列宁主义、毛泽东思想、邓小平理论、"三个代表"重要思想、科学发展观和习近平新时代中国特色社会主义思想,是我国出版工作的重要任务。当前,尤其需要着力宣传习近平新时代中国特色社会主义思想。

出版工作要始终以马克思列宁主义、毛泽东思想、邓小平理论、"三个代表"重要思想、科学发展观和习近平新时代中国特色社会主义思想为指导,帮助广大人民群众树立正确的世界观、人生观和价值观,坚定对马克思主义的信仰和对社会主义的信念,增强对改革开放和现代化建设的信心与对党和政府的信任,增强自立意识、竞争意识、效率意识、民主法治意识和开拓创新精神。出版工作要运用马克思主义的根本原理,运用马克思主义的立场、观点和方法,研究和解决各种出版物内容中的有关问题和出版工作中的理论和实践问题。现阶段,要注重把党的思想政治工作与出版工作有机结合起来,把发挥党的思想政治优势贯穿到出版工作的各个方面、各个环节;要把握重点,用各种形式的出版物,生动地宣传、普及习近平新时代中国特色社会主义思想,突出社会主义的时代精神、民族特色和传统美德,弘扬爱国主义,以正确的宣传导向促成良好的社会氛围,并面向经济建设的主战场,普及社会主义市场经济和相关的法律知识,同时,依靠出版的优势,大力促进科学技术的发展和向生产力的转化。

当前和今后一个时期,是必须紧紧抓住和用好习近平新时代中国特色社会主义思想的重要战略机遇期,是实现中华民族伟大复兴的中国梦的关键时期。因此,完整、准确地把握科学发展观的深刻内涵和基本要求,把习近平新时代中国特色社会主义思想落实到经济社会发展的各个领域,贯穿于发展和改革的过程之中,是出版工作者的一项重要任务。

2.传播和积累有益于提高民族素养、有益于经济发展和社会进步的科学技术和文化知识

科学技术和文化知识是人类改造自然、改造社会的"锐利武器"。传播和积累有益于提高民族素养、有益于经济发展和社会进步的科学技术和文化知识,是出版工作的重要任务。

科学技术和文化知识有益于提高民族素养,有益于经济发展和社会进步,科学技术和文化知识的传播需要出版活动的参与。在人类社会的早期,科学技术和文化知识的传播是以人自身作为传播者、传播媒介和传播"机构"的,而随着人类社会的进化,人类的传播活动已逐渐过渡到借助于物作为传媒,有了先进的传播渠道和传播工具,并形成了传播产业。各种传播媒介如图书、报纸、期刊、广播、电影、电视、互联网等,不仅有跨越时间、空间的广度,而且有向人们反复地传播各种科学技术和文化知识的深度,通过这些传播媒介所进行的科学技术和文化知识的传播几乎是源源不断的。人类最早的媒介传播活动是出版物生产活动。到现在,图书、报纸、期刊、录音带、录像带、电子出版物,甚至网络作品等,都是出版活动的产物。

同样,人类创造的科学技术和文化知识需要一代一代传递下去,而且需要跨时代的传递。出版活动的产物——出版物是使这种传递成为现实的主要的必不可少的载体。出版业不管是在民族文化的积累还是外来文化的输入过程中都扮演着极其重要的角色。

现在,随着社会主义建设事业的飞速发展和人民生活水平的显著提高,科学技术和文化知识越来越成为人民群众和社会主义建设事业的迫切需要。社会主义市场经济的发展,经济全球化带来的挑战和机遇,科学技术现代化对社会发展的推动,都要求出版工作的参与和服务。现代科学技术是第一生产力。出版工作对科学技术的传播和积累,将大大促进先进生产力的发展。实践证明,出版工作在这方面发挥作用的天地是十分广阔的。

3. 弘扬民族优秀文化

我国是历史悠久的文明古国,具有光辉灿烂的民族文化。继承民族文化的精华,是建设中国特色社会主义文化的重要条件。通过出版物弘扬中华民族的优秀文化,是出版工作义不容辞的责任。

对于民族优秀文化遗产,要采取"取其精华,去其糟粕"的态度。毛泽东在《毛泽东选集》中就指出:"中国现时的新政治新经济是从古代的旧政治旧经济发展而来的,中国现时的新文化也是从古代的旧文化发展而来,因此,我们必须尊重自己的历史,决不能割断历史。""清理古代文化的发展过程,剔除其封建性的糟粕,吸收其民主性的精华,是发展民族新文化提高民族自信心的必要条件;但是决不能无批判地兼收并蓄。"因此,在出版过程中,要努力保存和提高各种民族文化门类和民族艺术样式,重视出版传统文化精品和相关的学术研究成果,使其与现代文化结合在一起,成为富有时代气息和创新精神的、与时俱进的民族优秀文化,努力提升和发扬博大精深的民族文化的精神内涵。

中华文明延续着我们国家和民族的精神血脉,既需要薪火相传、代代守护,也需要与时俱进、推陈出新。要加强对中华优秀传统文化的挖掘和阐发,使中华民族最基本的文化基因与当代文化相适应、与现代社会相协调,把跨越时空、超越国界、富有永恒魅力、具有当代价值的文化精神弘扬起来。出版工作在这些方面发挥了重要作用,应继续结合时代和社会的发展要求发挥更大的作用。

4. 促进国际文化交流

文化的发展,总是不同民族文化之间相互取长补短的过程。各个民族在长期的历史发展过程中都创造出了具有本民族特色的文化,各民族文化也都有其相对的稳定性,同时又在接触和相互交流中影响、融合。

党的十九大报告中指出,要加强中外人文交流,以我为主、兼收并蓄。推进国际传播能力建设,讲好中国故事,展现真实、立体、全面的中国,提高国家文化软实力。这是我国出版业促进国际文化交流必须遵循的原则。改革开放以来,我国出版业为促进国际文化交流发挥了很大作用。在我国加入世界贸易组织以后,我国出版业更应该肩负起促进国际文化交流的重任,加强对外文化交流,吸收各国优秀文明成果,为增强中华文化国际影响力发挥更大的作用。出版工作和出版工作者既要在交流中积极吸收先进、科学、有益的东西,坚决抵制落后、愚昧、有害的东西,更要努力展示和弘扬我国文化建设的成就。

5. 丰富和提高人民的精神生活

经过改革开放四十多年的发展,我国物质文明和精神文明建设都有了长足的发展和进步,人民生活水平显著提高。现在,我国已全面进入小康社会。随着社会经济、政治、科技、文化的不断发展,人民群众的物质生活水平不断提高,对精神生活的需求也不断增长,十分需要丰富多彩、多层次、多方面的出版物品种。人们不仅需要出版物来帮助他们增长知识,树立正确的世界观、人生观和价值观,也要求能从出版物中获得消遣性的愉悦,达到抒发感情、陶冶情操的目的,还要求出版物不断创新,提高质量,价廉物美。这就给出版业的发展注入了强大的动力和活力,也使得出版物的生产与人民群众日益增长的精神文化需求之间的矛盾更加突出。因此,必须发展出版事业,多为人民提供健康有益、形式多样、足以丰富和提高人民精神生活的优秀出版物。这是出版工作的基本任务。[黄先蓉.出版法规及其应用,苏州大学出版社,2021.8:32-37.]

三、依法依规实施数字出版管理

目前我国出版管理部门对数字出版产业进行管理的方式主要有数字出版政策和数字出版法律法规,同时又有一系列的数字出版标准对数字出版产业的生产、流通、消费等环节进行规范,这三种方式为数字出版产业的健康发展保驾护航。

（一）有关数字出版的政策

数字出版政策是国家根据需要制定的有关发展和管理数字出版产业的方针、原则、措施和行动准则,是调整数字出版活动并借以指导、推动整个出版事业发展的行动指南。数字出版政策是国家对数字出版产业进行宏观管理和调控的重要方式。

根据效力范围的不同,现行有效的数字出版政策可大致分为两个部分,一是宏观性指导政策,即从国家发展战略、文化产业、新闻出版产业等高度对数字出版产业进行指导;二是专门性政策,即对数字出版产业整体或内部的数字出版活动进行管理与协调。

1. 数字出版宏观性指导政策

从"十一五"开始,我国就把"数字出版"写入国家发展规划,将数字出版产业作为国家重要的新兴产业来发展,把数字出版相关技术及体制创新作为未来文化产业改革和创新的重要推动力。文化产业、新闻出版产业和服务业的发展规划进一步强调了数字出版的重要性,明确指出要把数字出版作为大力发展、重要扶持的产业,积极推动产业结构的调整和升级。具体内容见表4-1。

表4-1　有关数字出版的宏观性指导政策

名　　　称	颁布年份	相　关　内　容
《国民经济和社会发展第十一个五年规划纲要》	2006	发展现代出版发行业,积极发展数字出版,重视网络媒体建设
《国家"十一五"时期文化发展规划纲要》	2006	加快从主要依赖传统纸介质出版物向多种介质形态出版物共存的现代出版产业转变;积极发展以数字化生产、网络化传播为主要特征的数字内容产业
《文化建设"十一五"规划》	2006	积极发展以数字化生产、网络化传播为主要特征的数字内容产业。加快发展民族动漫产业,大幅度提高国产动漫产品的数量和质量。积极发展网络文化产业,鼓励扶持民族原创的、健康向上的网络文化产品的创作和研发,拓展民族网络文化发展空间

名　　称	颁布年份	相 关 内 容
《新闻出版业"十一五"发展规划》	2006	抓住知识经济、信息社会、网络时代的重大历史机遇,积极实施"数字出版"战略,大力发展以数字化内容、数字化生产和网络化传播为主要特征的新媒体,努力冲击世界数字媒体技术制高点,实现我国新闻出版业的跨越式发展,赶超世界发达国家新闻出版业先进水平
《国家中长期科学和技术发展规划纲要(2006—2020)》	2006	重点开发数字媒体内容处理关键技术,开发易于交互和交换、具有版权保护功能和便于管理的现代传媒信息综合内容平台;实施知识产权战略和技术标准战略
《国家知识产权战略纲要》	2008	扶持新闻出版、广播影视、文学艺术、文化娱乐、广告设计、工艺美术、计算机软件、信息网络等版权相关产业发展
《关于进一步推进新闻出版体制改革的指导意见》	2009	大力发展数字出版、网络出版、手机出版等新业态,努力占领新闻出版业发展的制高点
《文化产业振兴规划》	2009	加快向多种介质形态出版物的数字出版产业转型;实施重大项目带动战略;积极发展纸质有声读物、电子书、手机报和网络出版物等新兴出版发行业态
《关于进一步推动新闻出版产业发展的指导意见》	2010	发展数字出版等非纸介质战略性新兴出版产业;积极推动音像制品、电子出版企业向数字化、网络化转型。积极发展数字出版、网络出版、手机出版等战略性新兴新闻出版业态;发展动漫、游戏出版产业

续　表

名　　称	颁布年份	相　关　内　容
《国民经济和社会发展第十二个五年规划纲要》	2011	推进文化产业结构调整,大力发展文化创意、影视制作、出版发行、印刷复制、演艺娱乐、数字内容和动漫等重点文化产业
《新闻出版业"十二五"时期发展规划》	2011	顺应数字化、信息化、网络化趋势,推进新闻出版业转型和升级
《中共中央关于深化文化体制改革推动社会主义文化大发展大繁荣若干重大问题的决定》	2011	加快发展文化创意、数字出版、移动多媒体、动漫游戏等新兴文化产业
《国家"十二五"时期文化改革发展规划纲要》	2012	出版业要推动产业结构调整和升级,加快从主要依赖传统纸介质出版物向多种介质形态出版物的数字出版产业转型
《文化部"十二五"时期文化产业倍增计划》	2012	推动出台相关的政策措施,促进动漫、游戏、网络文化、数字文化服务等新兴文化业态加快发展,不断提高新兴文化产业对加快经济发展方式转变的贡献
《文化部"十二五"时期文化改革发展规划》	2012	加快发展动漫、游戏、网络文化、数字文化服务等新兴文化产业
《服务业发展"十二五"规划》	2012	大力发展文化创意、移动多媒体、数字出版、动漫游戏等新型业态
《国务院关于促进信息消费扩大内需的若干意见》	2013	大力发展数字出版、互动新媒体、移动多媒体等新兴文化产业,促进动漫游戏、数字音乐、网络艺术品等数字文化内容的消费

续　表

名　　称	颁布年份	相　关　内　容
《国务院关于推进文化创意和设计服务与相关产业融合发展的若干意见》	2014	加快数字内容产业发展。推动文化产品和服务的生产、传播、消费的数字化、网络化进程,强化文化对信息产业的内容支撑、创意和设计提升,加快培育双向深度融合的新型业态
《关于推动新闻出版业数字化转型升级的指导意见》	2014	面对数字化与信息化带来的挑战与机遇,传统新闻出版业只有主动开展数字化转型升级,才能实现跨越与发展。开展数字化转型升级是进一步巩固新闻出版业作为文化主阵地主力军地位的客观需要,是抢占未来发展制高点、参与国际竞争的重要途径
《国务院关于加快发展服务贸易的若干意见》	2015	大力促进文化创意、数字出版、动漫游戏等新型文化服务出口
《关于推动传统出版和新兴出版融合发展的指导意见》	2015	切实推动传统出版和新兴出版在内容、渠道、平台、经营、管理等方面深度融合,实现出版内容、技术应用、平台终端、人才队伍的共享融通,形成一体化的组织结构、传播体系和管理机制
《国务院办公厅关于印发三网融合推广方案的通知》	2015	大力发展数字出版、互动新媒体、移动多媒体等新兴文化产业,促进动漫游戏、数字音乐、网络艺术品等数字文化内容的消费
《国民经济和社会发展第十三个五年规划纲要》	2016	加快发展网络视听、移动多媒体、数字出版、动漫游戏等新兴产业,推动出版发行、影视制作、工艺美术等传统产业转型升级

续　表

名　　称	颁布年份	相　关　内　容
《"十三五"国家战略性新兴产业发展规划》	2016	加快出版发行、影视制作、演艺娱乐、艺术品、文化会展等行业数字化进程，提高动漫游戏、数字音乐、网络文学、网络视频、在线演出等文化品位和市场价值
《关于深化新闻出版业数字化转型升级工作的通知》	2017	继续深入推动新闻出版业数字化转型升级
《文化部"十三五"时期文化产业发展规划》	2017	加快发展以文化创意内容为核心，依托数字技术进行创作、生产、传播和服务的数字文化产业，培育形成文化产业发展新亮点。提升动漫、游戏、创意设计、网络文化等新兴文化产业发展水平，大力培育基于大数据、云计算、物联网、人工智能等新技术的新型文化业态，形成文化产业新的增长点
《国家"十三五"时期文化发展改革规划纲要》	2017	加快发展网络视听、移动多媒体、数字出版、动漫游戏、创意设计、3D和巨幕电影等新兴产业
《文化部"十三五"时期文化发展改革规划》	2017	落实国家战略性新兴产业发展的部署，加快发展以文化创意为核心，依托数字技术进行创作、生产、传播和服务的数字文化产业，培育形成文化产业发展新亮点
《新闻出版广播影视"十三五"发展规划》	2017	大力发展图书报刊、数字出版、影视剧等产品市场

续　表

名　　称	颁布年份	相　关　内　容
《国民经济和社会发展第十四个五年规划和 2035 年远景目标纲要》	2021	实施文化产业数字化战略,加快发展新型文化企业、文化业态、文化消费模式,壮大数字创意、网络视听、数字出版、数字娱乐、线上演播等产业
《"十四五"文化产业发展规划》	2021	顺应数字产业化和产业数字化发展趋势,深度应用 5G、大数据、云计算、人工智能、超高清、物联网、虚拟现实、增强现实等技术,推动数字文化产业高质量发展,培育壮大线上演播、数字创意、数字艺术、数字娱乐、沉浸式体验等新型文化业态
《出版业"十四五"时期发展规划》	2021	实施数字化战略,强化新一代信息技术支撑引领作用,引导出版单位深化认识、系统谋划,有效整合各种资源要素,创新出版业态、传播方式和运营模式,推进出版产业数字化和数字产业化,大力提升行业数字化数据化智能化水平,系统推进出版深度融合发展,壮大出版发展新引擎

2. 数字出版专门性政策

关于数字出版产业专门性的政策主要有以下两类:一是对数字出版产业整体性的指导政策,如 2010 年颁布的《关于加快我国数字出版产业发展的若干意见》,提出了国内数字出版发展的主要任务和总体目标,并对数字出版产业从十个方面给予全面支持;二是对网络游戏、网络文学、网络音乐、电子书等具体的数字出版产业及产业内部出版活动的管理政策,如 2010 年颁布的《关于发展电子书产业的意见》对电子书产业发展的重要意义、指导思想和基本原则、重点任务、保障措施等提出了具体意见,2016 年颁布的《关于移动游戏出版服务管理的通知》对移动游戏的出版审批工作进行了规定。具体内容见表 4－2。

表 4－2　有关数字出版的专门性政策

名　称	颁布年份	相　关　内　容
《关于禁止利用网络游戏从事赌博活动的通知》	2005	清理利用网络游戏从事赌博或变相赌博活动的行为
《关于网络游戏发展和管理的若干意见》	2005	加大网络游戏管理力度、规范网络文化市场经营行为,提高我国网络游戏原创水平,促进网络文化产业的健康发展
《关于网络音乐发展和管理的若干意见》	2006	提高我国网络音乐原创水平,加强网络音乐管理,规范网络音乐进口,促进网络文化产业的健康发展
《关于规范网络游戏经营秩序查禁利用网络游戏赌博的通知》	2007	在全国范围内组织开展规范网络游戏经营秩序、查禁利用网络游戏赌博的专项工作
《关于进一步加强网吧及网络游戏管理工作的通知》	2007	打击和防范网络游戏经营活动中的违法犯罪行为,加大对网络游戏的管理力度,实现监管关口前移
《关于加强音像制品、电子出版物和网络出版物审读工作的通知》	2007	更好地做好音像制品、电子出版物和网络出版物的审读工作,提高音像电子网络出版内容质量

名　　称	颁布年份	相　关　内　容
《关于保护未成年人身心健康实施网络游戏防沉迷系统的通知》	2007	在全国网络游戏中推行网络游戏防沉迷系统
《关于严厉查处网络淫秽色情小说的紧急通知》	2007	查处网络淫秽色情小说
《关于加强对进口网络游戏审批管理的通知》	2009	进一步规范网络游戏出版服务的前置审批和对境外著作权人授权的网络游戏作品的审批和监督管理工作,规范与进口网络游戏相关的会展交易活动
《关于加强网络游戏虚拟货币管理工作的通知》	2009	加强网络游戏虚拟货币管理工作
《关于立即查处"黑帮"主题非法网络游戏的通知》	2009	禁止和查处以"黑帮"为主题的网络游戏
《关于贯彻落实国务院〈"三定"规定〉和中央编办有关解释,进一步加强网络游戏前置审批和进口网络游戏审批管理的通知》	2009	进一步加强网络游戏前置审批和进口网络游戏审批管理
《关于规范网络音乐市场秩序整治网络音乐网站违规行为的通告》	2010	对未获得许可或备案,擅自提供网络音乐产品及服务的网站进行清理

名　　称	颁布年份	相　关　内　容
《关于加强网络游戏市场推广管理制止低俗营销行为的函》	2010	针对一些网络游戏企业低俗推广的问题,加强网络游戏市场管理
《关于加快我国数字出版产业发展的若干意见》	2010	提出国内数字出版发展的主要任务和总体目标,并对数字出版产业从十个方面给予全面支持
《关于发展电子书产业的意见》	2010	通过促进电子书产业更好地发展,带动数字出版产业发展,进而促进传统出版产业的数字化转型
《关于清理违规网络音乐产品的通告》	2011	在整治违规网络音乐网站的基础上,进一步清理违规网络音乐产品
《关于清理第二批违规网络音乐产品的通告》		
《关于清理第三批违规网络音乐产品的通告》		
《关于启动网络游戏防沉迷实名验证工作的通知》	2011	在全国范围内启动网络游戏防沉迷实名验证工作
《关于实施〈网络文化经营单位内容自审管理办法〉的通知》	2013	规范网络文化经营单位产品及服务内容自审工作

名　　称	颁布年份	相　关　内　容
《关于加强数字出版内容投送平台建设和管理的指导意见》	2013	提出了加强数字出版内容投送平台建设和管理的重要意义、四项主要目标、七个主要任务,并对其建设和管理给予全面保障
《关于深入开展网络游戏防沉迷实名验证工作的通知》	2014	深入开展网络游戏防沉迷实名验证工作
《关于在新闻网站核发新闻记者证的通知》	2014	加强新闻网站编辑记者队伍建设,提高队伍整体素养
《关于推动网络文学健康发展的指导意见》	2014	推动网络文学健康有序发展,为弘扬社会主义先进文化、丰富人民群众精神文化生活,推动数字出版和文化产业繁荣发展发挥重要作用
《关于责令网络音乐服务商停止未经授权传播音乐作品的通知》	2015	为加强对音乐作品著作权人权利的保护,规范网络传播音乐作品版权秩序,责令各网络音乐服务商停止未经授权传播音乐作品,并于 2015 年 7 月 31 日前将未经授权传播的音乐作品全部下线
《关于进一步加强和改进网络音乐内容管理工作的通知》	2015	要求网络音乐经营单位切实履行内容审核主体责任,文化行政部门和文化市场综合执法机构强化事中事后监管
《关于大力推进我国音乐产业发展的若干意见》	2015	进一步推进我国音乐产业综合体系建设,充分发挥国家音乐产业基地的示范和辐射作用,促进社会主义文化大发展大繁荣

名　称	颁布年份	相　关　内　容
《关于移动游戏出版服务管理的通知》	2016	规范移动游戏出版服务管理秩序,提高移动游戏受理和审批工作效率
《关于加强网络文学作品版权管理的通知》	2016	加强网络文学作品版权管理,进一步规范网络文学作品版权秩序
《关于印发〈网络文学出版服务单位社会效益评估试行办法〉的通知》	2017	引导网络文学出版服务单位坚持以人民为中心的创作出版导向,始终把社会效益放在首位,实现社会效益和经济效益相统一
《关于防止未成年人沉迷网络游戏的通知》	2019	规范网络游戏服务,引导网络游戏企业切实把社会效益放在首位,有效遏制未成年人沉迷网络游戏、过度消费等行为,保护未成年人身心健康成长
《关于进一步加强网络文学出版管理的通知》	2020	进一步加强网络文学出版管理,规范网络文学行业秩序
《关于推动出版深度融合发展的实施意见》	2022	从战略谋划、内容建设、技术支撑、重点项目、人才队伍、保障体系等六个方面对推动出版深度融合提出 20 项主要措施

（二）有关数字出版的法律法规

在数字出版产业发展不断加快的态势之下,我国数字出版法律制度也在不断地完善和健全。近年来,数字出版法律法规建设得到了党和国家各级政府的高度重视，我国正在不断完善健全数字出版法律法规体系。

目前我国已经形成了以《著作权法》为主干，以若干著作权行政法规为补充，辅之以司法解释和部门规章的相对独立且完整的有关数字出版的法律体系。具体来说，第一，《宪法》第二十二条、第三十五条、第四十七条对出版业所作的原则性规定，是数字出版法律法规的主要渊源和数字出版立法的根本依据；第二，在法律层面，《刑法》《刑事诉讼法》《民法典》《民事诉讼法》《行政诉讼法》《行政处罚法》和《行政许可法》等，均有较多关于出版活动的规定，这些规定同样适用于数字出版活动；第三，《著作权法》作为专门调整作品创作、传播、使用过程中各种社会关系的法律规范，增设了信息网络传播权，2020年的第三次修正也更加关注数字出版活动中的著作权问题；第四，就行政法规而言，除《出版管理条例》《计算机软件保护条例》《法规汇编编辑出版管理规定》《著作权法实施条例》等对出版活动具有普遍约束力的行政法规外，《信息网络传播权保护条例》是专门用于规范数字出版活动的行政法规。

此外，《关于审理著作权民事纠纷案件适用法律若干问题的解释》《关于审理侵害信息网络传播权民事纠纷案件适用法律若干问题的规定》等司法解释，以及《出版物汉字使用管理规定》《互联网著作权行政保护办法》《著作权行政处罚实施办法》《网络出版服务管理规定》《出版物市场管理规定》《出版物进口备案管理办法》《网络信息内容生态治理规定》等部门规章，都共同作用于我国数字出版的管理。具体见表4-3。

表 4‐3 有关数字出版的主要法律法规

名 称	颁布年份	相 关 内 容
《著作权法》	1990 年通过，2001 年第一次修订，2010 年第二次修订，2020 年第三次修订	2001 年第一次修订即加入了网络作品的概念和法律认定，增设了信息网络传播权
《计算机软件保护条例》	2001 年公布，2011 年第一次修订，2013 年第二次修订	保护计算机软件著作权人的权益，促进国民经济信息化发展，修订时对著作权人权益保护程度加深
《互联网信息服务管理办法》	2000 年公布，2011 年修订	对互联网信息服务准入、经营行为提供规范，对互联网信息内容实施监督管理
《出版管理条例》	2001 年通过，2011 年第一次修订，2013 年第二次修订，2014 年第三次修订，2016 年第四次修订，2020 年第五次修订	加强对出版活动的管理，发展和繁荣中国特色社会主义出版产业和出版事业，保障公民依法行使出版自由的权利，促进社会主义精神文明和物质文明建设（电子出版物为该条例规范的对象）
《关于审理著作权民事纠纷案件适用法律若干问题的解释》	2002 年公布，2020 年修订	计算机软件用户未经许可或者超过许可范围商业使用计算机软件的，依据著作权法的相关规定承担民事责任

名　　称	颁布年份	相　关　内　容
《互联网文化管理暂行规定》	2003 年发布,2004年 第 一 次 修 订,2011年第二次修订	加强对互联网文化的管理,保障互联网文化单位的合法权益,促进我国互联网文化健康、有序地发展
《关于办理利用互联网、移动通讯终端、声讯台制作、复制、出版、贩卖、传播淫秽电子信息刑事案件具体应用法律若干问题的解释(一)》	2004	制作、复制、出版、贩卖、传播淫秽物品牟利罪的要件和处罚
《关于办理利用互联网、移动通讯终端、声讯台制作、复制、出版、贩卖、传播淫秽电子信息刑事案件具体应用法律若干问题的解释(二)》	2010	制作、复制、出版、贩卖、传播淫秽物品牟利罪的要件和处罚
《互联网著作权行政保护办法》	2005	加强互联网信息服务活动中信息网络传播权的行政保护
《信息网络传播权保护条例》	2006 年公布,2013年修订	一部专门针对信息网络传播权的行政法规
《互联网视听节目服务管理规定》	2007 年公布,2015年修订	维护国家利益和公共利益,规范互联网视听节目服务秩序,促进其健康有序发展
《电子出版物出版管理规定》	2008 年公布,2015年修订	加强电子出版物出版活动的管理,促进电子出版事业的健康发展与繁荣

续　表

名　称	颁布年份	相　关　内　容
《网络出版服务管理规定》	2016	加强对网络出版活动的管理,保障网络出版机构的合法权益,促进我国网络出版事业健康、有序地发展
《网络信息内容生态治理规定》	2019	以网络信息内容为主要治理对象,建立健全网络综合治理体系、营造清朗的网络空间、建设良好的网络生态
《生成式人工智能服务管理暂行办法》	2023	提出国家坚持发展和安全并重、促进创新和依法治理相结合的原则,采取有效措施鼓励生成式人工智能创新发展,对生成式人工智能服务实行包容审慎和分级分类管理,明确了提供和使用生成式人工智能服务总体要求

（三）有关数字出版的标准

标准是经济活动和社会发展的技术支撑,是国家治理体系和治理能力现代化的基础性制度。近年来,出版行业标准化工作取得积极进展,建成了较为完善的标准化组织体系,成立了新闻出版、信息、印刷、发行、版权等 5 个方面的国家级、行业级标准化机构,基本建立起行业急需、系统协调、科学适用的国家标准、行业标准体系,先后编制国家标准和行业标准 400 余项,并成立了相关团体标准修订主体,如中国音像与数字出版协会团体标准化技术委员会、中国印刷技术协会团体标准工作委员会，在释放市场主体标准化活力，优化标准供给结构，提高行业内产品和服务竞争力方面发挥了重要作用。

2016 年 12 月，国家新闻出版广电总局数字出版司公布了"首批新闻出版业科技与标准重点实验室名单"，包括 26 家专业领域实验室和 16 家跨领域综合性实验室。实验室的重点工作任务之一是逐步完善新闻出版业科技与标准建设体系，提高新闻出版领域科技自主创新能力，加强前沿技术标准的跟踪与相关应用的研发。2021 年 2 月，国家新闻出版署在组织新一轮实验室申报和进行评定工作后，重新发布了 42 家出版业科技与标准重点实验室名单，其中有 24 家是新申报入选的实验室。这些实验室对健全完善数字出版科技创新体系，推动出版业数字化转型升级、实现深度融合发展具有重要意义。

下面，分别介绍近年来与数字出版有关的国家标准、行业标准、团体标准制定和应用情况。

1. 国家标准

据行业标准化机构的相关统计，"十三五"期间，新闻出版业共立项国家标准 28 项，发布国家标准 56 项，覆盖了知识服务、标识、数字版权、内容源数字化加工、数字内容对象存储、复用与交换等数字出版重点领域。其中，2017 年 12 月发布的《GB/T 35427 - 2017 图书版权资产核心元数据》是一项颁布较早的国家标准。2019 年 12 月，一批共 7 项新闻出版业知识服务国家标准公布，这七项标准分别是：《GB/T 38376 - 2019 新闻出版　知识服务　主题分类词表编制》《GB/T 38377 - 2019 新闻出版　知识服务　知识资源建设与服务基础术语》《GB/T 38378 - 2019 新闻出版

知识服务 知识关联通用规则》《GB/T 38379-2019新闻出版 知识服务 知识单元描述》《GB/T 38380-2019新闻出版 知识服务 知识资源通用类型》《GB/T 38381-2019新闻出版 知识服务 知识元描述》和《GB/T 38382-2019新闻出版 知识服务 知识资源建设与服务工作指南》。该批国家标准的施行对推进传统知识服务转型升级,促进我国知识服务学术领域发展,加大应用与推广知识服务及其相关前沿技术具有积极作用。

2. 行业标准

据行业标准化机构的相关统计,"十三五"期间,新闻出版业共立项行业标准128项,以新技术为支撑,研制并发布行业标准123项,包括专业内容数字阅读技术、有声读物、新闻出版业内容资源加工规范等系列标准,以及中小学数字教材、数字期刊、数字图书、网络游戏、出版物AR技术应用、行业物联网技术应用等领域相关标准。例如,《CY/T 166-2017网络游戏防沉迷系统规范》规定了网络游戏防沉迷系统的流程功能等内容。数字内容对象存储、复用与交换系列行业标准解决了数字内容重复加工、产业链各环节资源共享不到位等问题,实现了资源数字化、运营网络化和管理体系化。

3. 团体标准

近年来包括中国音像与数字出版协会等行业组织在内的单位大力推进团体标准建设工作,先后推出了若干涉及网络游戏、网络文学、数字动漫等数字出版业态的数字出版标准。其中,《AR出版物通用制作规范》《网络百科质量规范》《网络游戏术语》《网络游戏适龄提示》《基于5G数字音乐音质技术要求》等团体标准的发布实施,填补了行业相关领域标准化的空白,在满足行业发展需求,促进科技成果转化,提升行业竞争力等方面作出了积极贡献。例如,《网络游戏适龄提示》团体标准共吸引了腾讯、网易、完美世界等头部具有较大规模和影响力的 37 家企业参与;《网络游戏适龄提示》团体标准也吸引了 53 家相关企事业机构的参与,该标准的制定和实施充分体现了新修订的《未成年人保护法》的基本精神和国家新闻出版署发布的《关于防止未成年人沉迷网络游戏的通知》要求。

此外,"十三五"期间,行业大力推动包括国家数字复合出版系统工程、中华字库工程在内的重大工程的标准化建设工作,相继发布工程标准近 80 项,涵盖了工程项目所需的共性关键技术和核心应用技术。

我国数字出版产业发展迅猛,传统出版产业数字化转型业务日益增长,传统出版与新兴出版的融合进一步深化。标准作为推动出版深度融合,完善出版业高质量发展的重要保障措施之一,其体系结构应进一步优化,制定和实施工作也应进一步加强,这样才能使标准充分发挥对行业的引领和支撑作用。

第二节　数字出版主体管理

数字出版主体包括数字出版单位和数字出版从业人员，了解有关数字出版主体管理的法律规定是开展数字出版业务的基本条件。本部分主要介绍数字出版法律法规中有关数字出版单位管理、数字出版从业人员管理以及数字出版人才建设与教育培训的内容。

一、对数字出版单位的管理

数字出版单位是组成我国数字出版产业的基础单位，也是从事数字出版服务的主体，了解有关数字出版单位的法律规定是开展数字出版业务的基本条件。对数字出版单位的管理包括法人准入制度、特殊管理股制度、岗位准入制度、编辑责任制度、作者实名注册制度和年度核验制度。

（一）法人准入制度

法人准入制度是指国家为了建立和维护数字出版秩序，依法确认数字出版单位主体资格、规范数字出版单位的组织和行为，使其合法进行数字出版活动的管理制度，主要包括数字出版单位设立、变更与终止的条件和程序。

1. 数字出版单位的设立

我国数字出版单位的设立方式为审批制。根据《网络出版服务管理规定》《互联网文化管理暂行规定》的相关规定，依照业务类型的不同，数字出版单位需取得相应的经营许可证。其中，从事网络出版服务的数字出版单位，必须依法经过出版主管部门批准，取得《网络出版服务许可证》；从事经营性互联网文化活动的数字出版单位，应当依法经过文化行政主管部门批准，取得《网络文化经营许可证》；从事非经营性互联网文化活动的数字出版单位，应当自设立之日起60日内依法向所在地省、自治区、直辖市人民政府文化行政部门备案。

（1）数字出版单位的设立条件

我国对数字出版单位设置了较严格的准入条件，这也是数字出版单位设立的实质要件。

① 申请从事网络出版服务

《网络出版服务管理规定》第八条规定，图书、音像、电子、报纸、期刊出版单位从事网络出版服务，应当具备以下条件：

a. 有确定的从事网络出版业务的网站域名、智能终端应用程序等出版平台。网站域名，简称域名、网域，是由一串用点分隔的字符组成的互联网上某一台计算机或计算机组的名称，用于在数据传输时标识计算机的电子方位，每一个域名都是独一无二、不可重复的。智能终端是指安装具有开放式操作系统，使用宽带无线移动通信技术实现互联网接入，通过下载、安装应用软件和数字内容为用户提供服务的终端产品。提供网络出版服务的机构必须具备与其业务相符合的网站域名、智能终端应用程序等出版平台，这样才能通过它们创建公开的互联网资源或运行网站，从而使其他人能够轻松访问这些资源，获取网络出版服务。

b. 有确定的网络出版服务范围。网络出版服务范围，是数字出版单位从事网络出版服务的范围，是其网络出版经营活动的界限。网络出版服务范围,由相关单位的申请者确定,并依法由出版主管部门和工商行政管理部门核定。《网络出版服务管理规定》第二十条规定:"网络出版服务单位应当按照批准的业务范围从事网络出版服务,不得超出批准的业务范围从事网络出版服务。"

c. 有从事网络出版服务所需的必要的技术设备,相关服务器和存储设备必须存放在中华人民共和国境内。网络出版服务是技术含量较高的工作,因此技术设备是从事网络出版服务的必要基础设施。"相关服务器和存储设备必须存放在中华人民共和国境内"则是确立行政管理部门依据《网络出版服务管理规定》实施监管时的有效范围和明确管理对象空间界限的需要,即不仅从事网络出版服务的企业主体需要在境内,而且其从事服务活动的设备也需要存放在境内。网络出版单位的服务器和存储设备中通常存储着大量的公民信息和相关数据,一旦泄露,公民的信息安全将受到威胁。规定网络出版服务单位的相关设备必须存放在中华人民共和国境内,既是出于管理的需要,也是对我国公民的信息安全负责。

《网络出版服务管理规定》第九条规定,其他单位从事网络出版服务,除第八条所列条件外,还应当具备以下条件:

a. 有确定的、不与其他出版单位相重复的,从事网络出版服务主体的名称及章程。数字出版单位的名称是一个数字出版单位区别于另一个数字出版单位以及其他任何主体的标志。章程是规定数字出版单位组织和行为准则的书面文件,经登记主管机关批准后具有法律效力,章程在数字出版单位的设立及运作中具有十分重要的作用。由于名称和章程对于数字出版单位具有重要意义,因此法律要求其他单位从事网络出版服务必须有确定的、不与其他出版单位相重复的,从事网络出版服务主体的名称及章程。

b. 有符合国家规定的法定代表人和主要负责人,法定代表人必须是在境内长久居住的具有完全行为能力的中国公民,法定代表人和主要负责人至少1人应当具有中级以上出版专业技术人员职业资格。法定代表人是指依法代表法人行使民事权利,履行民事义务的主要负责人。一般情况下,法定代表人不仅能够对外代表商事主体行使职权,而且也是商事主体内部的最高行政首长,全面负责商事主体的经营管理,同时承担相应的领导责任。网络出版服务单位只有具备法定代表人和主要负责人,才能建立完善的法人治理结构。同时,《网络出版服务管理规定》还对法定代表人提出了任职限制,即法定代表人必须是在境内长久居住的具有完全行为能力的中国公民。这条规定以及《网络出版服务管理规定》第十条的规定"中外合资经营、中外合作经营和外资经营的单位不得从事网络出版服务"均对外资进入我国网络出版服务领域进行了限制。另外法定代表人和主要负责人至少1人应当具有中级以上出版专业技术人员职业资格。这是根据《出版管理条例》和我国出版专业人员职业资格制度制定的。

c. 除法定代表人和主要负责人外,有适应网络出版服务范围需要的8名以上具有出版主管部门认可的出版及相关专业技术职业资格的专职编辑出版人员,其中具有中级以上职业资格的人员不得少于3名。网络出版服务虽然在表现形式、传播渠道、消费体验等方面与传统出版有着明显差异,但其属性并无根本变化,核心任务仍然是思想、文化和知识的传播,同样担负着传承文明、塑造灵魂、提升国民素养、满足精神需求的责任使命。因此,要为广大用户提供合法合规的网络出版物,同样需要对海量内容进行精心地选择、编辑、制作、加工。根据《出版管理条例》有关规定,依据网络出版物的特点和工作需求,拥有必要数量规模的专业编辑出版人员是保障内容质量的基础条件和基本要求。

d. 有从事网络出版服务所需的内容审校制度。网络内容纷繁复杂,网络出版服务单位必须建立符合网络出版物特点的内容审校制度,对互联网上的信息进行编辑加工之后方可提供给广大用户。

e. 有固定的工作场所。网络出版单位要开展正常的生产经营活动,就必须有固定的工作场所。场所是编辑人员对网络内容进行编辑、加工、传播的地方,是保证网络出版服务的基本条件。

f. 法律、行政法规和出版主管部门规定的其他条件。此项规定是一个兜底条款,旨在为以后的立法规定新的设立条件留下一定的空间。

② 申请从事互联网文化活动

《互联网文化管理暂行规定》第七条规定,申请从事经营性互联网文化活动,应当符合《互联网信息服务管理办法》的有关规定,并具备以下条件:

a. 有单位的名称、住所、组织机构和章程。

b. 有确定的互联网文化活动范围。

c. 有适应互联网文化活动需要的专业人员、设备、工作场所以及相应的经营管理技术措施。

d. 有确定的域名。

e. 符合法律、行政法规和国家有关规定的条件。此项规定是一个兜底条款，旨在为以后的立法规定新的设立条件留下一定的空间。

（2）数字出版单位的设立程序

除实质要件外，数字出版单位设立的要件还包括形式要件，即数字出版单位的设立程序。根据《网络出版服务管理规定》《互联网文化管理暂行规定》的相关规定，数字出版单位的设立程序共分三步：提出申请、审批和许可、登记并依法领取经营许可证。

一是提出申请。

申请从事网络出版服务的数字出版单位需提交如下材料：①《网络出版服务许可证申请表》；② 单位章程及资本来源性质证明；③ 数字出版服务可行性分析报告，包括资金使用、产品规划、技术条件、设备配备、机构设置、人员配备、市场分析、风险评估、版权保护措施等；④ 法定代表人和主要负责人的简历、住址、身份证明文件；⑤ 编辑出版等相关专业技术人员的国家认可的职业资格证明和主要从业经历及培训证明；⑥ 工作场所使用证明；⑦ 网站域名注册证明、相关服务器存放在中华人民共和国境内的承诺。其中，图书、音像、电子、报纸、期刊出版单位申请从事网络出版服务的，只需提交第①⑥⑦项材料。

申请从事经营性互联网文化活动的数字出版单位需提交如下材料：① 申请表；② 营业执照和章程；③ 法定代表人或者主要负责人的身份证明文件；④ 业务范围说明；⑤ 专业人员、工作场所以及相应经营管理技术措施的说明材料；⑥ 域名登记证明；⑦ 依法需要提交的其他文件。

申请从事非经营性互联网文化活动的数字出版单位应在备案时提交如下材料：① 备案表；② 章程；③ 法定代表人或者主要负责人的身份证明文件；④ 域名登记证明；⑤ 依法需要提交的其他文件。

二是审批和许可。

对申请从事网络出版服务的数字出版单位，所在地省、自治区、直辖市出版主管部门将对申请进行审核，并上报国家出版主管部门审批，国家出版主管部门应当自受理申请之日起 60 日内，作出批准或者不予批准的决定。

对申请从事经营性互联网文化活动的数字出版单位，省、自治区、直辖市人民政府文化行政部门应当自受理申请之日起 20 日内作出批准或者不予批准的决定。

三是登记并依法领取经营许可证。

批准从事网络出版服务的数字出版单位，应自收到批准决定之日起 30 日内，持批准文件到所在地省、自治区、直辖市出版主管部门办理注册登记手续，领取《网络出版服务许可证》，并持批准文件、《网络出版服务许可证》到所在地省、自治区、直辖市电信主管部门办理相关手续。

批准从事经营性互联网文化活动的数字出版单位，由省、自治区、直辖市人民政府文化行政部门核发《网络文化经营许可证》，向社会公告，并持《网络文化经营许可证》到所在地电信管理机构办理相关手续。

数字出版单位应当在其网站首页上标明许可证编号或备案编号，并按照批准的业务范围从事数字出版服务，不得超出批准的业务范围从事数字出版服务。《网络出版服务许可证》的有效期为 5 年,有效期届满,需继续从事网络出版服务活动的,应于有效期届满 60 日前向所在地省、自治区、直辖市出版主管部门提出申请。网络出版服务单位不得转借、出租、出卖《网络出版服务许可证》或以任何形式转让网络出版服务许可(包括允许其他网络信息服务提供者以其名义提供网络出版服务)。《网络文化经营许可证》的有效期为 3 年。有效期届满,需继续从事经营的,应于有效期届满 30 日前申请续办。

2. 数字出版单位的变更

数字出版单位设立后,可能由于主客观原因发生组织机构、业务范围、单位名称、资本结构等方面的重大改变和更动,这就是数字出版单位的变更。

根据《网络出版服务管理规定》第十六条,从事网络出版服务的数字出版单位变更《网络出版服务许可证》许可登记事项、资本结构,合并或者分立,设立分支机构的,应按照申请从事数字出版服务的程序办理审批手续,并应持批准文件到所在地省、自治区、直辖市电信主管部门办理相关手续。

根据《互联网文化管理暂行规定》第十三条,从事经营性互联网文化活动的数字出版单位变更单位名称、域名、法定代表人或者主要负责人、注册地址、经营地址、股权结构以及许可经营范围的,应当自变更之日起 20 日内到所在地省、自治区、直辖市人民政府文化行政部门办理变更或者备案手续。

根据《互联网文化管理暂行规定》第十三条,从事非经营性互联网文化活动的数字出版单位变更名称、地址、域名、法定代表人或者主要负责人、业务范围的,应当自变更之日起 60 日内到所在地省、自治区、直辖市人民政府文化行政部门办理备案手续。

3. 数字出版单位的终止

数字出版单位的终止又称数字出版单位的消灭，是指数字出版单位的法人资格在法律上不再存在，丧失了作为民事主体从事数字出版服务的资格，其民事权利能力和民事行为能力也随之终止。根据《网络出版服务管理规定》《互联网文化管理暂行规定》的相关规定，数字出版单位的终止有如下两种情况：

① 数字出版单位终止数字出版活动。数字出版单位终止数字出版服务的，应当自终止数字出版服务之日起 30 日内，向所在地省、自治区、直辖市出版主管部门或文化行政部门办理注销手续，并到省、自治区、直辖市电信主管部门办理相关手续。省、自治区、直辖市出版主管部门将相关信息报国家出版主管部门备案。

② 数字出版单位自登记之日起 180 日未开展数字出版服务。数字出版单位自登记之日起满 180 日未开展数字出版服务的，由原登记审核部门注销登记，同时，通报相关省、自治区、直辖市电信主管部门。因不可抗力或者其他正当理由发生上述所列情形的，数字出版单位可以向原登记部门申请延期。根据《网络出版服务管理规定》，数字出版单位可以中止网络出版服务。数字出版单位中止网络出版服务的，应当向所在地省、自治区、直辖市出版主管部门备案，并说明理由和期限；数字出版单位中止网络出版服务不得超过 180 日。

（二）特殊管理股制度

根据《网络出版服务管理规定》第二十二条规定，网络出版服务单位实行特殊管理股制度,具体办法由国家新闻出版广电总局另行制定。2010 年,经营性出版单位的"转企改制"工作基本完成,出版业市场化进程加快,出版单位的市场竞争力不断提高。然而,个别出版单位迷失在市场经济的浪潮里,过度追求经济效益导致出版导向发生偏离。针对这一问题,国家在文化体制改革背景下试行特殊管理股制度,保证国有资产能以较少股权占有较大管理权和控制权,引导出版业坚持正确的内容导向。从《中共中央关于全面深化改革若干重大问题的决定》(2013年)、《关于印发文化体制改革中经营性文化事业单位转制为企业和进一步支持文化企业发展两个规定的通知》(2014 年),到《非公有制文化企业参与对外专项出版业务试点办法》(2014年)、《关于推动国有文化企业把社会效益放在首位、实现社会效益和经济效益相统一的指导意见》(2015 年),再到《关于促进移动互联网健康有序发展的意见》(2017 年),标志着特殊管理股制度试点范围从重要国有传媒企业、新闻出版传媒领域扩大到网络出版领域。出版单位实行特殊管理股适用于三种情形:国有出版单位吸纳社会资产、非公有制出版单位引入国有资产、国有资产与非公有资产互相吸纳成立混合所有制的新出版公司。根据《非公有制文化企业参与对外专项出版业务试点办法》,在第三种情形下,国有出版单位拥有出版物终审权,决定新设立公司的出版物是否发行,管理股权转让、引进战略投资者等重大投融资事项以及主要经营管理人员聘用等,实现管人、管事、管资产、管导向"四管合一"。

（三）岗位准入制度

根据《网络出版服务管理规定》第四十四条规定,从事网络出版服务的数字出版单位的法定代表人或主要负责人应按照有关规定参加出版主管部门组织的岗位培训,并取得国家出版主管部门统一印制的《岗位培训合格证书》。未按规定参加岗位培训或培训后未取得《岗位培训合格证书》的,不得继续担任法定代表人或主要负责人。

《岗位培训合格证书》通过岗位培训获得,数字出版单位社长、总编辑(均含副职)岗位的在职或拟任职人员,要在当年内(或任职后半年内)按规定参加由国家出版主管部门或各省、自治区、直辖市出版主管部门组织或指定培训机构举办的相应岗位的岗位培训班,学完规定的全部课程,并经考试、考核合格者,即可获得《岗位培训合格证书》。《岗位培训合格证书》有效期为五年,持有《岗位培训合格证书》的人员,要在有效期满后的第一年内按要求参加岗位培训,并重新取得《岗位培训合格证书》。

数字出版单位要根据出版主管部门的规定,定期向出版主管部门书面报告本单位领导持证上岗情况。出版主管部门须将上述人员持证上岗情况列入数字出版单位年检内容。数字出版单位领导持证上岗率达不到80%的(非本单位原因除外),数字出版单位年检主管部门将视不同情况给予警告;领导持证上岗率达不到50%的,暂缓年检。受到警告、暂缓年检处理的数字出版单位,要在数字出版单位年检主管部门规定的时间内,达到持证上岗要求。

(四)编辑责任制度

编辑责任制度是保障数字出版产品内容合法的重要制度。

根据《网络出版服务管理规定》第二十三条和第六十条规定,从事网络出版服务的数字出版单位实行编辑责任制度,保障网络出版物内容合法。从事网络出版服务的数字出版单位实行出版物内容审核责任制度、责任编辑制度、责任校对制度等管理制度,保障网络出版物出版质量。在网络上出版其他出版单位已在境内合法出版的作品且不改变原出版物内容的,须在网络出版物的相应页面显著标明原出版单位名称以及书号、刊号、网络出版物号或者网址信息。其中,出版物内容审核责任制度、责任编辑制度、责任校对制度等管理制度,参照《图书质量保障体系》的有关规定执行。

根据《互联网文化管理暂行规定》第十八条规定,从事互联网文化活动的数字出版单位应当建立自审制度,明确专门部门,配备专业人员负责互联网文化产品内容和活动的自查与管理,保障互联网文化产品内容和活动的合法性。

1. 内容审核责任制度

为落实出版物内容审核责任制度,数字出版单位应设立数字出版内容的初审、复审和终审三级审核制度。三审环节中,任何两个环节的审稿工作不能同时由一人担任。在三审过程中,始终要注意政治性和政策性问题,同时切实检查内容的科学性、艺术性和知识性问题,确保数字出版产品内容符合新闻出版法律法规规定,审查过程可采用敏感词过滤系统、内容审查系统、协同编辑系统等数字化软件。

(1) 初审

由具有编辑职称或具备一定条件的助理编辑人员担任(一般为责任编辑),在审读全部内容的基础上,主要负责从专业的角度对内容的社会价值和文化学术价值进行审查,把好政治关、知识关、文字关。要撰写初审报告,并对内容提出取舍意见和修改建议。

（2）复审

由具有正、副编审职称的编辑室主任一级的人员担任。复审应审读全部内容，并对内容质量及初审报告提出复审意见，做出总的评价，并解决初审中提出的问题。

（3）终审

由具有正、副编审职称的社长、总编辑（副社长、副总编辑）或由社长、总编辑指定的具有正、副编审职称的人员担任（非社长、总编辑终审的审读意见，要经过社长、总编辑审核），根据初、复审意见，主要负责对稿件的内容，包括思想政治倾向、学术质量、社会效果、是否符合党和国家的政策规定等方面做出评价。对涉及重大选题备案内容、或初审和复审意见不一致的，终审者应通读内容，在此基础上，对稿件能否采用做出决定。

2. 责任编辑制度

责任编辑是指在数字出版单位为保证数字出版物的质量符合出版要求，专门负责对拟出版的作品内容进行全面审核和加工整理并署名的编辑人员。数字出版产品的责任编辑由数字出版单位指定，一般由初审者担任。除负责初审工作外，责任编辑还要负责内容的编辑加工整理和付印样的通读工作，使产品的内容更完善，体例更严谨，材料更准确，语言文字更通达，逻辑更严密，消除一般技术性差错，防止出现原则性错误，并负责对各出版环节的质量进行监督。为保证数字出版产品质量，也可根据产品情况，适当增加责任编辑人数。

3. 责任校对制度

数字出版单位应坚持责任校对制度和"三校一读"制度。专业校对也是出版流程中不可缺少的环节,直接影响数字出版产品的质量。数字出版单位应配备足够的具有专业技术职称的专职校对人员,负责专业校对工作。数字出版单位每出一种出版物,都要指定一名具有专业技术职称的专职校对人员为责任校对,负责文字技术整理工作。一般出版物的专业校对应不低于三个校次,重点出版物应相应增加校次。终校必须由数字出版单位内具有中级以上专业技术职称的专职校对人员担任。聘请的社外校对人员,必须具有相应的专业技术职称和丰富的校对经验。

（1）一校

由一校人员对待加工的内容资源进行第一次校对,责任编辑在此基础上进行问题处理,处理后发送至产品质量管控部门。

（2）二校

在第一次校对的基础上,二校人员参考、合并作者方的修改建议,进行并样和第二次校对,责任编辑处理二校后遗留问题。

（3）三校

三校人员在二校基础上进行第三次校对,责任编辑处理三校后遗留问题。

（4）整理

责任校对脱离原稿审查待加工内容资源,对资源进行文字技术整理,使得内容质量达到制作要求,责任编辑处理最后遗留问题。

（五）作者实名注册制度

根据《关于进一步加强网络文学出版管理的通知》,网络文学出版单位要严格规范登载发布行为,实行网络文学创作者实名注册制度。按照"后台实名、前台自愿"的原则,网络文学出版单位必须要求创作者提供真实身份信息,不得为未使用真实身份信息注册的创作者提供相关服务,并对收集的信息严格保密,确保创作者信息安全。网络文学出版单位应在平台上明示登载规则和服务约定,对创作者登载发布行为提出明确要求,既保障合理权益,又实施有效约束。登载发布原创作品,须在作品封面或内容首页显著位置标明书名、作者、责任编辑及版权说明等相关信息。互联网公众账号服务商、应用商店等首发网络文学作品的,按照上述要求进行管理;从事分发业务的,须加强审核力量建设,对分发产品及内容进行跟踪把关,对出现的问题承担相应责任。提供公众账号和应用商店服务的互联网平台按照上述要求加强监测管理,承担相应主体责任。

（六）年度核验制度

年度核验制度是指出版主管部门依法按年度对数字出版单位进行检验,确认数字出版单位继续经营资格的制度。年度核验是出版主管部门对数字出版单位经营行为的合法性进行监督管理的方式,通过年度核验对数字出版单位一年来遵守国家法律、法规和政策规定的情况进行监督检查;纠正并处理数字出版单位的违法、违章行为,发现带有倾向性的问题,为研究制定相应对策打下基础。出版主管部门通过年度核验可以掌握数字出版单位的各种信息,从而对数字出版单位进行政策、法规指导。

《网络出版服务管理规定》第三十八条规定,从事网络出版服务的数字出版单位实行年度核验制度,年度核验每年进行一次。省、自治区、直辖市出版主管部门负责对本行政区域内的网络出版服务单位实施年度核验并将有关情况报国家出版主管部门备案。年度核验内容包括网络出版服务单位的设立条件、登记项目、出版经营情况、出版质量、遵守法律规范、内部管理情况等。

1. 年度核验程序

《网络出版服务管理规定》第三十九条和第四十一条规定了年度核验的具体程序。

(1) 数字出版单位提交年度自检报告和《网络出版服务年度核验登记表》。年度自检报告的内容包括该单位本年度政策法律执行情况,奖惩情况,网站出版、管理、运营绩效情况,网络出版物目录,对年度核验期内的违法违规行为的整改情况,编辑出版人员培训管理情况等;《网络出版服务年度核验登记表》由国家出版主管部门统一印制。

(2) 所在地省、自治区、直辖市出版主管部门对提交材料进行全面审核查验后,对符合年度核验要求的数字出版单位予以登记,并在其《网络出版服务许可证》上加盖年度核验章;对已经不具备从事网络出版服务条件的数字出版单位予以责令限期改正,逾期仍未改正的,不予通过年度核验,由国家出版主管部门撤销《网络出版服务许可证》,所在地省、自治区、直辖市出版主管部门注销登记,并通知当地电信主管部门依法处理。

(3) 省、自治区、直辖市出版主管部门将年度核验情况及有关书面材料报国家出版主管部门备案。

2. 暂缓年度核验

《网络出版服务管理规定》第四十条规定,对于存在下列情形之一的,暂缓年度核验:

(1) 正在停业整顿的。

(2) 违反出版法规规章,应予处罚的。

(3) 未按要求执行出版行政主管部门相关管理规定的。

（4）内部管理混乱,无正当理由未开展实质性数字出版服务活动的。

（5）存在侵犯著作权等其他违法嫌疑需要进一步核查的。

暂缓年度核验的期限由省、自治区、直辖市出版主管部门确定,报国家出版主管部门备案,最长不得超过 180 日。暂缓年度核验期间,数字出版单位须停止数字出版服务,待暂缓核验期满,重新办理年度核验手续。

3.网络文学出版服务单位社会效益评估

为加强对数字出版单位的引导,实现社会效益和经济效益相统一,出版主管部门以网络文学出版服务单位为对象,出台了《网络文学出版服务单位社会效益评估试行办法》作为实施网络文学出版服务单位社会效益评估的依据。网络文学出版服务单位社会效益评估坚持客观、公正、公平原则,采取定性评价与定量考核、单位自评与管理部门考核相结合的工作方法,通过量化指标体系对其社会效益进行考核评价。

（1）评估内容

网络文学出版服务单位社会效益评估分为出版质量、传播能力、内容创新、制度建设、社会和文化影响五项。其中,出版质量、传播能力、内容创新、制度建设四项为基本分,社会和文化影响为加分项。网络文学出版服务单位社会效益评估的具体评估指标和计分标准如表 4-4 所示,表中 1—61 项为基本分部分,合计 100 分,根据实际情况按计分标准扣减,但不超过各项指标最高赋值。62—77 项为加分项,合计 30 分,根据实际情况按计分标准加分,但不超过各项指标最高赋值。评估最低分为 0 分。

表4-4 网络文学出版服务单位社会效益
试行评估指标和计分标准

序号	一级指标	二级指标	计 分 标 准
1	出版质量 (45分)	价值引领 和思想格 调(30分)	1. 坚持社会主义先进文化前进方向,弘扬社会主义核心价值观,注重作品价值引导、精神引领、审美启迪等方面的作用,大力出版主旋律、正能量作品,全年未发现有错误导向问题的作品,计30分。
2			2. 无明显违规内容,但缺乏积极措施引导内容创作,主旋律不高昂、正能量不突出,弘扬社会主义核心价值观的作品比例低,视情况扣10—20分。
3			3. 无明显违规内容,但以人民为中心的创作出版导向不明显,存在娱乐至上、低俗猎奇现象,价值引领作用弱,视情况扣10—20分。
4			4. 漠视公序良俗、道德规范,混淆审美,作品存在违背正确人生观、价值观、伦理观、道德观问题的,视情况扣10—20分。
5			5. 出版思想消极、格调不高的作品,被读者投诉或举报、社会影响不好的,扣1分/部。
6			6. 把关意识不强,出版内容低俗、价值取向有问题的作品,被专家或媒体评论批评,扣2分/部。

序号	一级指标	二级指标	计 分 标 准
7		价值引领和思想格调(30分)	7. 对涉及党史、军史、国史等题材作品缺乏把握能力,歪曲历史,戏说史实,亵渎经典,主观臆造成分多,引起社会不良反响的,扣3—5分/部。
8			8. 因导向偏差,被出版行政主管部门开展的网络文学出版服务单位作品阅评点名批评,扣3分/部。
9			9. 作品违反《出版管理条例》《网络出版服务管理规定》等法律法规相关规定,被行政管理部门处罚,扣5—8分/部。
10			10. 出现严重政治差错,社会影响恶劣,实行一票否决,整体评估为不合格。
11	出版质量(45分)	文学价值和文化传承(10分)	1. 积极出版思想性、艺术性和可读性有机统一的精品佳作,传承和弘扬中华优秀传统文化,作品整体具有较高文学水平和艺术价值,较好地满足人民群众精神文化需求,计10分。
12			2. 无明显违规内容,但缺乏积极措施引导精品创作,忽视作品艺术追求和文学坚守,较多作品文学水平低、艺术价值差,视情况扣5—10分。
13			3. 无明显违规内容,但缺乏措施传承发扬中华优秀传统文化,漠视中华文化立场及中华审美风范,视情况扣5—10分。
14			4. 内容粗制滥造,立意苍白、语言粗俗,被读者投诉举报或被媒体、专家批评,扣1分/部。

序号	一级指标	二级指标	计　分　标　准
15	出版质量（45分）	文学价值和文化传承（10分）	5. 因艺术品质低下，被出版行政主管部门开展的网络文学出版服务单位作品阅评点名批评或被专家、媒体公开评论批评，扣2分/部。
16		编校质量（3分）	1. 作品封面、插图等设计明显不符合作品思想内容或存在差错，扣1分。
17			2. 文字使用不规范，不符合《出版物汉字使用管理规定》等相关规定，扣2分。
18			3. 编校差错严重，超过《图书质量管理规定》图书差错率标准3倍，扣3分。
19		资源管理（2分）	内容资源管理混乱，作品链接、作者署名、后台管理等存在较多差错或不足，扣2分。
20	传播能力（15分）	平台首页和栏目建设（5分）	1. 未重视对践行社会主义核心价值观、弘扬真善美、传播正能量作品的重点推介，扣3—5分。
21			2. 刻意迎合市场需求，平台首页或栏目设置存在唯点击率倾向，扣5分。
22			3. 在平台首页或重点栏目推介缺乏文学内涵与艺术审美的作品，扣2分/部。
23			4. 在平台首页或重点栏目推介导向有严重问题的作品，实行一票否决，整体评估为不合格。
24		排行榜设置（5分）	1. 忽视排行榜编辑把关，缺乏有效措施发挥排行榜示范导向作用，扣3分。

续　表

序号	一级指标	二级指标	计　分　标　准
25	传播能力（15分）	排行榜设置（5分）	2. 刻意迎合市场需求，排行榜设置存在唯点击率倾向，扣5分。
26		投送效能（3分）	1. 对主旋律、正能量作品缺乏宣传推广，技术、手段落后，扣1分。
27			2. 虚假宣传、夸大宣传，以不诚信手段等误导读者，诱导消费，扣2分。
28			3. 追求市场轰动效应，策划不当宣传方法，引起社会不良反响，扣3分。
29		评论引导（2分）	对网站评论区管理不善，忽视评论引导作用，不实事求是，不能坚持人民评价、专家评价和市场检验的统一评价标准，误导读者或社会舆论，扣2分。
30	内容创新（10分）	丰富性和多样化（5分）	1. 不注重内容丰富性、主题多样化，整体作品题材单一，主题单调，结构失衡，扣2分。
31			2. 较多作品内容雷同、抄袭模仿、千篇一律，同质化现象较普遍，扣5分。
32		创造性和个性化（5分）	1. 原创能力不够，作品体裁、形式、风格、叙事方式等缺少特色，扣2分。
33			2. 创新精神不足，观念陈旧、手段落后，缺乏积极措施激发和调动作者创作活力，扣3分。
34			3. 片面追求作品点击率，存在机械化生产、快餐式消费倾向，扣5分。

序号	一级指标	二级指标	计 分 标 准
35		编辑责任制度（5分）	1. 建立较完备制度，但执行不力或编校人员数量不能保障日常工作，扣2分。
36			2. 关键岗位缺失，制度不健全，内容把关不严，扣3—5分。
37			3. 未建立编辑责任制度，扣5分。
38		作者和读者服务制度（4分）	1. 建立较完备作者、读者服务制度，但未严格执行，扣2分。
39	制度建设（30分）		2. 作者服务制度不健全，作者实名注册、个人信息保护等关键措施缺失，导致损害作者权益，扣3—4分。
40			3. 读者服务制度不健全，对读者反馈、合理要求不响应，导致损害读者权益，扣2—3分。
41			4. 未建立作者、读者服务制度，扣5分。
42		作品管理及质量控制制度（5分）	1. 建立较完备制度，但执行不力，扣2分。
43			2. 制度不健全，致使内容质量低下，扣3—5分。
44			3. 未建立作品管理及质量控制制度，扣5分。
45		版权管理制度（4分）	1. 建立较完备制度，但执行不力，扣2分。
46			2. 制度不健全，不能保护作者、消费者合法权益，扣3分。

序号	一级指标	二级指标	计　分　标　准
47	制度建设 (30分)	版权管理 制度(4分)	3. 制度存在缺失,因抄袭、侵权盗版等行为在社会引起负面评价,扣4分。
48			4. 未建立版权管理制度,扣4分。
49		队伍建设 和人才培 养机制(4 分)	1. 不重视队伍建设,人才结构不合理,扣1分。
50			2. 不重视人才培养,编辑等相关岗位人员不具备相关资质或全年未参加相关岗位培训,关键岗位人员不胜任工作未能及时调整,扣3分。
51			3. 人员存在违反职业道德、职业精神问题,社会影响恶劣,扣1分/人次。
52			4. 队伍管理混乱,人员出现违法违纪现象,扣2分/人次。
53			5. 缺乏队伍建设和人才培养的有效措施、相关机制,扣4分。
54		经营管理 制度(4分)	1. 建立较完备制度,但执行不力,扣1分。
55			2. 制度不健全,违反行业规范或市场规则,不能诚信经营,在社会引起负面效应,扣1分/次。
56			3. 经营管理混乱,被相关管理部门处罚,扣2分/次。
57		党建和思 想政治工 作(4分)	1. 不重视党建工作,党组织机构不健全,未正常开展党组织活动,扣4分。

序号	一级指标	二级指标	计　分　标　准
58	制度建设 (30分)	党建和思想政治工作(4分)	2. 编辑等关键岗位党员不能发挥先锋模范作用，扣3分。
59			3. 未采取有效措施加强员工思想教育，企业精神缺失，发展理念不足，扣2分。
60			4. 不重视员工思想动态和利益诉求，不能很好地解决员工思想或实际问题，扣1分。
61			5. 违反政治纪律和政治规矩等重大问题，实行一票否决，整体评估为不合格。
62	社会和文化影响 (30分)	荣誉奖项 (7分)	1. 作品获得省市级奖项、扶持或地区推介等，加1分/部。
63			2. 作品获得国家级奖项、扶持或全国性推介等，加2分/部。
64			3. 单位或单位员工获得省市级奖项、奖励等，加1分/人(次)。
65			4. 单位或单位员工获得国家级奖项、奖励等，加2分/人(次)。
66			5. 上述加分最高累计7分。
67		社会评价 (7分)	1. 作品被中央媒体或专业权威媒体宣传报道，影响积极正面，效果突出，加2分/部。

序号	一级指标	二级指标	计　分　标　准
68	社会和文化影响（30分）	社会评价（7分）	2. 作品被专家研究或评论,在学界产生一定影响,或被第三方专业机构重点研讨和传播,具有积极正面作用,加2分/部。
69			3. 作品读者关注度高,收藏量超过5 000,影响积极正面,加1分/部。
70			4. 单位或单位员工被中央媒体或专业权威媒体作为正面典型宣传报道,效果突出,加2分/人(次)。
71			5. 上述加分最高累计7分。
72		文化影响（7分）	1. 作品版权转化出版图书,受到读者喜爱,加1分/部。
73			2. 作品版权改编影视剧、游戏等,在社会公众中产生积极影响,加2分/部。
74			3. 上述加分最高累计7分。
75		国际影响（7分）	1. 作品签订版权输出合同,或被国外研究者评论、译介,在世界舞台讲述中国故事、传播中国声音、阐发中国精神,产生良好影响,加1分/部。
76			2. 上述加分最高累计7分。
77		公益服务（2分）	积极参与社会捐赠,参与全民阅读、农家书屋建设等,视效果及影响加1—2分。

（2）评估程序

网络文学出版服务单位社会效益评估按年度进行，由单位自评、属地出版行政主管部门评价考核两个部分组成。具体程序如下。

① 每年 1 月底前，网络文学出版服务单位按照《网络文学出版服务单位社会效益评估试行办法》及属地出版行政主管部门要求，对上年度社会效益情况进行打分自评，同时形成社会效益自评报告，报送属地出版行政主管部门。

② 属地出版行政主管部门按照《网络文学出版服务单位社会效益评估试行办法》，组织或委托专业机构对网络文学出版服务单位自评分数及自评报告进行分析、复评、认定，确定其得分和等级。

③ 每年 3 月底前，各省级出版行政主管部门将本地区网络文学出版服务单位社会效益评估报告及考核结果汇总，报送国家出版行政主管部门备案。

④ 国家出版行政主管部门对各地报送的网络文学出版服务单位社会效益评估情况进行抽查，对弄虚作假、瞒报问题或不按时完成评估的，进行严肃处理。

（3）评估结果

网络文学出版服务单位社会效益评估结果分为优秀（90 分及以上）、良好（80—89 分）、合格（60—79 分）、不合格（60 分以下）四个等级。若网络文学出版服务单位出版作品出现严重政治差错、社会影响恶劣，在平台首页或重点栏目推介导向有严重问题的作品，违反政治纪律和政治规矩等，社会效益评估实行"一票否决"，评估结果为不合格。

对社会效益评估结果为不合格的网络文学出版服务单位，属地省级出版行政主管部门要进行通报批评，及时约谈其负责人，同时取消其当年参与各类评优、评奖资格。连续两年社会效益评估不合格的网络文学出版服务单位，由国家出版行政主管部门通报批评，约谈其负责人并提出整改要求。存在违法违规行为的，依据《出版管理条例》《网络出版服务管理规定》等法律法规进行处罚。网络文学出版服务单位社会效益评估结果连续两年为优秀的，在评先树优、作品推介、对外交流及相关出版基金和专项资金等方面予以优先支持。

二、对数字出版从业人员的管理

数字出版从业人员是指在数字出版单位中从事编辑、出版、校对、运营工作的人员以及数字出版单位中的其他相关人员。对数字出版单位从业人员的管理包括职业资格制度、继续教育制度和职业道德规范。

（一）职业资格制度

《网络出版服务管理规定》第四十四条规定："从事网络出版服务的编辑出版等相关专业技术人员及其负责人应当符合国家关于编辑出版等相关专业技术人员职业资格管理的有关规定。"《出版专业技术人员职业资格管理规定》第二条规定："国家对在报纸、期刊、图书、音像、电子、网络出版单位从事出版专业技术工作的人员实行职业资格制度，对职业资格实行登记注册管理。"其中，数字出版单位的出版专业技术人员是指在数字出版单位内承担内容加工整理、装帧和版式设计等工作的编辑人员和校对人员。

出版专业技术人员职业资格分为初级、中级和高级。初级、中级职业资格通过全国出版专业技术人员职业资格考试取得，由国家统一组织、统一时间、统一大纲、统一试题、统一标准、统一证书。高级职业资格通过考试、按规定评审取得。凡在数字出版单位从事出版专业技术工作的人员，必须在到岗2年内取得出版专业职业资格证书，并办理登记手续；否则，不得继续从事出版专业技术工作。在数字出版单位担任社长、总编辑、主编、编辑室主任(均含副职)职务的人员，必须具有中级以上出版专业职业资格并履行登记、注册手续。

1. 出版专业技术人员职业资格考试

根据《出版专业技术人员职业资格考试暂行规定》，凡报名参加出版专业资格考试的人员，必须遵守中华人民共和国宪法和各项法律，认真贯彻执行党和国家有关宣传出版工作的方针、政策，热爱出版工作，恪守职业道德。

报名参加出版专业初级资格考试的人员，必须取得大学专科以上学历，或在《出版专业技术人员职业资格考试暂行规定》发布之日前已受聘担任技术设计员或三级校对专业技术职务。

报名参加出版专业中级资格考试的人员，必须具备下列条件之一：① 取得大学专科学历，从事出版专业工作满5年；② 取得大学本科学历，从事出版专业工作满4年；③ 取得双学士学位或研究生班毕业，从事出版专业工作满2年；④ 取得硕士学位，从事出版专业工作满1年；⑤ 取得博士学位；⑥《出版专业技术人员职业资格考试暂行规定》发布之日前，按国家统一规定已受聘担任助理编辑、助理技术编辑、二级校对专业技术职务满4年；⑦《出版专业技术人员职业资格考试暂行规定》发布之日前,受聘担任非出版专业中级专业技术职务,从事出版专业技术岗位工作满1年。

不具有完全民事行为能力、违反出版法规受到严厉惩处或有刑事犯罪记录的,不得申请参加出版专业资格考试。伪造学历和出版专业工作资历证明、考试期间有违纪行为或符合国务院新闻出版和人事行政主管部门规定的其他情形的,由出版主管部门吊销其专业技术资格,由发证机关收回其职业资格证书,2年内不得再参加出版专业资格考试。

2. 职业资格登记

根据《出版专业技术人员职业资格管理规定》第二章规定,已取得出版专业技术人员职业资格证书的人员,应当在取得证书后3个月内申请职业资格登记;未能及时登记的,在按规定参加继续教育的情况下,可以保留其5年内申请职业资格登记的资格。职业资格登记有效期3年,每3年续展登记一次。续展登记时,由申请人所在出版单位于有效期满前30日内申请办理续展登记手续;如有特殊情况,登记有效期可适当延长,但最长不超过3个月,逾期仍不办理续展登记手续的,原登记自动失效。职业资格登记失效后,按规定参加继续教育的,可以保留其5年内申请职业资格续展登记的资格。已登记的出版专业技术人员变更出版单位或取得高一级职业资格的,应在3个月内按职业资格首次登记程序申请变更登记。

3. 责任编辑注册

根据《出版专业技术人员职业资格管理规定》第三章规定,在出版单位拟担任责任编辑的人员,首先必须在到岗前取得中级以上出版专业职业资格并进行职业资格登记,然后申请责任编辑注册,取得责任编辑证书后,方可从事责任编辑工作。责任编辑注册申请可与职业资格登记申请同时提出。责任编辑注册有效期3年,每3年续展注册一次。续展注册时,由申请人所在出版单位于有效期满前30日内申请办理续展注册手续;如有特殊情况,注册有效期可适当延长,但最长不超过3个月,逾期仍不办理续展注册手续的,原注册自动失效。责任编辑注册失效后,按规定参加继续教育的,可以保留其5年内申请责任编辑续展注册的资格。已注册的责任编辑变更出版单位或取得高一级职业资格的,应在3个月内按责任编辑首次注册程序申请变更注册。责任编辑调离出版单位并不再从事责任编辑工作的,由原所在的出版单位收回责任编辑证书,并交原注册机构统一销毁。

4. 出版专业技术人员职称制度

根据《关于深化出版专业技术人员职称制度改革的指导意见》,出版专业技术人员职称设初级、中级、高级,初级只设助理级,高级分设副高级和正高级。初级、中级、副高级、正高级的名称分别为助理编辑、编辑、副编审、编审。原技术设计员、助理技术编辑、三级校对、二级校对对应助理编辑,原技术编辑、一级校对对应编辑。职称制度与职业资格制度相衔接,出版专业技术人员初级、中级实行以考代评的方式,不再进行相应的职称评审或认定,通过出版专业技术人员职业资格考试取得的初级、中级职业资格,即对应相应层级的职称,并作为申报高一级职称的条件。副高级和正高级一般采取评审方式。职称评审坚持同行评议,综合采用个人述职、面试答辩、业绩展示等多种形式,确保客观公正。出版专业技术人员各层级职称分别与事业单位专业技术岗位等级相对应。正高级对应专业技术岗位一至四级,副高级对应专业技术岗位五至七级,中级对应专业技术岗位八至十级,初级对应专业技术岗位十一至十三级。

出版专业技术人员参加各层级职称评审的,必须遵守中华人民共和国宪法和法律法规,坚持中国共产党的领导,拥护党的基本理论、基本路线和基本方略,忠于党的出版事业;必须坚持党性原则,坚持马克思主义新闻出版观,坚持以人民为中心的工作导向,认真履行出版工作职责使命;必须具备良好的思想政治素养和职业道德、敬业精神,作风端正;必须热爱出版工作,具备相应的出版专业知识和业务技能,认真履行岗位职责,按照规定参加继续教育。此外,出版专业技术人员参加各层级职称评审还应分别具备以下条件,若出版专业技术人员不具备下述规定的学历、年限等要求,业绩突出、作出过重要贡献的,可破格申报,具体办法由各地区、各有关部门和单位另行制定。

(1)助理编辑

① 具有基本的马克思主义理论水平,基本掌握出版专业基础理论和专业知识。

② 了解出版工作规律,基本具备从事出版选题策划、编辑校对、设计制作等工作的能力,能够胜任出版专业基础性工作。

③ 具备大学专科及以上学历。

(2)编辑

① 具有一定的马克思主义理论水平,掌握出版专业基础理论和专业知识,有一定的出版学术水平。

② 熟悉出版工作规律,有一定的出版选题策划、编辑校对、设计制作等实践经验,能够独立开展某一方面的出版专业工作,

能基本解决工作中的疑难问题,基本能创造性地开展工作。

③ 能够指导初级出版专业技术人员开展工作。

④ 具备博士学位;或具备硕士学位,从事出版专业工作满 1 年;或具备双学士学位、第二学士学位或研究生班毕业,从事出版专业工作满 2 年;或具备大学本科学历或学士学位,从事出版专业工作满 4 年;或具备大学专科学历,从事出版专业工作满 5 年。

(3)副编审

① 具有相当的马克思主义理论水平,全面掌握出版专业理论和专业知识,有一定的出版学术造诣。

② 全面掌握出版工作规律,有较深厚扎实的出版选题策划、编辑校对、设计制作等实践功底,出版工作经验比较丰富,能解决工作中的疑难问题,能够创造性地开展工作,工作业绩显著,参与出版了为社会所认可的、有一定影响力的出版物,或参与开展了有一定行业影响力的出版工程项目等。

③ 是出版专业领域的业务骨干,具有指导、培养中级及以下出版专业技术人员的能力。

④ 取得一定的出版相关理论研究成果,或主持完成出版相关行业标准、研究课题、调研报告等。

⑤ 具备博士学位,从事出版专业工作满 2 年;或具备大学本科及以上学历或学士及以上学位,取得编辑职称后,从事出版专业工作满 5 年。

(4)编审

① 具有较高的马克思主义理论水平,系统掌握出版专业理论和专业知识,有较高的出版学术造诣。

② 系统掌握出版工作规律,有深厚扎实的出版选题策划、编辑校对、设计制作等实践功底,出版工作经验丰富,能解决工作中的重大疑难问题,在出版工作方面有重大创新,工作业绩卓著,在出版界有一定影响,主持出版了为社会所认可的、有较大影响力的出版物,或主持开展了有较大行业影响力的出版工程项目等。

③ 是出版专业领域的业务带头人,具有指导、培养副高级及以下出版专业技术人员的能力。

④ 取得重大出版相关理论研究成果,或其他创造性出版相关研究成果,推动出版业发展。

⑤ 具备大学本科及以上学历或学士及以上学位,取得副编审职称后,从事出版专业工作满5年。

（二）继续教育制度

出版专业技术人员的继续教育工作按《出版专业技术人员继续教育规定》开展。自从事出版工作的下一年度开始,出版专业技术人员必须参加继续教育。数字出版单位应当对本单位出版专业技术人员参加继续教育的种类、内容、时间和考试考核结果等情况进行记录,及时登录有关网站提交继续教育情况,完成学时审核登记的初审。同时,建立本单位出版专业技术人员继续教育与使用、晋升相衔接的激励机制,把出版专业技术人员参加继续教育情况作为出版专业技术人员考核评价、岗位聘用的重要依据。出版专业技术人员参加继续教育情况,应当作为聘任专业技术职务或者申报评定上一级职称的重要条件,作为出版专业技术人员职业资格登记注册（续展）的必要条件。这些规定将会推进出版专业技术人员继续教育科学化、制度化、规范化,培养、造就高素养的出版专业技术人员队伍。

1. 继续教育内容

出版专业技术人员继续教育内容包括公需科目和专业科目。

公需科目包括出版专业技术人员应当普遍掌握的政治理论、法律法规、职业道德等基本知识。要把学习贯彻习近平新时代中国特色社会主义思想作为首要任务,坚持及时学、系统学、深入学,引导出版专业技术人员系统掌握科学体系、精髓要义和实践要求,真正做到学懂弄通做实。

专业科目包括出版专业技术人员必须具备并应当掌握的出版政策法规、编辑业务知识,编校技能和质量要求,装帧和版式设计、信息资源集成开发、版权运营管理等专业知识,以及与行业发展相关的新知识、新技术、新技能。

国家出版主管部门会同人力资源社会保障部根据出版专业技术人员不同岗位、类别和层次,统筹规划继续教育课程和教材体系建设,定期发布继续教育公需科目指南、专业科目指南,对继续教育内容进行指导。

2. 继续教育形式

出版专业技术人员可以选择参加继续教育的形式。具体形式如下:

① 参加省级及以上出版主管部门、人力资源社会保障部门及其公布的继续教育机构组织的面授、网络远程等继续教育活动。

② 参加国家教育行政主管部门承认的本科及以上相关专业学历(学位)教育。

③ 承担省级及以上出版主管部门或相关行业协会的出版类研究课题,或承担国家级科研基金项目。

④ 在拥有国内统一连续出版物号、经国家出版主管部门认定的学术期刊上发表出版类或与工作相关的学术论文,公开出版与工作职责相关的学术著作、译著和整理的古籍图书。

⑤ 担任省级及以上出版主管部门或相关行业协会举办的培训班、学术会议、专题讲座等授课(报告)人。

⑥ 参加全国出版专业技术人员职业资格考试及命题、审题、阅卷工作。

⑦ 参加所在单位或相关专业机构组织的与本单位出版范围相关的专业类培训。

⑧ 参加省级及以上出版主管部门组织的出版物质量审读、评审工作。

⑨ 参加省级及以上新闻出版主管部门组织举办的编校大赛获得优秀以上等次。

⑩ 省级及以上新闻出版主管部门、人力资源社会保障部门认可的其他继续教育方式。

出版专业技术人员继续教育要根据出版工作特点,综合运用讲授式、研讨式、案例式等教学方法,积极探索适应信息化发展趋势的网络培训有效方式,统筹推进线上线下相结合的培训模式,充分运用"学习强国"学习平台优质资源,不断深化新知识、新技术、新技能等的培训。

3. 继续教育学时

出版专业技术人员参加继续教育的时间每年累计不少于90学时。其中,专业科目学时一般不少于总学时的三分之二。

出版专业技术人员参加继续教育取得的学时，在全国范围内当年度有效，不得结转或顺延至下一年度。若出版专业技术人员由于伤、病、孕等特殊原因无法在当年度完成继续教育学时的，可由所在单位提供证明，经省级及以上出版主管部门审核确认后，应参加继续教育的学时顺延至下一年度合并完成。继续教育学时具体计算标准如下：

① 参加省级及以上新闻出版主管部门、人力资源社会保障部门及其公布的继续教育机构组织的面授培训，每天按 8 学时计算；参加网络远程培训，按实际学时计算，每年最多不超过 40 学时。

② 参加国家教育行政主管部门承认的本科及以上相关专业学历（学位）教育，获得学历（学位）当年度折算为 40 学时。

③ 独立承担省级及以上新闻出版主管部门或相关行业协会的出版类研究课题，或独立承担国家级科研基金项目，课题结项的，当年度每项折算为 40 学时；与他人合作完成的，主持人每项折算为 30 学时，参与人每人每项折算为 10 学时。

④ 独立公开发表出版类或与工作相关的学术论文，每篇折算为 10 学时；与他人合作发表的，每人每篇折算为 5 学时，每年最多折算为 20 学时。

⑤ 独立公开出版与工作职责相关的学术著作、译著和整理的古籍图书，每本折算为 30 学时；与他人合作出版的，第一作者每本折算为 20 学时，其他作者每人每本折算为 10 学时，每年最多折算为 40 学时。

⑥ 担任省级及以上新闻出版主管部门或相关行业协会举办的培训班、学术会议、专题讲座等授课（报告）人，按实际授课

(报告)时间的 6 倍计算学时。

⑦ 参加全国出版专业技术人员职业资格考试,每通过一科,下一年度折算为 30 学时。

⑧ 参加全国出版专业技术人员职业资格考试命题、审题、阅卷,省级及以上新闻出版主管部门组织的出版物质量审读、评审工作,或在编校大赛中获得优秀以上等次,折算为 30 学时。

⑨ 参加所在单位或相关专业机构组织的与本单位出版范围相关的专业类培训,每年最多折算为 30 学时。

（三）职业道德规范

所谓道德,是指依靠社会舆论、传统习惯、教育和信念的力量去调整个人与个人、个人与社会之间关系的一种特殊的行为规范。职业道德在社会道德体系中占有重要地位。职业道德是所有从业人员在职业活动中应当遵循的行为准则。出版职业道德是约束出版工作者的行为规范或准则,是出版从业人员在出版工作中应该自觉遵守的规范。出版业要实现健康发展,必须重视出版职业道德建设。数字出版作为出版行业的重要组成部分,拥有相当庞大的从业群体,必须同样重视职业道德的建设,以促进数字出版行业健康良性发展。目前我国出版界的职业道德建设主要以发布职业道德准则以及建立自律公约的形式加以实施。

1. 职业道德准则

第一,为人民服务,为社会主义服务。以促进先进生产力和先进文化的发展为己任,坚持正确的政治方向,坚持以民为本,为人民服务、为社会主义服务、为全党全国工作大局服务。解放思想、实事求是、与时俱进、开拓创新,为全面建设小康社会和培育有理想、有道德、有文化、有纪律的社会主义新人做出贡献。

第二,增强使命感和责任感,力求坚持两个效益的最佳结合。始终把社会效益放在首位,力求实现社会效益和经济效益的最佳结合,反对唯利是图、见利忘义。大力弘扬中华民族优秀传统文化,自觉维护民族团结,牢固树立为中华民族伟大复兴奋斗的历史使命感和社会责任感。

第三,树立精品意识,提高出版质量。唱响主旋律、提倡多样化,贴近实际、贴近生活、贴近群众。多出好作品,不出平庸作品,杜绝坏作品。认真把好出版物的质量关,提高内容、编校、印装质量。

第四,遵纪守法,廉洁自律。遵守党的宣传纪律和国家的法律法规,遵守出版管理的各项规章制度。自觉抵制和纠正行业不正之风,不买卖书号、刊号和版号。坚持以质取稿,不利用工作之便谋取个人名利。不参与非法出版、印刷、发行及其他违法经营活动。

第五,爱岗敬业,忠于职守。热爱本职工作,甘于岗位奉献。重视学习、善于学习、终身学习。努力掌握新知识、新技术和新技能。反对粗制滥造、玩忽职守的行为。

第六,团结协作,诚实守信。发扬集体主义精神,尊重人、理解人、关心人,互相帮助,互相爱护。讲信用,重信誉,平等竞争,用诚实劳动获得合法利益。尊重作者,保护著作权人的合法权益。

第七,艰苦奋斗,勤俭创业。谦虚谨慎,不骄不躁,密切联系群众。勤俭节约,讲求实效,反对形式主义和铺张浪费。

第八,遵守外事纪律,维护国家利益。发扬爱国主义精神,在对外交往中维护国家尊严和中国出版工作者的良好形象。

2. 自律公约

为了进一步加强出版行业的职业道德建设,2015 年 9 月 15 日,中国广播电视社会组织联合会和中国出版协会发起制定并签署了《新闻出版广播影视从业人员职业道德自律公约》(以下简称《公约》),其适用主体涵盖新闻出版广播影视机关、企事业单位和社团从业人员。该公约以践行社会主义核心价值观、追求职业理想、遵守宪法等法律法规、倡导弘扬行业良好风尚为统领,推进从业人员从"提倡"和"不为"两个方面进行职业道德自律。《公约》的签署,对于促进出版行业职业道德建设,推进从业人员自律自省具有重要的意义。

为确保《公约》具有实际约束力,其提出,签约社团应将相关内容纳入社团章程实施管理,签约社团所属的会员单位也应将相关内容纳入聘用合同、劳动合同及与合作方签订的业务合同。联合签署《公约》的社团组织,欢迎行业其他机构和人员加入自律公约,并欢迎社会各界对《公约》的实施进行监督。

根据《公约》,新闻出版广播影视从业人员实行以下职业道德行为自律:

① 维护党的领导和国家利益,不发表或传播损害党和国家形象的言论;② 秉持真实客观公正原则,不搞有偿新闻和虚假新闻;③ 传递正能量,不在网络及其他媒介上制作或传播有害信息;④ 追求健康向上的文化品位,不使用低俗粗俗媚俗的语言、文字和图像;⑤ 确保制作服务质量,不提供粗制滥造的出版物、视听作品和技术服务;⑥ 对社会公众负责,不制作、代言和传播虚假广告;⑦ 崇尚契约精神,不做出影响行业诚信和秩序的违约行为;⑧ 积极自主创新,不抄袭剽窃他人创意及成果;

⑨ 开展健康的媒介与文艺批评，不贬损他人名誉及作品；⑩ 树立良好职业形象，坚决抵制"黄赌毒"和违反公序良俗的行为。

三、数字出版人才建设与教育培训

随着新技术的不断发展，以数字化内容、数字化生产、数字化传输和数字化产品形式为特征的数字出版产业逐渐成为出版产业的重要组成部分。数字出版这种新的出版模式，需要从业人员既掌握数字技术，又懂得编辑艺术；既有较宽的理论基础知识，又有实践操作技能。在这一背景下，人才建设在出版行业的重要作用越来越凸显。媒体竞争关键是人才竞争，媒体优势核心是人才优势。要加快培养造就一支政治坚定、业务精湛、作风优良、党和人民放心的新闻舆论工作队伍。为此，出版界充分认识到人才队伍建设在行业中的战略意义，从高校课程更新、企业实习实践、行业专业培训等多方面探索出版学知识与数字技术相结合的路径，不断加快复合型人才培养的步伐。同时，政府也出台多项扶持政策，持续完善人才评价制度，制定相应的激励机制，为人才成长营造良好的环境。

（一）数字出版人才建设的回顾

党和政府历来十分重视出版人才队伍建设。中华人民共和国成立以来，我国逐渐建立起以学界高等教育、业界人才准入和职称晋升两条路径为主的较为完善的人才培养体系，为我国出版业的高质量发展提供了重要机制保障，也为数字出版业的繁荣提供了动力。

1. 学界高等教育体系

1978 年北京印刷学院的成立标志着印刷高等教育的开始，

1983年武汉大学开设图书发行管理学专业是我国图书发行高等教育的开端,1985年北京大学、复旦大学和南开大学开始招收编辑专业本科生,至此,我国编辑出版学高等教育的框架已基本构建起来。1998年公布的《普通高等学校本科专业目录》将"编辑学"与"图书出版发行学"合并为"编辑出版学",规范了编辑出版学专业的发展,为编辑出版学专业向更高层次的发展奠定了基础。2002年,教育部特批武汉大学设立"出版发行学"博士学位授权点,此后,南京大学、北京大学等高校也开始招收出版学博士,逐步推进了出版学最高层次的学位教育。随着技术的进步,传播内容、形态、渠道日益多元,媒体融合迈向纵深发展。为了适应数字化时代出版产业发展对人才的需求,2012年武汉大学在我国又一次率先获批开办数字出版专业,为编辑出版学专业家族增添新的一员,也为编辑出版学专业的发展翻开新的历史篇章。截至目前,全国共有编辑出版学本科专业建设点71个,数字出版本科专业建设点19个,出版专业学位硕士授权点28个,每年向出版行业输送5 000多名高级专门人才,为我国出版业发展奠定了坚实的人才支撑基础。

2. 业界人才准入和职称晋升体系

1980年,国务院颁布了由国家出版事业管理局和国家人事局制定的《编辑干部业务职称暂行规定》。1986年出台的《出版专业人员职务试行条例》中对编辑、技术编辑、校对的职责、任职条件和任期都作了规定,将编辑人员职称分为编审、副编审、编辑和助理编辑4个等级。2001年,人事部和新闻出版总署联合发布了《出版专业技术人员职业资格考试暂行规定》和《出版专业技术人员职业资格考试实施办法》,标志着我国出版专业技术人员职业资格制度的建立。2017 年,国家新闻出版广电总局《关于开展 2017 年度新闻出版单位高级职称评审工作的通知》中将数字编辑、数字编审、数字副编审明确列入其中。2021 年,人力资源社会保障部和国家新闻出版署联合发布《关于深化新闻专业技术人员职称制度改革的指导意见》,进一步健全了出版职称制度体系,推动出版行业形成设置合理、评价科学、管理规范、服务全面的专业技术人员职称制度。

（二）数字出版的人才扶持政策

人才素养的全面数字化转型是深化我国出版业转型升级的重点方向之一,党和政府陆续出台了多项相关政策文件支持数字出版人才的培养。

2016 年 6 月,《新闻出版业数字出版"十三五"时期发展规划》明确指出:"加强数字出版人才队伍建设,改革引进人才、使用人才、培养人才和留住人才的制度,创新考核激励机制,吸引并留住优秀高端人才;推动互联网企业与传统出版单位的人才流动和交流,改变数字出版复合人才短缺的现状;大力推进数字编辑职称资格考试,推动数字编辑职称评定体系建设。"2019 年 8 月,科技部和中共中央宣传部等六部委发布《关于促进文化和科技深度融合的指导意见》,同样要求加快建设文化和科技融合创新的领军人才及高技能人才队伍,加快复合型、创新型、外向型文化科技跨界人才的培养,鼓励国家文化和科技融合示范基地及企业与高等院校、科研机构共建人才培养基地。2020 年 9 月,中共中央办公厅、国务院办公厅印发了《关于加快推进媒体深度融合发展的意见》。该意见要求大力培养全媒体人才,实行更加积极、开放、有效的人才引进政策,提高主流媒体的人才吸引力和竞争力;优化人才队伍结构,把更多熟悉新媒体的中青年优秀人才安排到关键岗位,充分释放人才活力。

2021年12月28日,国家新闻出版署印发的《出版业"十四五"时期发展规划》进一步对数字出版人才培养作出强调,主要提出了六点要求:第一,深入开展马克思主义新闻出版观教育,推进增强"四力"教育实践工作,发挥文化名家暨"四个一批"人才、宣传思想文化青年英才等高层次人才工程作用,培养造就一批出版领军人物和出版家;第二,加强创新型、应用型、复合型人才培养,重点打造出版理论人才、优秀骨干编辑、优秀校对人才、数字出版人才、印刷发行业务能手、版权运营专家、出版国际版权贸易人才等,建设新时代出版人才矩阵;第三,推动从事网络出版业务的企业配备一支政治素养高、业务能力强、与内容生产规模相适应的编辑、审核队伍,提高对网络出版物的把关能力和水平;第四,健全以创新能力、质量、实效、贡献为导向的出版人才评价体系,对急需紧缺的特殊人才实施特殊政策,构建充分体现知识、技术等创新要素价值的激励机制,鼓励在人才引进、绩效考核等方面加大对出版融合发展业务的支持力度;第五,深化出版专业技术人员职称制度改革,推进实施完善职业技能等级认定工作,支持举办全国行业职业技能大赛,畅通数字出版从业人员职业资格考试渠道,健全完善继续教育培训和职称评定的长效机制;第六,加强出版学学科建设和专业人才培养,构建中国特色社会主义出版学学科体系。

(三)数字出版的人才培养措施

数字出版人才的建设与培养由多个主体共同发力,具体措施的落实主要从高校、政府、行业这三个层面展开。

第一，高校层面。高校作为行业人才培养的摇篮，一直走在产业发展的最前沿。为了适应当前互联网发展趋势，培养更多满足市场需求的出版人才，从2012年起，以武汉大学为首的高校紧跟时代发展潮流，陆续新增了数字出版专业。在专业课设计上以出版理论、计算机技术和信息科学理论为基础学科，并在此基础上重点开设新型的数字出版类课程。在具体的课程安排上建立了传统出版专业理论知识和数字信息技术齐头并进的平台类课程，以及以新型数字出版业务为主的模块类课程。此外，跨专业老师的联合教学、举办数字出版相关前沿讲座和研讨会等措施多管齐下。各高校不断调整出版课程设置，深化教学方式改革，改善师资配置，在此基础上着重培养具备深厚文化素养与信息技术实践技能，熟悉知识产权相关法律法规，实践能力强并富有创新精神的应用型高级专门人才。

第二，政府层面。政府部门根据数字出版行业发展的需求，不断健全完善符合新闻专业技术人员职业特点的职称制度。2014年全国出版专业技术人员职业资格考试首次将互联网出版单位从业人员纳入考试报考范围，考试内容增加了数字出版相关内容。2016年北京市在全国率先开展数字编辑职称评价工作，启动数字出版、数字新闻、数字音视频等数字编辑专业领域职称评价工作。新闻系列（数字编辑）专业职称具体包括数字新闻编辑、数字出版编辑、数字视听编辑三个领域，每个领域又分为内容编辑、技术编辑和运营维护编辑三个专业。2017年，国家新闻出版广电总局《关于开展2017年度新闻出版单位高级职称评审工作的通知》中首次提出了数字编辑、数字副编审和数字编审的评审规则,为数字出版的正副高级职称评审建立了通道。2022 年,《中华人民共和国职业分类大典》首次标注数字职业(标注为 S),数字出版编辑成为其中之一,这标志着数字出版编辑作为一个独立的职业门类得到了国家认可。数字出版人员职称制度的不断完善,对相关从业人员的管理、就业和晋升具有重要意义。

第三,行业层面。为响应政府号召,新闻出版领域积极开展了各项人才培养工程和计划。"十三五"期间,新闻出版领域深入开展与实施了"行业领军人才工程""出版青年创新人才培养工程""数字出版千人培养计划"等多个重点人才培养工程。其中重点项目"数字出版千人培养计划"的主要举措包括支持各类型高等院校开办层次各异的数字出版专业;鼓励出版单位与研究机构、高等院校联合开展数字出版人才培养;研究制定数字出版人才培养方案和选拔方案,在书报刊和音像电子出版领域分别遴选一批一线骨干从业人员进行定向培养,丰富数字出版人才体系;建立数字出版高端人才和专业人才数据库,开展年度例行培训等。"十四五"规划中的"出版领域青年人才能力提升计划"提出要"推动传统出版单位和数字出版单位加大优秀青年人才培养力度,每年遴选 30 位名编辑、30 位名校对、30 位优秀青年数字出版人才,在学习培训、课题研究、交流锻炼等方面予以支持。每年遴选 30 位报业创新发展领军人才。"这些人才培养工程和计划在全面规划与系统培养出版数字化转型人才方面均作出了有益的尝试。

第三节　数字出版产品管理

数字出版产品是数字出版活动的最终产品，是精神文化产品的物质载体，具有精神产品的特殊属性，了解有关数字出版产品的法律规定是正确从事数字出版活动的前提。目前，我国有关数字出版产品的法律规定并未严格按照产品形态进行详细划分，相关规定主要集中在《互联网文化管理暂行规定》《信息网络传播权保护条例》《网络出版服务管理规定》《电子出版物出版管理规定》等法律法规中，辅之以针对个别数字出版产品类别的特殊规定，如《网络游戏管理暂行办法》《网络音乐发展和管理的若干意见》等。这些法规对数字出版产品的管理主要表现在以下方面：一是有关数字出版产品内容的管理，二是有关数字出版产品制作的管理，三是有关数字出版产品运营的管理，四是有关数字出版产品进口活动的管理。

一、有关数字出版产品内容的管理

数字出版产品内容是数字出版产品管理的核心。自中华人民共和国成立以来，党和政府就非常重视对出版物内容的管理，数字出版产品也不例外。对数字出版产品内容的管理包括数字出版产品内容的管理方式、重大选题备案制度和违法内容禁载制度。

（一）数字出版产品内容的管理方式

我国对数字出版产品内容主要采用追惩制的管理方式，数字出版单位就产品内容承担主体责任。追惩制，亦称"事后检查"，是一种事后惩治的出版管理制度，即出版物在出版发行前不受限制，政府管理机构不对其做任何检查；出版物在出版发行后，通过有关机构审读样书或社会舆论监督，发现违法内容时，政府有关机构依照新闻出版法规或其他法律予以惩处。若数字出版单位违规出版、传播含有违法内容的数字出版产品，出版行政主管部门将视情节严重程度予以罚款、停业整顿或吊销许可证的处罚，构成犯罪的，依法追究刑事责任。

根据《关于推动网络文学健康发展的指导意见》和《关于进一步加强网络文学出版管理的通知》，各级出版行政主管部门要加快推进网络出版监管属地管理体制机制建设，加强管理部门网络出版执法队伍和监管能力建设，发挥"扫黄打非"综合协调作用，综合运用法律、行政、经济等多种方式，加大对利用网络文学传播淫秽、色情等有害内容的打击力度。建立和充实网络文学阅评队伍，加大抽查排查力度，及时发现和处理苗头性、倾向性问题。充分运用技术手段，加强监测监看，提升分析研判水平，提高科学管理效能。网络文学出版单位应在平台显著位置设置读者投诉入口，主动接受社会监督。

（二）重大选题备案制度

《网络出版服务管理规定》第二十六条规定，从事网络出版服务的数字出版单位出版涉及国家安全、社会安定等方面重大选题的内容，应当按照国家出版主管部门有关重大选题备案管理的规定办理备案手续。未经备案的重大选题内容，不得出版。重大选题备案依照《图书、期刊、音像制品、电子出版物重大选题备案办法》具体实施。

1. 重大选题的类型

2019年10月25日国家新闻出版署发布的《图书、期刊、音像制品、电子出版物重大选题备案办法》第三条规定，重大选题，指涉及国家安全、社会稳定等方面内容选题，具体包括：

（1）有关党和国家重要文件、文献选题。

（2）有关现任、曾任党和国家领导人讲话、著作、文章及其工作和生活情况的选题，有关现任党和国家主要领导人重要讲话学习读物类选题。

（3）涉及中国共产党历史、中华人民共和国历史上重大事件、重大决策过程、重要人物选题。

（4）涉及国防和军队建设及我军各个历史时期重大决策部署、重要战役战斗、重要工作、重要人物选题。

（5）集中介绍党政机构设置和领导干部情况选题。

（6）专门或集中反映、评价"文化大革命"等历史和重要事件、重要人物选题。

（7）专门反映国民党重要人物和其他上层统战对象的选题。

（8）涉及民族宗教问题选题。

（9）涉及中国国界地图选题。

（10）反映香港特别行政区、澳门特别行政区和台湾地区经济、政治、历史、文化、重要社会事务等选题。

（11）涉及苏联、东欧等社会主义时期重大事件和主要领导人选题。

（12）涉及外交方面重要工作选题。

有关重大选题范围，出版主管部门根据情况适时予以调整并另行公布。

2. 重大选题备案程序

《图书、期刊、音像制品、电子出版物重大选题备案办法》第七条至第十二条规定了重大选题备案程序。网络出版服务单位申报重大选题备案，应当通过所在地省级出版行政主管部门或主管单位进行。具体程序如下：

（1）网络出版服务单位申报材料经主管主办单位审核同意后报所在地省级出版行政主管部门，非在京的中央各部门各单位出版单位申报材料经主办单位审核同意后报所在地省级出版行政主管部门，由所在地省级出版行政主管部门报国家出版行政主管部门。

（2）在京的中央各部门各单位出版单位申报材料经主管主办单位审核同意后，由主管单位报国家出版行政主管部门。

（3）解放军和武警部队出版单位申报材料经中央军委政治工作部审核同意后报国家出版行政主管部门。

在申报重大选题备案时，应当如实、完整、规范填报并提交如下材料：

（1）省级出版行政主管部门或主管单位的备案申请报告。报告应当对申报备案的重大选题有明确审核意见；

（2）重大选题备案申报表。应当清楚填写涉及重大选题备案范围，需审核问题，需审核的具体章节、页码和待审核的人物、事件、文献、图片等内容；

（3）书稿、文章、图片或者样片、样盘、样带。书稿应当"齐清定"、经过编辑排版并装订成册，文字符合国家语言文字规范，引文注明出处；

（4）出版物"三审"意见复印件；

（5）备案需要的其他材料。包括有关部门同意立项的材料，送审照片（图片）样稿，相关部门保密审核意见等。

国家出版行政主管部门对申报备案的重大选题进行审核，必要时转请有关部门或组织专家协助审核。国家出版行政主管部门自备案受理之日起 20 日内（不含有关部门或专家协助审核时间），对备案申请予以答复或提出意见。国家出版行政主管部门审核同意的备案批复文件，两年内有效；备案批复文件超出有效期及出版物修订再版的，应当重新履行备案程序。数字出版单位应当按照出版专业分工安排重大选题出版计划，对不具备相关出版资质和编辑能力的选题，不得报备和出版；应当严格履行出版物内容把关主体责任，坚持优化结构、提高质量，严格执行选题论证、"三审三校"制度，确保政治方向、出版导向、价值取向正确。

（三）违法内容禁载制度

违法内容禁载制度规定了数字出版产品不得含有的内容。我国一直十分重视出版业对舆论宣传和精神文明建设的作用，因此对数字出版产品内容的管理十分严格，颁布了大量的法规和规章对数字出版物的内容进行规范。根据《网络出版服务管理规定》《互联网文化管理暂行规定》等相关规范性文件，数字出版产品不得含有以下内容：

（1）反对宪法确定的基本原则的；

（2）危害国家统一、主权和领土完整的；

（3）泄露国家秘密、危害国家安全或者损害国家荣誉和利益的；

（4）煽动民族仇恨、民族歧视，破坏民族团结，或者侵害民族风俗、习惯的；

（5）宣扬邪教、迷信的；

（6）散布谣言，扰乱社会秩序，破坏社会稳定的；

（7）宣扬淫秽、色情、赌博、暴力或者教唆犯罪的；

（8）侮辱或者诽谤他人，侵害他人合法权益的；

（9）危害社会公德或者民族优秀文化传统的；

（10）为保护未成年人合法权益，数字出版产品不得含有诱发未成年人模仿违反社会公德和违法犯罪行为的内容，不得含有恐怖、残酷等妨害未成年人身心健康的内容，不得含有披露未成年人个人隐私的内容；

（11）有法律、行政法规和国家规定禁止的其他内容的。

此外，《中华人民共和国网络安全法》第十二条、第十三条对数字出版产品的禁载内容作出规定："任何个人和组织使用网络应当遵守宪法法律，遵守公共秩序，尊重社会公德，不得危害网络安全，不得利用网络从事危害国家安全、荣誉和利益，煽动颠覆国家政权、推翻社会主义制度，煽动分裂国家、破坏国家统一，宣扬恐怖主义、极端主义，宣扬民族仇恨、民族歧视，传播暴力、淫秽色情信息，编造、传播虚假信息扰乱经济秩序和社会秩序，以及侵害他人名誉、隐私、知识产权和其他合法权益等活动。"根据数字出版产品内容禁载的客体对象之不同，可将禁载条款划分为从国家安全和稳定的维度来考量的禁载内容、以社会秩序的稳定为客体对象而设置的禁载内容和以个人权利和自由为客体对象而设置的禁载内容。其中，维护国家安全与社会秩序稳定是网络技术时代数字出版产品内容规制的核心。

数字出版单位应记录所出版作品的内容及其时间、网址或者域名，记录应当保存 60 日，并在国家有关部门依法查询时予以提供。若数字出版单位发现其出版的网络出版物含有上述违法内容，应当立即删除，保存有关记录，并向所在地县级以上出版行政主管部门或省、自治区、直辖市人民政府文化行政部门报告。数字出版单位违规出版、传播含有上述禁止内容的数字出版产品的，由出版行政主管部门、文化行政部门或者文化市场综合执法机构责令删除相关内容并限期改正，没收违法所得并处以罚款；情节严重的，责令限期停业整顿直至吊销《网络出版服务许可证》或《网络文化经营许可证》，电信主管部门依据通知吊销其电信业务经营许可或者责令关闭网站；构成犯罪的，依法追究刑事责任。

二、有关数字出版产品制作的管理

数字出版产品制作的管理主要包括有关数字出版产品标识的规定、有关数字出版产品形式的规定、有关数字出版产品格式的规定。由于有关数字出版产品制作的管理主要通过各种各样的标准体现，因此本部分的相关规定以标准为主。

（一）有关数字出版产品标识的规定

标识符（Identifier）是标识某个实体的一个符号。按照《都柏林核心元数据集（DCMES）》的定义，标识符是在特定环境中对资源的无歧义引用。DCMES 进一步说明，其最好的实现方法是通过符合正规标识系统的字符串或数字来标识资源，如统一资源标识符 URI、数字对象标识符 DOI、国际标准书号 ISBN。外部标识符，又称"网络标识符"或"持久标识符"，是网络环境下出版物的永久"身份证",其只标识出版物,并且无论出版物的形态、形式如何变化,始终可以用以在网络中查找到这一出版物。外部标识符只负责标识某一类资源,并通过编码注册的元数据实现资源的识别与管理。逐渐地,标识符从标识实物形态内容扩展延伸到数字内容。其具有的国际性特点使得国际文化间的交流实现了零障碍,有利于资源的查找、定位及共享。

改革开放后,我国出版产业逐步与国际接轨,出版行业标准化机构对 ISO 2108 ISBN 国际标准进行了采标,自 1987 年 1 月 1 日起,使用国际标准书号取代全国统一书号;此后,又相继采标了 ISSN、ISRC,分别作为期刊刊号和音像出版物版号,在我国行业管理和生产、流通中发挥了重要作用。但在数字出版环境下,由于载体形式的变化、内容的碎片化等原因,这些标识难以充分发挥作用,因此新闻出版业开展了数字出版标识标准的建设。目前已经发布和正在研制的标准包括《新闻出版数字资源唯一标识符 PDRI》《中国标准乐谱出版物号 ISMN》《中国标准名称标识 ISNI》《数字版权唯一标识符 DCI》及《数字出版核心基础标准研究——内容资源及元数据》等。《新闻出版数字资源唯一标识符 PDRI》针对新闻出版资源,尤其是数字内容资源进行唯一标识,方便对数字内容的查找和利用;《中国标准乐谱出版物号 ISMN》是针对各种载体形式和格式的乐谱分配的标识标准,为乐谱出版在更大范围内的传播提供了条件;《中国标准名称标识 ISNI》针对数字出版内容相关的参与方(如作者、出版商、音像制作者、发布者等)的名称进行标识,方便对内容参与方相关信息的查找和对相关权利的保护;《数字版权唯一标识符 DCI》由全国版权保护标准化技术委员会研究制定,是基于数字版权唯一的标识技术,版权登记为每件数字版权作品赋予唯一的 DCI,为开展国内外数字版权登记、交易与结算、版权监测取证等服务提供支持。

(二)有关数字出版内容加工的规定

在数字内容加工方面,主要通过制定相关标准予以规范,包括《GC/ZX 12-2014 图书数字化加工模式应用规范》《GC/ZX 13-2014 图书数字化加工规格应用规范》《GC/ZX 14-2014 图书数字资源内容标引规则》《GC/ZX 40-2016 图书产品信息加工规范》《CY/T 101 新闻出版内容资源加工规范》等。

CY/T101 系列标准是指导新闻出版单位开展图书、报纸、期刊等不同类型内容资源数字化加工、管理和交付的行业标准,由国家新闻出版广电总局数字出版司提出,全国新闻出版信息标准化委员会归口管理。该系列标准共 10 项,具体如表 4-5 所示。新闻出版单位的内容资源加工需通过多个单位和岗位的不同人员协同完成,为此需要规范和界定新闻出版内容资源加工、管理和交付过程中的术语,避免出现术语歧义,《CY/T 101.1 新闻出版内容资源加工规范第 1 部分:加工专业术语》就是为此而提出。CY/T 101 的第 2 部分到第 4 部分分别规定了数据加工与应用模式、数据加工规格和数据加工质量的基本要求,第 5 部分和第 6 部分规定了数字内容资源加工过程中的资料管理和数据管理要求,第 7 部分明确了数据交付规范,第 8 部分到第 10 部分则分别定义了图书、报纸和期刊加工的术语规范。

表4-5 新闻出版内容资源加工规范系列标准

序 号	标准编号	标 准 名 称
1	CY/T 101.1-2014	新闻出版内容资源加工规范第1部分：加工专业术语
2	CY/T 101.2-2014	新闻出版内容资源加工规范第2部分：数据加工与应用模式
3	CY/T 101.3-2014	新闻出版内容资源加工规范第3部分：数据加工规格
4	CY/T 101.4-2014	新闻出版内容资源加工规范第4部分：数据加工质量
5	CY/T 101.5-2014	新闻出版内容资源加工规范第5部分：资料管理
6	CY/T 101.6-2014	新闻出版内容资源加工规范第6部分：数据管理
7	CY/T 101.7-2014	新闻出版内容资源加工规范第7部分：数据交付
8	CY/T 101.8-2014	新闻出版内容资源加工规范第8部分：图书加工
9	CY/T 101.9-2014	新闻出版内容资源加工规范第9部分：报纸加工
10	CY/T 101.10-2014	新闻出版内容资源加工规范第10部分：期刊加工

（三）有关数字出版产品格式的规定

最初,我国数字出版的文本格式多种多样,彼此各不兼容,重复建设严重,增加了用户的使用成本,阻碍了我国数字出版内容的传播,信息孤岛现象严重。目前,我国制定了相关数字出版格式标准,为解决纷繁多样的数字出版格式提供了技术支撑。2013 年 2 月 28 日,国家新闻出版总署发布的《CY/T 88‑2013 数字阅读终端内容呈现格式》行业标准对不同终端呈现的文档格式进行了规范,对于数字出版的发展具有重大意义。

《CY/T 88‑2013 数字阅读终端内容呈现格式》旨在满足数字阅读终端阅读需求,提升终端用户阅读体验,建立一个可靠、便易、开放的电子文档格式规范,由国家新闻出版总署提出和解释,由全国新闻出版标准化技术委员会归口管理。该标准规定了数字阅读终端产品的文字、图形、图像、多媒体等内容数据的呈现格式,并适用于各类数字阅读终端。具体如表 4‑6 所示。

表 4‑6　CY/T 88‑2013 内容结构表

序　号	项　目	分　类	说　明
1	容器层结构	容器头	描述版权、版本、历史版本数量等基本信息
2		文件目录区	表示容器内文件的列表,包括文件名及其内容数据的位置
3		文件数据区	表示容器内文件的内容数据
4	组织层结构	基础数据类型	含"ID""Bool"等 14 个基本数据类型
5		文档组织方式	文档组织方式的描述

（四）有关数字出版产品技术的规定

科技发展是数字出版的主要推动力，网络出版、手机出版、电子书出版等新媒体出版形态无一不是建立在信息技术、软硬件技术发展的基础之上的。数字出版充分运用了当前的信息技术和数据管理技术，与其密切相关的主要有 Web 出版技术、数据库技术、多媒体技术、电子商务技术、数字通信技术等，它们在不同的出版领域中显现出各自的作用。因此，与数字出版产品技术相关的规定也非常之多。

与数字出版产品技术相关的法律法规包括《中华人民共和国网络安全法》《中华人民共和国数据安全法》《区块链信息服务管理规定》《关键信息基础设施安全保护条例》《计算机软件保护条例》《互联网新闻信息服务新技术新应用安全评估管理规定》《互联网信息搜索服务管理规定》《网络出版服务管理规定》等。

与数字出版产品技术相关的标准包括《GB/T 20531－2006 移动数据库应用编程接口规范》《GB/T 15837－2008 数字同步网接口要求》《GC/ZX 33－2016 图书管理系统接口规范》《GC/ZX 34－2016 出版机构系统接口规范》《GC/ZX 35－2016 发行机构系统接口规范》《GC/ZX 36－2016 CNONIX 标准符合性测试规范》等。

三、有关数字出版产品运营的管理

数字出版产品运营包括对数字出版产品的开发利用及传播。根据《关于推动网络文学健康发展的指导意见》，我国鼓励企业充分利用互联网、移动互联网，以图文、音频、视频等不同形式，对优秀原创网络文学作品进行全方位、多终端化开发利用及传播,实现一次开发生产、多种载体发布;支持网络文学企业与电子商务、金融、物流、通信等不同类型企业进行战略合作和资源整合,构建线上和线下流通相结合的投送传播体系;发挥集成汇编类文学网站作品数量大、品种多、目标用户定位准等特点,打造开放式、综合性、多功能网络文学作品投送平台,提高投送实效性和用户满意度,扩大优秀网络文学作品的覆盖范围。同时,《关于进一步加强网络文学出版管理的通知》也就网络文学作品相关发布信息、评奖推选活动以及导流行为作出了管理规定。首先,在网络文学作品相关发布信息上,要加强对作品排行榜、互动评论等作品相关发布信息的动态管理,正确引导用户阅读。其次,在网络文学作品评奖推选活动上,各类社会组织、媒体单位、学校和研究机构等举办全国性网络文学评奖,须向国家出版行政主管部门申请,经同意后举办;各类企业不得以任何名目举办全国性网络文学评奖。开展地方性网络文学评奖的,须经当地出版行政主管部门同意。再次,在网络文学导流行为上,要加强对网络文学导流行为的监督管理,出现传播错误内容、误导用户阅读行为的,相关网络平台应及时采取限制功能、暂停更新、关闭账号等措施。

四、有关数字出版产品进口活动的管理

数字出版产品进口,是指由数字出版产品进口经营单位进口的,在外国以及在中国香港特别行政区、澳门特别行政区和台湾地区出版的数字出版产品的行为。加强对数字出版产品进口的管理对于防范相关风险,促进社会主义文化强国建设具有重要的意义。

　　《网络出版服务管理规定》第三十二条规定,网络出版服务单位在网络上提供境外出版物,应当取得著作权合法授权。

　　《互联网文化管理暂行规定》第十五条规定,经营进口互联网文化产品的活动应当由取得文化行政部门核发的《网络文化经营许可证》的经营性互联网文化单位实施,进口互联网文化产品应当报文化部进行内容审查。文化部应当自受理内容审查申请之日起20日内(不包括专家评审所需时间)做出批准或者不批准的决定。批准的,发给批准文件;不批准的,应当说明理由。经批准的进口互联网文化产品应当在其显著位置标明文化部的批准文号,不得擅自变更产品名称或者增删产品内容。自批准之日起一年内未在国内经营的,进口单位应当报文化部备案并说明原因;决定终止进口的,文化部撤销其批准文号。经营性互联网文化单位经营的国产互联网文化产品应当自正式经营起30日内报省级以上文化行政部门备案,并在其显著位置标明文化部备案编号。

思　考　题

　　1. 我国出版工作的指导思想是什么?

　　2. 我国出版工作的方针原则有哪些?

　　3. 我国出版工作的主要任务有哪些?

　　4. 我国主要的数字出版法律法规有哪些?

　　5. 我国对数字出版单位的管理有哪些制度?

　　6. 我国数字出版单位的设立条件和设立程序分别是什么?

　　7. 编辑责任制度的主要内容是什么?

　　8. 我国对数字出版从业人员的管理有哪些制度?

9. 数字出版从业人员的职业道德有哪些?

10. 重大选题具体包括哪些内容?

11. 哪些内容是法律法规规定数字出版产品禁载的?

12. 重要的数字出版产品标识标准有哪些?

第五章

数字出版编辑工作

重点提示：编辑工作在出版工作中的地位和作用；编辑人员的基本素养，编辑与作者、读者的关系；数字出版编辑业务的内容；数字出版编辑常用工作规范；汉字使用规范，语音与拼音规范，标点符号使用规范，数字使用规范。

第一节　概　　述

编辑是指以生产出版物的精神文化内容为目的，策划、组织、审读、选择和加工作品的一种专业性的社会文化活动，是出版工作的重要组成部分。同时，"编辑"一词还指从事编辑工作的职业、岗位、人员，也指这类人员的中级技术职称。

数字出版编辑是指从事数字出版产品的策划设计、审核校对、拍摄制作、加工标引、封装测试、上线更新以及运营传播服务等工作的专业人员。

编辑工作是对作者创作作品的选择和优化,其主要宗旨是通过对所选作品的精神文化内容进行加工、整理和完善,形成适合社会和消费者需要的出版物。编辑人员是编辑工作的主体,是从事编辑工作的专业技术人员。编辑工作的好坏与编辑人员的工作质量密切相关。

一、编辑工作在出版工作中的地位和作用

不管是数字出版还是纸质出版,编辑工作在整个出版工作各环节中都居于中心地位,其主要作用体现在如下几个方面:

(一)贯彻党和国家出版方针政策的关键

出版工作对党和国家出版方针政策的贯彻执行,主要体现在出版物的类型和内容上。而对出版物类型和内容的把关,关键在于编辑工作。数字出版编辑只有牢固树立政治导向意识,深刻领会党和国家出版工作的指导思想、方针原则及各项出版政策,才能在编辑工作的各个环节严格把好内容质量关,才能防止偏离出版方针政策的不合格作品流入社会。有的都市、言情、职场等题材的数字出版作品,存在一些色情和暴力倾向;有的免费阅读模式,为吸引读者眼球不惜承接内容低俗的广告。对此,数字出版编辑要进一步加强引导和把关。数字出版编辑要在编辑工作中积极贯彻落实党和国家的各项出版方针政策,切实担负起弘扬社会主义核心价值观的历史使命,引导创作者注重表现当今这个伟大的时代,表达人们现实的经验和情感,谱写立体的、有机的、多元的中国故事;引导创作者明确新时代的历史使命,自觉从以量取胜向以质取胜转变,守正创新,不断开创数字

出版工作繁荣兴盛、健康发展的新局面。

（二）制订和实现出版计划的核心

出版计划是贯彻落实党和国家出版方针政策的具体体现。数字出版编辑要广泛深入地了解和掌握社会需求、读者心理、创作力量、出版物市场状况等，妥善处理好社会效益和经济效益的关系，策划一些符合党和国家出版方针政策、代表先进文化方向、切实符合社会和读者需求的数字出版精品。数字出版单位只有拥有数量充分、结构合理的优秀选题资源，才能形成良好的选题计划，从而科学地制订出版计划。在出版计划的实施过程中，编辑工作处于核心地位。作品只有经过编辑工作各个环节处理之后才能在网络平台上进行发布。

我国数字出版产业自发端以来，相当长一个时期处于"野蛮生长、泥沙俱下"的自然生长状态，其结果是在蓬勃发展、繁荣兴旺的表象下，出现了质量粗糙、内容低俗和背离主流价值观的问题。这些问题的出现，都是出版单位缺乏统筹规划，失去管理、约束而造成的。

近年来，在党和国家的大力监管和引导下，在出版单位的积极筹划下，现实题材、革命历史题材和知识题材等作品的创作数量显著增加，涌现出了一批优秀作品。这充分说明了编辑工作是制订和实现出版计划的核心。这些作品有的从大处着眼展开宏大叙事，全面表现新中国建设特别是改革开放的伟大成就；有的从小处着笔，描写小人物的不懈奋斗；有的从历史题材出发，描绘了一些热爱祖国、热爱人民的英雄故事。据有关方面统计，2021年，"中国"一词在读者评论中累计出现超30万次，近3年累计近百万次；"爱国"一词在读者评论中累计出现次数达1.5

万次。在书评区,随处可见的是读者在作品情感的激发下,表达出对中华优秀传统文化、中国科技发展等软硬实力的自豪之情。据阅文集团旗下"起点读书"App 统计,仅 2021 年一年,"知识"这一关键词在书评区就出现达 13 万次,"物理"出现 7 万次,"化学"出现 1.6 万次,连"高数"都出现超 5 000 次。

(三)提高出版物质量的主要保证

出版物的质量是出版产品的生命线。数字出版作品的价值取向、文学水准、思想水平以及语言文字质量,除了受作者创作水平的制约外,主要取决于编辑工作的质量。

目前,由于数字出版作品体量巨大、内容具有开放性,对其艺术价值、思想倾向、语言文字的把关有较高的难度,这导致一些网络作品内容肤浅随意、表现形式低俗,甚至出现政治导向偏离的现象。如,有的文学作品恶搞历史和文化,生造语言文字;有的文学作品跟风、抄袭、注水现象十分严重;有的文学作品无论是标题还是内容,都有一些露骨的色情、暴力、凶杀情节。又如,有的数字出版作品错别字随处可见,语法差错频出等。这些问题都是编辑工作把关不严造成的,应该引起高度重视。从这个意义上讲,编辑工作是提高数字出版物质量的主要保证。

国家出版主管部门发布的《图书质量保障体系》《图书质量管理规定》,规定了保证图书质量的"坚持选题论证制度""坚持稿件三审责任制度""坚持责任校对制度和三校一读制度"等编辑工作制度。这些管理制度确立的有关出版物质量保障的规定,是老一辈出版家经过长期的编辑出版工作实践总结出来的宝贵经验,虽然主要是针对传统图书出版,但对于数字出版编辑工作仍然具有重要的指导意义。数字出版编辑工作要认真落实贯彻国家有关出版物质量管理的规定,切实提高和保证数字出版产品和服务的质量。

(四)提高出版效益的坚实基础

出版效益包括社会效益和经济效益,是出版业赖以生存和发展的根本条件,它的好坏取决于编辑工作质量的高低。社会效益是指有益于社会主义物质文明、政治文明、精神文明和社会主义和谐建设的出版效果。因此,数字出版产品的社会效益主要取决于作品的内容质量,而其内容的质量,在很大程度上是由编辑工作决定的。编辑工作在选题策划、组稿、审稿、编辑加工等各个环节进行把关,对提高数字出版作品的内容质量和优化表现形式方面具有重要作用。高质量的数字出版产品能够很好地熏陶读者,给人以美的享受,并且能够鼓舞人、教育人、引导人,对人们的思想道德素养、科学文化素养和身体心理素养产生广泛和深远的影响,从而取得良好的社会效益。只有内容质量高的作品,才有可能引起广大读者的共鸣,获得读者较高的点击率以及较好的推广和宣传,进而取得良好的经济效益。

因此,编辑工作是提高社会效益和经济效益的坚实基础。

二、编辑人员的基本素养

编辑人员的基本素养决定着编辑工作的质量。与传统纸质出版一样,数字出版编辑人员要做好编辑工作,必须不断提高政治素养、思想素养、文化素养和职业素养。

(一)政治素养

我国社会主义出版工作的性质决定了编辑人员必须具备较

高的政治素养。不论是传统纸质出版的编辑，还是数字出版编辑，首先要懂政治、讲政治，以确保出版物正确的政治导向。数字出版编辑在工作中必须与党中央保持高度一致，严格贯彻执行党和国家有关出版的法律法规及相关规章制度，坚决杜绝有政治性错误的舆论和选题，对涉及导向问题的作品内容进行严格把关。其次，在数字出版的环境中，数字出版编辑肩负着传播先进文化、传承优秀传统文化的社会责任。所以，编辑人员要自觉坚持运用马克思主义立场、观点和方法分析问题，树立崇高的政治责任感和文化使命感，严格遵守政治纪律和出版工作的各项政策规定；要不断增强政治敏锐性和政治鉴别力，具备较高的政治素养，能明辨是非，分清科学与迷信，区分美与丑、积极健康与消极庸俗。对涉及政治原则的问题，要保持高度警觉，善于发现作品原稿中的政治导向性问题，及时消除各种政治错误，坚决杜绝数字出版作品中的政治性差错。

（二）思想素养

我国社会主义出版工作代表先进文化的前进方向，决定了编辑人员必须具备较高的思想素养，包括文化的追求、科学的信仰、高尚的道德和美好的情操。

出版物的思想品位往往与编辑人员的思想素养密切相关。编辑人员的思想素养不高，对网络出版内容的把关不严，就容易放任某些内容荒诞、趣味低俗的文学作品在网上流传。如，某些文学作品的名称拟得暧昧、香艳，某些文学作品的内容提要写得暗含挑逗意味，某些免费阅读模式的广告内容充满低级趣味，等等。大量的出版实践证明，要提高出版物的思想品位，必须首先提高编辑人员的思想素养。数字出版编辑要把社会效益放在首位,同时兼顾经济效益,挖掘符合时代发展需要的有价值的选题和作品,而不能单纯迎合市场需求,一味听从市场的驱使。

在我国现当代出版史上,曾经出现过像鲁迅、叶圣陶这样的编辑大家和文学大家。鲁迅先生为年轻作者呕心沥血,叶圣陶先生为编辑工作一心耕耘、"俯仰两无愧"。今天的数字出版编辑,应该以这些老一辈编辑家和文学家为榜样,学习他们在编辑工作中表现出的高风亮节,继承他们的优良传统,不断提高自己的思想素养,争取成为一名优秀的数字编辑。

（三）文化素养

编辑工作是文化工作,编辑劳动是精神劳动。编辑人员的文化素养是从事编辑工作的专业基础。数字出版编辑人员除了对作品的政治导向进行把关外,还要对作品的思想价值、艺术价值、编校质量进行把关。这就决定了数字出版编辑人员的文化素养具有如下两个主要特点:

1. 具备广博的基础知识

在编辑工作中,作品或多或少会涉及到自己所学专业领域以外的内容,这就需要编辑人员不断拓宽知识面,对尽可能多的领域有所了解。著名编辑家、《汉语大词典》主编罗竹风称编辑是"杂家",就是说编辑需要有广博的知识。编辑人员要面对各种各样的稿件,不"杂"是不可能胜任编辑工作的。数字出版编辑人员也不例外,既需要有文史哲知识储备,也需要了解现代数理化知识,还需要时刻关注网络流行语言和社会热点。

2. 具备扎实的专业知识

编辑人员除了具备广博的基础知识之外,还应具备扎实的专业知识，做到既博又专，以博求专，以专促博。编辑应是"外行中的内行，内行中的外行"。因为"内行"，编辑才有沟通的基础，才能与作者进行深度的对话；因为"外行"，编辑才不至于存在门户之见，从而对作品作出比较客观的判断。因此，数字出版编辑必须在专业上明确自己的主攻方向，不仅掌握自己所学专业的基本知识，还要了解其他专业的整体发展状况及未来发展趋势。

除了基本的理论修养、扎实的专业基础、开阔的知识视野和深厚的文字功底外，编辑人员的文化素养还包括科学的思维方式、广泛的阅读兴趣和先进的学习方法。当今社会是知识爆炸的时代，编辑人员若不具备这些基本素养，其文化素养就会因为知识的老化、思想的封闭而逐步下降，知识面就会由宽变窄。

（四）职业素养

每个职业都有各自的职业特点，对从业人员的要求也有所差异。数字出版编辑的职业素养包括出版理论修养和编辑实务经验，分别表现为职业追求、职业敏感和职业作风。

1. 职业追求

编辑人员的职业追求是一种文化追求。编辑人员在选题策划时，要按照读者的文化需求，从文化选择的角度组织作品。一旦发现有价值的作品，要想尽各种办法获取。在审稿和编辑加工环节，要按照社会对精神文化产品的价值取向，对作者创作的作品进行审视、筛选和优化，使其具有较高的文化传播价值和文化积累价值。为了提高作品的传播效果，编辑人员要充分发挥主观能动性，在内容和形式上敢于大胆创新，使数字出版作品不断呈现出新的面貌。

2. 职业敏感

编辑的职业敏感既是一种创造性敏感，也是一种市场性敏感。编辑对选题亮点的捕捉、作品质量的判断、运营模式的策划等，都来自于这种职业敏感。编辑的职业敏感，需要编辑在长期的出版实践中不断积累和磨砺，对市场变化做认真的调查和积极的思考。数字出版编辑只有在充分熟悉整个数字出版产业和相关数字出版产品市场之后，才能策划挖掘出一些有创意、有价值的优质选题，才能有比较地判断出数字出版作品的社会价值，才能策划出更吸引读者的运营模式。

3. 职业作风

编辑工作是一项严肃的文化工作，编辑的职业作风是一种一丝不苟的求是作风。数字出版编辑应该像传统图书编辑一样，认真执行国家规定的审稿工作制度，确保作品的内容质量。在当今数字时代媒体泛化的背景下，数字出版编辑应该拒绝想当然，拒绝侥幸心理，拒绝粗枝大叶。面对数字出版作品，编辑要学会独立思考，养成勤查工具书的习惯，在审稿和编辑加工过程中不放过任何一个疑点。如，对于形近字、生僻字，要通过查阅权威字词典，消灭作品中存在的语言文字差错；面对历史、地理和教育类作品，要通过查阅相关类型的工具书或权威专著，确保作品中不出现违反常识和科学规律的错误。

三、编辑与作者、读者的关系

不管是传统纸质出版还是数字出版，编辑与作者都是精神文化产品的生产者，而读者则是精神文化产品的消费者。编辑与作者、读者围绕精神文化产品的生产、消费，构成了一种互相影响、互相制约、互相促进的关系。正确认识和处理好三者之间的关系，对于做好编辑工作、提高出版物质量具有重要作用。

（一）编辑与作者的关系

《中共中央国务院关于加强出版工作的决定》指出："社会主义的出版工作，是出版工作者和著译者共同的工作，他们之间的关系是同志式的互助合作的关系。"编辑和作者的关系正是这种同志式的互助合作关系的最好体现。编辑和作者具有共同的奋斗目标，就是为读者提供优质的出版物。因此，他们能在出版工作上互相合作，在人格上互相尊重，在情感上互相信任。

1. 编辑离不开作者

作者是作品的创造者，是精神生产的主体。比如，网络文学的作者，有时也称"写手"；网络动漫的作者，有时也称"画手"。正是这些写手和画手创作的大量数字出版作品，才助推了今天数字出版产业的发展和繁荣。如果没有作者创作的作品，编辑劳动就会成为"无米之炊"；编辑人员根据党和国家的出版方针和政策，自主策划和制订的选题计划，不通过作者的创作是无法实施的；没有合适的作者，任何美好的选题计划都会落空。因此，著名作家、编辑家巴金也曾说过："作家和读者都是我们的衣食父母。"

作者创作的作品是编辑劳动的基础和前提，因此，编辑离不开作者。编辑必须依靠作者，与作者建立良好的合作关系。编辑要善于研究作者心理，了解作者的创作动机，鼓励和激发作者创作积极的、健康的精神产品，防止出于不良写作动机创作的作品流入社会。

2. 作者离不开编辑

作者创作的作品只有经过编辑的劳动,才能变成社会产品。没有经过编辑劳动的作品,只能是作者个人的精神成果,无法通过社会传播实现其社会价值。

作者的创作活动,一般要按照编辑人员制订的选题计划来进行。哪怕是自由创作的作品,也只有符合出版单位的选题开发要求,才有公开出版和传播的机会。

作者在创作的过程中,需要编辑人员在多方面提供帮助。比如,需要编辑人员提供读者群体特征、市场需求等信息,及时调整和修改自己的创作内容;需要编辑人员以客观的眼光,对作者因主观局限性造成的内容缺陷提出修改建议和意见。

编辑人员在审稿和编辑加工过程中,可以从读者的角度、出版的角度以及社会舆论和法律的角度,对数字出版作品的政治导向、文学价值、艺术价值和传播价值等方面做出科学、客观的评价,为作者进一步完善作品提供帮助。

3. 编辑和作者要互相尊重

编辑和作者之间是同志式的互助合作的关系,为了完成"为读者服务"的共同目标,编辑要充分尊重作者,作者要充分尊重编辑。编辑要牢固树立作者观念,充分尊重作者的人格、学术观点和创作风格,维护作者的合法权益;要严格按照质量标准取舍稿件,对所有作者一视同仁;要热情为作者服务,既善于向作者学习,又敢于对作者提出不同的意见和看法。在与作者产生意见分歧时,既要坚持原则,又要注意方式方法,与作者及时交换意见,通过平等协商讨论,使问题得到妥善解决。同样,作者也要充分尊重编辑,虚心听取编辑的意见和建议;当双方有不同看法时,要通过协商的方式解决。

（二）编辑与读者的关系

编辑与读者之间的关系是相互影响、相互制约、相互促进的关系。数字出版作品的"读者",有时也称"用户""受众",有时又称"粉丝""玩家"等。但不管其称呼如何变化,他们是精神文化产品的消费者的本质是一样的。而编辑是精神文化产品的生产者,与读者之间以精神文化产品为纽带,形成了十分密切的关系。

1. 读者是编辑的服务对象

读者是精神文化产品的消费者,是作者和编辑劳动价值的实现者。没有读者的需要和接受,作者和编辑的劳动就不可能发挥社会作用,也无法体现价值。"消费者是上帝"的商场法则,同样适用于出版工作。著名编辑家、作家巴金也曾说过:"我是靠读者养活的。"

编辑为读者服务,就是为人民服务。有了读者的需求,才会有作者的创作活动和编辑人员的编辑活动。读者对文化创造与传播的积极参与,是促进编辑工作不断发展的原动力。没有读者的出版物,其价值和使用价值就无法实现,编辑工作也就失去了动力。

2. 编辑要真诚地为读者服务

编辑为读者服务强调"真诚",意味着要坚持在任何情况下都不能损害读者的利益。读者总是希望用比较低廉的价格购买优秀的出版物,编辑就应该千方百计地为读者提供质优价廉的产品。譬如,近年来,以免费阅读为代表的流量变现模式日渐兴盛,成为网络文学市场运营的一大变化。在这种模式下,运营者通过提供免费阅读资源吸引大量读者,形成流量规模,进而以流量换取广告收益。这种免费阅读模式,就是编辑为读者真诚服务的最好体现。

3. 编辑负有引导读者的责任

"为读者服务"并不意味着编辑应该消极地迎合读者。为读者服务,是以满足读者的正当需求为基础的。因而,编辑一方面要深入了解读者,积极适应读者,并热忱为读者服务;另一方面又要引导读者,做读者的良师益友。

一部作品能否为读者接受,既取决于作品的内容和质量,又取决于读者的实际需求和审美能力。由于读者在文化素养、生活经历、价值观念等方面的差异,不同读者对同一部作品的理解和感悟是不一样的,所以有"有一千个读者就有一千个哈姆雷特"的说法。正确地引导读者的消费需求,既是编辑的重要职能,又是编辑的社会责任。对于读者的不同阅读需求,编辑要本着对读者负责、对社会负责的态度,进行具体分析。对读者正当的、合理的、健康的需求,编辑要尽量予以满足;对读者不正当、不合理、不健康的需求,编辑则要坚决予以抵制,哪怕会一时引起部分读者的不满也决不动摇。

4. 读者是编辑工作的检验者和促进者

编辑工作的最终成果是出版物。出版物的内容质量和价值,只有读者阅读后才能做出客观评判,而出版物的内容质量,又主要由编辑的工作质量决定。所以,读者对出版物的评判,就是对编辑工作的一种检验。读者对出版物质量的检验和评判,能够有效促进编辑不断提高工作质量。著名编辑家邹韬奋曾经把来自读者的意见称为"维生素"。

读者对数字出版作品的认可和评判主要依靠点击率、下载率、日活跃用户数/月活跃用户数以及读者的评论和转发来体现。数字出版作品的用户评论往往比传统出版作品的读者评论更迅速、更直接。数字出版编辑要善用这些读者的反馈机制，因为这既能有效发挥数字出版作品的正向价值引导作用，也能激励数字出版编辑策划出内容质量更高的、富有民族自豪感和家国情怀的数字出版作品。

第二节 数字出版编辑业务

数字出版编辑业务是依托数字技术,基于网络环境展开的,其编辑工作规范与传统纸质出版编辑工作有相同的地方,也有一些自己的特点。本节主要讲述数字出版产品编辑过程中所涉及的主要工作内容、业务流程规范和语言文字规范。数字出版产品编辑过程比较复杂,且不同的数字出版产品因其产品形态不同、服务模式不同,其编辑过程必然会有较大差异,如网络文学作品就存在作者主动投稿、编辑约稿以及策划选题等多种业务模式。一般来说,数字出版的编辑业务流程会涉及到选题策划、论证立项、组稿与签订合同、产品设计、内容编审、产品制作、产品运营等环节。考虑到数字出版产品的形态和模式差异,该流程中的部分业务环节可以穿插、重叠和多次循环,但不可缺失。

一、主要工作内容

数字出版编辑从事的工作内容主要包括以下六个方面:

1. 策划并设计数字出版产品。数字出版编辑应开展相关产品的选题策划工作,并根据用户和市场需求,结合本单位出版方向开展产品概要设计和详细内容设计等工作。

2. 物色创作者、制作者和技术服务者,收集素材、资料。数字出版编辑在开展产品策划设计的同时,应物色相关产品的创作者、制作者和技术服务者,与之进行协商并签订相关协议。

3. 审读、转化数字内容，数字出版编辑应认真审读相关作品的内容，并按照相关标准和规范对内容进行转换、修订、标引，开展产品制作和编校工作。

4. 审核脚本、组织摄录、编辑合成、审查评改、发稿并审查样品，部分数字出版产品还将根据技术平台和工具的要求，进行技术开发与测试。数字出版编辑对图片、音频、视频以及 AR/VR 等多媒体内容，应进行脚本和文字审核，有些还需要开展拍摄工作，最后制作并审定样品。

5. 检测、封装并发布产品，进行版权运营、渠道管理和更新。完成产品制作后，数字出版编辑应对拟上线发布的产品进行封装测试，并按照运营和传播要求，进行管理和更新服务。

6. 监督产品内容和质量，跟踪并反馈用户信息。对于上线运行和传播的数字出版产品，数字出版编辑还应持续跟踪用户使用情况，及时提供反馈信息，优化完善用户体验，提升产品质量和运营传播效果。

二、立项与策划

立项与策划工作是数字出版产品启动的源头，是数字出版编辑业务工作的起点，是一种基于网络环境、适应电子设备的内容产品策划。数字出版产品策划从一开始就是一种整体策划，它是对数字出版产品从创意、研发、生产到销售全过程的构思和设计。该项工作一般由以下四个环节构成：

（一）信息采集

信息采集是数字出版编辑工作的起点，是选题策划的直接基础和重要依据。数字出版编辑应按照本企业发展战略和业务方向,对相关原始信息和数据进行筛选、分类,去伪存真,获取有用的信息,为下一步选题策划做准备。

信息采集的目的主要在于为产品策划、生产和营销找到市场依据、资源依据和技术依据,确保数字出版产品策划具有较高的可信度和较强的可行性。

（二）选题设计

选题设计是选题策划的核心。根据信息采集的数据分析,得到用户需求信息以及相关数据分析结果,数字出版编辑可以拟定相应的数字出版产品类型和服务模式、产品研发实施计划,并撰写数字出版产品选题设计方案。选题设计要注意如下几个方面:

1. 明确产品的目标读者定位

每一种数字出版产品都要针对目标市场和目标用户,明确产品类型和服务模式。

2. 确定产品的内容导向

要对数字出版产品的内容进行总体描述,阐述产品的精神文化价值,确保其贯彻党和国家的出版方针,符合国家法律法规的要求,能正确引导广大人民群众,促进社会精神文明发展。

3. 处理好社会效益和经济效益的关系

要坚持把社会效益放在首位,社会效益和经济效益相结合。如产品内容的选择、表现形式的确定、盈利模式的设计、营销策略的制订等,都要尽量找出社会效益和经济效益的最佳结合点,以实现双效益的最大化。如果一种数字出版产品可能造成恶劣的社会影响,那么,不论它能带来多大的经济效益,都要坚决予以否定和抵制。反之,对一部分消费面窄、需求量小,但有较高文化积累价值的数字出版产品,应当尽最大可能予以出版。

4. 具有独创性

独创性是选题成立的基本理由。"人无我有""人有我优",都是独创性的具体体现。选题设计不管是在内容方面还是在形式方面,任何一点独创性都是值得肯定的。

5. 规范数字出版产品生产的全过程

选题的最终实施,都是以一定的主观条件和客观条件为基础的,因此要结合主客观条件进行周密的安排,规范好产品生产的全过程。要从内容组织、内容审校、产品运营等环节以及相关的策划、设计、编校、技术研发等人员的岗位职责进行规范,确保数字出版产品生产过程中的每一个目标任务都能够按期完成,每一个岗位人员都能够尽职尽责。

(三)论证立项

数字出版编辑撰写好数字出版产品选题设计方案后,还需要经过相应的选题论证程序,对选题进行优化,完善选题策划过程中的一些细节,确定最终的数字出版产品策划方案并通过本单位相关部门的评审,完成产品的立项论证。

(四)启动

选题确定以后,数字出版单位必须及时启动相关项目筹备工作,具体包括与外部协作者签订合同、与内部各相关研发部门制定工作计划。

与外部协作者签订合同应从选题设计开始时就进行,双方充分沟通并提出具体协作要求。在合同签订前,数字出版编辑应要求协作者拟出协作事项、工作大纲和计划,并提出修改意见和建议,最终形成可交付、可验证的委托合同。

与本单位各相关研发部门制定工作计划,主要在于协调本单位及本部门相关资源,围绕选题设计制定质量控制、需求评审、进度计划以及各项保障措施。

三、产品设计与开发

对于由创作者自行投稿或者第三方创作开发的数字出版产品在交付本单位运营时,数字出版编辑可以跳过立项与策划流程,直接按照产品设计与开发要求进行设计论证、内容审核。对于满足本单位出版方向和出版要求的数字出版产品,经批准后可以上线运营和传播;对于不符合本单位出版方向或不满足出版要求的数字出版产品,应做退回处理。

由本单位自主立项与策划的数字出版产品在完成立项论证和启动准备工作之后,应尽快开始产品的设计与开发。数字出版产品设计与开发就是将作品由抽象的选题设计方案到具体产品的形象化处理过程。与传统纸质媒介出版不同的是,数字出版产品形式多样,产品设计也更加复杂。而网络文学产品设计与网络游戏产品设计相比,其具体流程会相对简单一些。数字出版产品设计与开发流程一般包括:

(一)产品设计

1. 产品定位

设计数字出版产品必须对产品的用户进行研究和分析,有明确的目标用户定位。一般来说,数字出版产品的目标用户是在使用人群细分的基础上得到的,要通过用户研究弄清楚使用数字出版产品的是哪些人群,这些人群有什么特点,他们在什么情况下会使用数字出版产品,他们使用数字出版产品能解决哪些问题,等等。

2. 内容需求

数字出版产品的核心是数字出版的内容。产品设计只有对选题所涉及的内容进行充分研究后,才能准确地定义内容需求,继而根据内容的特点进行产品设计;才能对数字出版产品内容进行合理组织、标引,将内容纳入产品设计的范围。在内容需求设计过程中,要充分考虑文本、图片、音频、视频以及 AR/VR 等数据类型的技术特点,确保在产品开发时的兼容性。

3. 功能需求

在产品设计之前,必须先对数字出版产品的功能需求进行梳理,理清本产品的结构和流程,罗列出所研发产品的功能清单。应对产品各项功能进行恰当的分类和组织,明确产品的功能逻辑。在设计产品功能时,还要考虑产品使用的场景和用户行为习惯,具有一定的适应性和灵活性,以减少用户的使用成本。

4. 交互设计

理清数字出版产品的内容需求和功能需求后,就应该考虑将这些需求通过具体的页面展示出来。一般可通过绘制产品原型的方法进行交互设计,把数字出版产品的主要功能以可视化的形式展现出来。

原型设计要展现数字出版产品的主要功能、基本界面风格和各主要功能模块之间的关系,以及一些尚未确认的模糊功能。

原型设计是把产品策划变成设计成果的过程,其设计需要经过多次反复的编辑、测试和修改,并不断优化,最终把数字出版产品的设计意图和功能特征完全体现出来。一般来说,原型设计需要经过绘制草图、画框线图、设计交互原型等阶段。

5. 用户测试

原型设计初步完成以后，需要通过用户测试，获得第一手用户数据，然后根据用户反馈意见对原型设计进行修改完善。

6. 产品需求规格说明书

数字出版产品设计的最终表述文档称为"产品需求规格说明书"。其内容一般包括文件标识和修改记录、项目概述、内容结构图、界面线框图和功能说明。《产品需求规格说明书》主要是给产品开发人员和界面设计人员阅读的，因此要着重描述产品的功能需求。

（二）内容编审

数字出版产品对内容的把关包括审稿和编辑加工等环节，部分内容体量较大的数字出版产品还应进行必要的校对工作。

1. 审稿

审稿是针对数字出版产品相关内容进行的，是保证数字出版产品质量的重要编辑工作环节。我国的审稿制度是"三级审稿责任制度"，有时又称"三审责任制度"，简称"三审制"，即由初审、复审、终审三个审级组成的审稿制度。三级审稿互相监督、互相制约，前一级审稿对后一级负责，各个审级的审稿者看问题的角度和侧重点各异，不同审稿者的意见可以互相补充、互相借鉴、集思广益，使审稿意见更加全面深刻，对稿件的价值评判更加客观。只有通过三审以后，稿件才能被正式处理。

审稿的目的就是通过对稿件内容的审读，对数字出版产品的内容质量作出基本评价，决定稿件的取舍，并对可接受的稿件提出修改要求和意见，以确保优秀的作品顺利出版，防止有害的、低劣的、粗俗的作品流入社会。

审稿工作主要是从内容和形式两个方面对稿件质量做出评价：

（1）内容质量评价

审稿对内容质量的评价主要从政治性、思想性、科学性、知识性和独创性等方面进行。文学作品还要从艺术性等方面进行专门的评价。

政治性是指稿件中所反映的政治立场、政治观点和政治倾向，包括涉及政党、国家、外交、民族、宗教等方面的现实政治问题。文学作品常常通过人物、情节的描写流露出某种政治倾向，编辑必须认真审读，慎重对待，提出处理意见和建议。

思想性是指稿件中反映的思想内容和思想倾向，有时与政治性相联系。比如，文学作品中若涉及宣扬邪教、迷信、淫秽、赌博、暴力或教唆犯罪，危害社会公德或诋毁民族优秀传统文化等内容，其思想性就不合格，政治性也大有问题。

科学性是指稿件反映客观事物的真实性和准确性。科学性主要体现为尊重历史、尊重事实，通过现象揭示事物的本质和规律。例如，涉及历史和现实类的文学作品，虽然有很多虚构的成分，但也要尊重基本的历史事实；玄幻穿越类作品，虽然虚构的成分居多，但基本的历史知识和生活常识也是要注意的。

知识性是指稿件所包含知识信息的容量和价值。知识性有时往往与科学性相联系。虽然文学作品以审美教育为主要任务，但这种审美教育的实施不能离开具体的历史知识和生活常识。科普类文学作品更要以基本的科学知识为基础，要特别警惕伪科学的出现。

独创性是指稿件在内容或形式上的创新特点，包括理论创新、技术创新、艺术创新等。独创性是作品的重要特点。文学作品的独创性往往表现在思想观点、资料发掘、题材开拓、艺术风格或表现形式等方面有超越前人之处，能给读者以新的启迪。当然，独创性有大小、多少之分，只要稿件有创新，不论创新大小或多少，都应该予以肯定。

（2）形式质量评价

对稿件形式质量的评价主要包括稿件的结构框架、行文格式、表述形式等方面。

稿件的结构框架是指稿件的内容层次。结构框架要求稿件各个部分的前后次序遵循一定的逻辑规律，体现出一定的系统结构；各个部分的内容不能互相矛盾；每个部分的写作方式具有一致性，等等。

稿件的行文格式要求前后统一，主要表现为各级标题采用互相区别的标志，而相同级别的标题均采用相同的标志，等等。

稿件的表述形式是指稿件中对语言文字及量和单位的应用情况。稿件的表述形式要符合相关规范，否则，读者就可能产生理解上的困难或误解。

2. 编辑加工

通过审稿后决定采用的稿件，还需要进行编辑加工。编辑加工是对已经决定采用的稿件再次从各方面进行审核并作修改润饰和规范化处理的活动，是审稿工作的继续，但二者不能互相取代，也不能合二为一、同时进行。

审稿和编辑加工都要对稿件的内容进行审查和把关，但二者的职责、目的、要求和标准是有差异的。审稿的职责是对稿件做出评价，主要从宏观上把握稿件的整体质量，目的是决定稿件的取舍。编辑加工的职责是对决定采用的稿件进一步提高质量，主要从微观上具体检查审核稿件，对其进行匡正、修饰和润色，使其内容更加完善、材料更加准确、逻辑更加严密、体例更加严谨、语言文字更加通达规范，目的是使稿件在内容和形式上都符合出版标准。

（三）产品开发

数字出版产品开发是在数字产品设计和内容审核基础上进行的产品开发活动。只有将内容、终端和用户需求三者相结合，才能开发出优秀的数字出版产品。产品开发流程一般包括内容整合、程序开发、产品规范化和测试封装几个环节。

四、产品运营与传播

开发完成后的数字出版产品可以由数字出版编辑通过发布工具发布到出版单位所建立的网站或 App 程序开展运营服务，也可以通过第三方运营平台开展运营工作。

数字出版编辑可以采用合适的上线方式和商业模式对数字出版产品进行营销和销售，既可以将发布后的数字出版产品在自主运营平台或客户端进行销售，也可以根据产品的性质，选择对个人销售或对机构销售等不同的商业模式，选择在互联网、移动终端等多种形式的第三方平台进行合作推广，还可以结合实际情况，综合采用 B2B、B2C、B2G、O2O 等多种盈利模式，开展数字出版产品运营工作。

第三节　语言文字基本规范

出版工作是向公众传播知识和提供信息的重要手段,数字出版编辑除了要遵守上述基本编辑工作规范之外,还应掌握基本的语言文字规范。语言文字规范是指在语言文字应用过程中应当遵循的、根据约定俗成的原则规定的各项标准。语言文字规范包含的内容十分广泛,有文字、语音、词汇、标点等多方面的规范和要求。

除了传统的语言文字之外,随着互联网的发展,大量的网络语言也层出不穷。目前的网络语言主要由两部分构成:

一是日常生活常态话语、日常俚语和新造语词糅合在一起形成的网络交流语言,如"偶=我""稀饭=喜欢""坛子=论坛""女子=好""酱紫=这样子""河蟹=屏蔽、删除""银=人""神马=什么""灰常=非常""粉丝=fans"等。

二是汉语拼音缩写、英语字母缩写以及数字符号等构成的网络符号语言,比如聊天软件中的表情符号或拼音缩写等。这类表情符号在网络世界里具有语言的共通性,网民彼此之间通晓这类符号所表达的意义,但网络之外的读者却不尽然。如"MM=漂亮的女生""SG=帅哥、帅锅、色棍、色鬼""PF=佩服""BT=变态""RP=人品""PMP=拍马屁""MS=貌似""PK=单挑""OUT=老土"9494=就是""7456=气死我了""555=呜呜呜(哭泣声)""886=拜拜了""V587=威武霸气""286=落伍",等等。

这些网络语言具有无约束、无限制的特点，在丰富汉语语言文字的同时，也出现了一些不规范、不文明的词汇，对汉语的发展起到了一定的破坏作用；一些网络语言与现代汉语融合，混淆了规范性的汉语语法规则。如有一篇小学生作文这样写道："偶灰常稀饭 KHBD，里面有个 GG 真油墨……"意思是说："我非常喜欢葵花宝典，里面有个哥哥真幽默……"由此可见，网络语言对青少年产生了巨大的影响。

网络语言中的一些江湖语言，一些带有低级趣味和谩骂的语言，还有一些拿自己本民族语言进行消解和娱乐，在某种程度上亵渎了汉语言的神圣和纯粹。因此，为了净化网络语言环境，推动我国汉语言文字的健康发展，有必要对数字出版产品的语言文字进行规范。

下文将结合数字出版工作的实际，主要从汉字使用规范、语音与拼音规范、标点和数字用法规范等方面予以说明。

一、汉字使用规范

（一）使用规范汉字

汉字使用规范，包括字形、字音、字义三方面的规范要求。这里主要介绍汉字字形的使用规范。

1. 规范汉字概述

使用规范汉字，首先要明确哪些是规范汉字，哪些是不规范汉字。规范汉字是指经过系统整理、由国家发布、通行于中国大陆现代社会一般应用领域的标准汉字。规范汉字主要适用于中国大陆，面向现代社会，面向一般应用领域，包括国家机关、教育部门、科研生产部门和广播电视、编辑出版部门等。不规范字一般指误用繁体字、异体字、旧字形等。

2000 年 10 月，第九届全国人大常务委员会第十八次会议通过了《中华人民共和国国家通用语言文字法》，确立了规范汉字作为国家通用语言文字的法律地位。2013 年 6 月，国务院发布了教育部和国家语言文字工作委员会组织研制的《通用规范汉字表》，要求社会一般领域的汉字使用以《通用规范汉字表》为准，原有关字表停止使用。《通用规范汉字表》是在整合《第一批异体字整理表》(1955 年)、《简化字总表》(1986 年)、《现代汉语常用字表》(1988 年)、《现代汉语通用字表》(1988 年)的基础上制定的，是适应新形势下社会各领域汉字应用的重要规范。其他非汉语国家与中国交流时把汉语作为第二语言来学习，应该遵循《通用规范汉字表》的规范。

《通用规范汉字表》收字 8105 个，分为三级。一级字表为常用字集，收字 3500 个，主要满足基础教育和文化普及的基本用字需要，其功能相当于原来的《现代汉语常用字表》。二级字表收字 3 000 个，使用度仅次于一级字。一、二级字表合计 6 500 字，主要满足出版印刷、辞书编纂和信息处理等方面的一般用字需要，其功能相当于原来的《现代汉语通用字表》。三级字表为补充字集，收字 1 605 个，是姓氏人名、地名、科学技术术语和中小学语文教材文言文用字中未进入一、二级字表的较通用的字，主要满足信息化时代与大众生活密切相关的专门领域的用字需要。

数字出版作品中经常会出现一些不规范汉字，数字出版编辑要认真学习和掌握《通用规范汉字表》，积极贯彻落实国家关于规范汉字的有关规定，在审阅稿件时严格把关，杜绝不规范汉字在出版物中出现,并严格使用规范汉字。

2. 规范使用简化字

规范使用简化字,应该认真学习《通用规范汉字表》。《通用规范汉字表》对社会上出现的一些类推简化字进行了严格甄别,仅收录了符合该表收字原则且在社会语言生活中广泛使用的"闫、铪、颣"等226个简化字,同时也剔除了"饦、镶"等31个不常用的简化字。

3. 不滥用繁体字

简化字是具有法定地位的规范汉字,因此,在一般情况下,数字出版产品要严格使用规范的简化字。但是,在一定的情况下,繁体字也是允许使用的。

第一,要明确繁体字的适用范围。

《中华人民共和国国家通用语言文字法》第二章第十七条规定,有下列六种情形的,可以保留或使用繁体字(或异体字):一是文物古迹,二是姓氏中的异体字,三是书法、篆刻等艺术作品,四是题词和招牌的手书字,五是出版、教学、研究中需要使用的,六是经国务院有关部门批准的特殊情况。

也就是说,在上述六种情况下,可以保留和使用繁体字,但在其他场合,必须严格使用规范的简化字,否则就是滥用繁体字。

第二,要掌握繁体字和简化字的对应关系。

简化字与繁体字有些是一对一的对应关系,但还有好多简化字与繁体字的对应关系比较复杂,是一对二甚至是一对多的对应关系,因此,有些简化字不能简单地还原为某一个繁体字形。

有的简化字具有两个或两个以上对应的繁体字。这些繁体

字不但字形不同,而且字义有别,有时甚至读音也不一样。例如:

"发",对应的繁体字有两个:"發(fā)""髮(fà)"。在用作"发射、送出、生长、发生、揭露"等意义时,繁体字为"發",如"百发百中""出发""发扬""揭发",对应的繁体字为"百發百中""出發""發揚""揭發";在用作"头发"的意义时,繁体字为"髮",如"毛发""白发""假发""理发店",对应的繁体字为"毛髮""白髮""假髮""理髮店"。其中,"百发百中"等词语中"发"的繁体字应为"發",不能写成"髮";"毛发"等词语中"发"的繁体字应为"髮",不能写成"發"。

"钟",对应的繁体字有两个:"鐘""鍾"。在用作"响器、计时器具、时间"等意义时,繁体字为"鐘",如"钟表""闹钟""八点钟",对应的繁体字为"鐘錶""鬧鐘""八點鐘";在用作"(情感等)集中"等意义时,繁体字为"鍾",如"钟爱""钟情",对应的繁体字为"鍾愛""鍾情"。其中,"钟表"等词语中"钟"的繁体字应为"鐘",不能写成"鍾";"钟爱"等词语中"钟"的繁体字应为"鍾",不能写成"鐘"。此外,"鍾"在用作姓氏人名义时可以类推简化为"锺"。

4. 不用已淘汰的异体字

1955 年 12 月 22 日,中华人民共和国文化部和中国文字改革委员会联合发布《第一批异体字整理表》,把 810 个通行时间长、使用范围广和笔画少的字定为规范字,另 1 055 个不太通行、笔画也比较多的字作为异体字废除了,并规定从 1956 年 2 月 1 日起在全国出版的报纸、期刊、图书中停止使用被淘汰的异体字。1956 年 3 月 23 日,主管部门发出补充通知,确认"阪"和

"挫"两个字不再作为异体字被淘汰;根据1986年重新发表的《简化字总表》,确认《简化字总表》收入的"诉、谳、晔、詟、诃、鳝、䌷、刬、鲙、诳、雠"11个类推简化字为规范字,不再作为淘汰的异体字;根据1988年3月25日国家语言文字工作委员会和中华人民共和国新闻出版署《关于发布〈现代汉语通用字表〉的联合通知》中的规定,确认《印刷通用汉字字形表》收入的"剪、邱、於、澹、骼、彷、菰、涠、徼、薰、黏、桉、愣、晖、凋"等15个字为规范汉字。2013年,《通用规范汉字表》又将《第一批异体字整理表》中的"乾、藉、酒、蹚、皙、瞋、噘、噁、祕、勠、麽、吒、昇、溧、犇、瞭、叚、陞、仝、塈、尙、鳌、夥、剗、甦、甯、扞、稣、邨、蒐、徵、氾、脩、絜、喆、祇、菉、淼、椀、谿、祐、劄、筦、澂、阪"等45个异体字调整为规范字。

需要说明的是,有些异体字被确认为规范字,只是就它们的一个或几个义项而言的,并不适合全部义项。因此,有些异体字字形在某些场合还是可以继续使用的,如果在编辑工作中一见到异体字就修改,反而会造成差错。例如:

"镕",在表示"熔化"意义时是"熔"的异体字,如"溶解"就不能写成"镕解";而在表示"铸造"等意义时并不是"熔"的异体字,可以继续使用,并按偏旁类推简化的原则,以"镕"字作为规范字。

"雠",在表示"校雠""雠定"等意义时属于规范字,在表示其他意义时则属于异体字,如"仇敌"就不能写成"雠敌"。

5. 不用已淘汰的生僻字和复音字

这里所说的生僻字,主要是指经国务院批准淘汰的一些作为地名的生僻字。如黑龙江的"铁骊"改为"铁力",新疆的"和阗"改为"和田",江西的"雩都"改为"于都",广西的"郁林"改为"玉林",重庆的"酆都"改为"丰都",贵州的"婺川"改为"务川",陕西的"盩厔"改为"周至",等等。

这里所说的复音字,主要是指部分计量单位名称旧译名中特造的复音字。如英制单位"哩""呎""吋"等字,分别读成双音节 yīng lǐ、yīng chǐ、yīng cùn,违反了一个汉字一个音节的规律;读成单音节 lǐ、chǐ、cùn,则容易与我国市制的"里""尺""寸"相混。因此决定废除"哩""呎""吋",分别用双音节的"英里""英尺""英寸"来表示。公制计量单位的旧用字,如"糎""瓩",也已废除,分别用"厘米""千瓦"来表示。

6. 不使用已废止的旧字形

1965 年,国家公布《印刷通用汉字字形表》,规定了新的通用规范印刷体字形,同时宣布废除旧字形。新旧字形之间有很大差别,因此,区别新旧字形,对于汉字的规范使用具有重要的意义。

旧字形调整为新字形,主要有以下几种方式:

一是省简笔画。例如:

宽—宽　　吕—吕

二是连接笔画。例如:

草—草　　并—并

三是延伸笔画。例如:

角—角　　绳—绳

四是调整部位。例如:

黙—默　　畧—略

五是改变个别笔画的写法。例如:

象—录　　户—户

在编辑出版工作中，要注意区别新旧字形，避免已经废除的旧字形在出版物中出现，这是出版工作者的一项重要任务。《新华字典》《现代汉语词典》等多种辞书都附有《新旧字形对照表》，表中所列例字基本上概括了新旧字形的调整情况，写作或审稿时要注意参考。

（二）纠正错别字

错别字是错字与别字的合称。错别字是文字差错中最常见的问题，大多与字音、字义、字形有关。

所谓错字，是指笔画、笔形、结构写得不正确的字。错字是像字而不是字，一般在规范的字典里查不到。

所谓别字，是指该用某字的地方用了另外的字。如把"欣赏"写成"欣尝"，把"拭目以待"写成"试目以待"等。别字一般能在规范的字典里查到，但用在了不恰当之处。

1. 错别字产生的原因

错别字的使用有主观和客观两方面的原因。从主观方面说，使用错别字是因为思想上不够重视，认为写字是自己的事，跟别人关系不大，多一笔少一笔没有关系；或是学习不认真，粗枝大叶，草率从事，不会写或拿不准的字不去查字典。从客观方面说，使用错别字是因为汉字有些字形十分相似，有的读音相同或相近，还有的字义相近、容易混淆，导致其不易分辨，容易出错。相对拼音文字而言，汉字的出错率是比较高的。

需要指出的是，计算机的文字录入也会产生错别字。这是现代科技给语言文字规范工作带来的新问题，如一个错误的生僻字，可能是原稿写错了，也可能是计算机字库里没有字，操作人员在自行拼字时把字拼错了,例如把"誊"拼成"晷"等。使用计算机还可能产生别字,如用五笔字型输入法打字,可能把"感"打成"咸",把"藏"打成"茂";使用拼音输入法打字,则可能把"精神"打成"精深",把"语言文字"打成"寓言蚊子"。对于这些形近致误、音同音近致误的地方,出版工作者在审稿和校对时要特别留心。

2. 常见的错别字类型

(1) 常见的错字类型

一是增加或减少笔画。例如:

"茂""步""烧"等字经常会因增加笔画而错写为"茂""步""烧"。

"缠""矜""冢"等字经常会因减少笔画而错写为"缠""矜""冢"。

二是错写笔画、偏旁。例如:

"恭"有时会错写笔画为"恭"。

"练"有时会错写偏旁为"炼"。

三是改变偏旁的方向、位置。例如:

"虐"有时会错改偏旁的方向为"虗"。

"阔"有时会错改偏旁的位置为"涸"。

(2) 常见的别字类型

一是音同或音近致别。例如:

"副"(fù)、"幅"(fú),两字读音相近,都可作量词,经常容易混淆。"副"一般用于成双或成套的东西,如"一副对联""一副手套""一副扑克";"幅"一般用于布帛、图画等,如"一幅窗帘""一幅字画"。

"籍""藉",两字读音相同或相近,在日常写作或稿件中经常被混淆。"籍"(jí)指籍贯,如"祖籍""原籍";"藉"读 jí 时可作"践踏、欺凌"义,如"狼藉",读 jiè 时可作"垫在草下面的东西"或"安慰"等义,如"草藉""慰藉"。

还有"倾""顷"、"悔""诲"、"股""骨"、"阙""阕",等等,均是音同或音近容易致误的情况。

二是字形相近致别。例如:

"己""巳""已",这三个字的字形高度相近,在日常写作或稿件中经常出错。"己"(jǐ)的第三画不出头,作干支纪年时是天干(甲、乙、丙、丁、戊、己、庚、辛、壬、癸)的第六位,如"己卯";"巳"(sì)的第三画出头并封口,作干支纪年时是地支(子、丑、寅、卯、辰、巳、午、未、申、酉、戌、亥)的第六位,如"癸巳";"已"(yǐ)的第三画出头但不封口,可作"停止"义,如"争论不已"。

"灸""炙",两字的字形相近,在日常写作或稿件中经常出错。"灸"(jiǔ)是形声字,字形上部的"久"表音,下部的"火"表义,指灼烧,一般指中医的一种治疗方法,如"针灸""艾灸"。"炙"(zhì)是会意字,字形上部的"夕"是"肉"的变体,下部的"火"指烧烤,也指烤肉,如"炙烤""脍炙人口""炙手可热"。

还有"戮""勠"、"塵""麈"、"篡""篡"、"第""笫"、"颁""颂"、"笞""答"、"冀""翼"、"菅""管"等诸多组字的形体相近致误的情况,需要编辑在日常写作和审稿工作中认真识别。

三是形近音同致误。例如:

"孪""挛",两字的读音均为 luán,字形相近,均为上下结构,且都是形声字。两字的上部(亦)相同且都表音,其差异主要在字的下部。"孪"的下部"子"表义,指一胎生两子,如"孪子"

"孪生兄弟";"挛"的下部"手"表义,指蜷曲不能伸直,如"拘挛""痉挛"。

"燥""躁",两字均读 zào,字形相近,均为左右结构,且都为形声字。两字的右边(喿)相同且都表音,其差异主要在字的左边。"燥"的左边"火"(指缺少水分)表义,因此凡表示缺乏水分、干、热时都用"燥",如"干燥""枯燥""燥热";"躁"的左边"足"表义,人急则行动不安静,因此凡表示急、烦义时都用"躁",如"狂躁""焦躁""烦躁"。

还有"详""祥"、"蓝""篮"、"帧""祯"、"磬""馨"、"鹜""骛"、"帐""账",等等,其读音相同、字形相近,出错的概率非常高。

四是音同义近致别。例如:

"度""渡",两字的读音(dù)相同,字义相近但又有区别。"度"在"过"这个意义上,古代汉语里既用于时间,也用于空间,如"度江河""关山度若飞";现代汉语里一般只用于时间,如"度假村""欢度春节""虚度年华"。"渡"本指渡过水面,与空间相关,如"横渡长江""远渡重洋""以渡难关"。

"州""洲",两字的读音(zhōu)相同,字义相近但又有区别。"州"本义指水中陆地,也用作行政区划名,如"荆州""徐州"。"洲"是"州"的后起字,将"州"的本义改用"洲"来表示,如"绿洲""沙洲";多用于地名,如"橘子洲""株洲""漖洲";又作地球上一块大陆和附近岛屿的总称,如"亚洲""南极洲"。

还有"分""份"、"融""溶"、"象""像"、"连""联"、"绩""迹",等等,其读音相同、义近,一不小心就会出错。

上述各种类型的错别字,是日常写作和编辑审稿工作中最常见的错别字类型。这些错别字分类只是相对而言的,有时会出现各有侧重和相互交叉的情况，如"增加或减少笔画"实际上也属于"错写笔画或偏旁"类型；"音同义近致别"与"音同或音近致别"有时就难以区分，应该说，"音同义近致别"是"音同或音近致别"类型的更进一步的细分。需要说明的是，上述类型只是为了突出错别字在某一方面的特点而分的，为的是能更好地掌握常见错别字的出错规律。因此，在具体的出版工作中，编辑要善于梳理和总结错别字的出错规律，日积月累，逐步提高辨识错别字的能力。

3. 如何纠正错别字

(1) 注意辨析字形

一要注意分辨近似的笔画。例如：

代—伐　末—未　炙—灸　恕—怒　耍—要

己—已—巳　戊—戌—戍—戎—戒

二要注意分辨近似的偏旁。例如：

厂(盾、质)—厂(原、厅)　冫(凉、冰)—氵(注、流)

卩(脚、却)—阝(邮、邱)　辶(远、迈)—廴(建、延)

三要善于利用偏旁表示词义类别。例如：

"火"跟"燃烧"有关，"足"跟"踩脚"有关。因此，"干燥"不能写成"干躁"，"急躁"不能写成"急燥"。

"木"跟"树木"有关，"衣"跟"衣服"有关，"车"跟"车辆"有关。因此，"栽种"不能写成"裁种"，"裁剪"不能写成"栽剪"，"装载"也不能写成"装裁"。

(2) 要注意辨析字音

有些同声旁的形声字读音相同或相近，因此可以用声旁的读音来纠正错别字。例如用"段"作声旁的字，一般读 duàn，如

"椴、锻、煅、缎、瑕"等字；用"叚（jiǎ）"作声旁的字，韵母中一般有 ia，如"葭（jiā）、假（jiǎ）、瘕（jiǎ）、遐（xiá）、霞（xiá）、暇（xiá）、瑕（xiá）"等字。清楚了"段"和"叚"在字音上的规律，就不会把"锻炼"写成"煅炼"，也不会把"放假"写成"放瑕"了。

（3）注意辨析字义、词义

有些人写错别字，是因为不熟悉字的意义。例如有人把"作祟"写成"作崇"，把"鬼鬼祟祟"写成"鬼鬼崇崇"，这是由于没有正确理解"祟"和"崇"两个字的意义。"祟"是个会意字，古人迷信，称鬼神作怪出来害人为"作祟"；"崇"是个形声字，表示"高"。两个字意义区别很明显，如果不理解字义，就容易写错。

再如"祭"字，本义是祭祀。其中的"夕"是"肉（月）"字的变体，"又"是"手"字小篆体的变形。这个字表示手里拿着肉，在"示"（古文字写法像是祖先的牌位，另一种说法认为是古代陈放祭品的灵石）前祭祀。"夕"与"夕"、"又"与"又"尽管形体相似，但意义相差很远，不能混用。知道了这些，就不会把"祭"写成"寮"了。

因不了解字义而容易写错、写别的字还有："立即"误写成"立既"，"候选"误写成"后选"，"穿插"误写成"串插"，"树梢"误写成"树稍"，"稻秆"误写成"稻杆"，等等。

未掌握词的原意，也容易写错别字。如常有人把"提纲"误写成"题纲"，这是因为他们不了解"提纲"这个词的原意。"纲"是提网的总绳，引申指事物最主要的部分。"提纲"的原意是指提着网的总绳子，引申指内容的要点。

因这种原因而写错别字的例子还有："规矩"误写成"规距"，

"贡献"误写成"供献","膏肓"误写成"膏盲","蜕化"误写成"脱化",等等。

有些成语来自古代的寓言或历史故事,不了解它们的出处,也容易把字写错。如大家熟知的"破釜沉舟"这个成语,出自《史记·项羽本纪》,讲楚霸王项羽跟秦兵打仗,过河后把锅打破,把船弄沉,表示不再回来,决一死战。后用此比喻下定决心,不顾一切干到底。其中的"釜"是指古代的一种锅,但有人不明其义,把"破釜沉舟"错写成了"破斧沉舟"。

因这种原因而写的错别字还有:"滥竽充数"误写成"滥芋充数","班门弄斧"误写成"搬门弄斧","自相矛盾"误写成"自相茅盾","为虎作伥"误写成"为虎作帐",等等。

（三）关于异形词

谈到错别字,有必要提到异形词。

所谓异形词,是指现代汉语书面语中音同、义同、用法相同而书写形式不同的词。如"按语"与"案语"、"笔画"与"笔划"、"掺假"与"搀假"、"搭档"与"搭当""搭挡"、"赐予"与"赐与"、"分子"与"份子"、"含糊"与"含胡"、"弘扬"与"宏扬"、"彷徨"与"旁皇"、"色彩"与"色采"、"折中"与"折衷"等,这些词在过去比较长的时间内一直并存并用,它们是同一个词的不同写法。

中华人民共和国教育部和国家语言文字工作委员会于2001 年 12 月 19 日联合发布了《第一批异形词整理表》,作为推荐性试行规范,并从 2002 年 3 月 31 日开始试行。该表根据"积极稳妥、循序渐进、区别对待、分批整理"的工作方针,选取普通话书面语中经常使用、公众取舍倾向比较明显的 338 组异形词（包括词和固定短语）作为第一批进行整理,给出了每组异形的推荐使用词形。该规范适用于普通话书面语,包括语文教学、新闻出版、辞书编纂、信息处理等方面。

《第一批异形词整理表》未收录的异形词,可参考使用《现代汉语词典》(第 7 版)首选的词形。数字出版编辑要及时准确地了解和掌握这些信息,在出版物中使用《第一批异形词整理表》推荐的词形。

二、语音与拼音规范

汉字不是拼音文字,而是偏表义的文字。总体来说,汉字笔画繁多,字形结构复杂,长期以来没有完备的表音系统。我国古代曾经使用的直音法、读若法、反切法以及近代使用的注音字母法等汉字注音方法,都具有很大的局限性,既不方便实际应用,也不利于国际文化交流。1958 年 2 月,第一届全国人民代表大会第五次会议批准发布了《汉语拼音方案》。随着汉语拼音应用范围的日益扩大,《汉语拼音方案》已不能满足拼写普通话词语的要求。为此,国家教育委员会、国家语言文字工作委员会于1988 年 7 月联合发布了《汉语拼音正词法基本规则》,国家技术监督局于 1996 年 1 月发布了国家标准《汉语拼音正词法基本规则》(GB/T 16159‐1996)。2012 年,修订后的国家标准《汉语拼音正词法基本规则》(GB/T 16159‐2012)发布。该规则制定了以词为单位的拼写规则,是一个分词连写的纲领性文件。

(一)《汉语拼音方案》

汉语拼音是使用拉丁字母依据北京语音系统设计的,《汉语拼音方案》规定了汉语拼音的拼写规则和方法。《汉语拼音方案》是给汉字注音和拼写汉语的国家标准及国际标准。它是在我国创制的直音法、反切法和注音字母法等注音方法的基础上发展起来的,是过去各种注音方法的经验总结。实践证明,这套注音方法比过去设计的注音方法更为完善、科学,受到了广大群众的欢迎。该方案采用国际上通用的拉丁字母,既容易为广大群众掌握和应用,又便于国际间的文化交流。

《汉语拼音方案》的基本原则有三条:口语化(拼写规范化的普通话)、音素化(按照音素拼写音节)、拉丁化(采用国际通用的拉丁字母)。

《汉语拼音方案》的主要内容包括字母表、声母表、韵母表、声调符号和隔音符号五个部分。

字母表明确了汉语拼音字母使用拉丁字母,明确了每个汉语拼音字母的读音,明确了汉语拼音字母分为印刷体、手写体、大写、小写四种体式,明确了汉语拼音字母的先后顺序。

声母表共有 21 个声母,根据传统方式按发音部位排列,分为 bpmf、dtnl、gkh、jqx、zh ch sh r、zcs 六组。

韵母表共有 24 个韵母,分为单韵母 a o e i u ü(6 个)、复韵母 ai ei ui ao ou iu ie ue(8 个)、鼻韵母 an en in un ün ang eng ing ong(9 个)、卷舌韵母 er(1 个)。

声调符号分为 4 种,即阴平(第一声),如 mā(妈);阳平(第二声),如 má(麻);上声(第三声),如 mǎ(马);去声(第四声),如 mà(骂)。轻声属于变调,不标调。

隔音符号主要规定在 a、o、e 开头的音节连接于其他音节后面的时候,如果音节的界限发生混淆,就用隔音符号(')隔开,如 pi'ao(皮袄)。

《汉语拼音方案》的主要用途如下:

一是给汉字注音。为了正确地识读汉字,更好地提高汉字的识字效率,首先要能准确地给汉字注音,这对更好地掌握和使用汉字大有益处。

二是拼写普通话。学习普通话,仅靠口耳相传是不够的,必须要有一套记音符号,以帮助教学,矫正读音。事实证明,《汉语拼音方案》是学习和推广普通话的有效工具,还可以帮助外国人学习汉语。

三是可以作为培养和提高阅读及写作能力的重要工具。

四是可以作为创制和改革我国各少数民族语言文字的共同基础和重要依据。

五是可以用于中文信息处理和技术领域。比如,用于音译人名、地名和科学术语,以及中文文献排序、编制索引、科技领域的型号和代码等。随着时代的飞速发展,汉语拼音为我国经济和社会生活的现代化、信息化提供了极大的便利,发挥了不可替代的积极作用。

六是可以成为编制盲文、手语、旗语、灯语的重要基础。

(二)汉语拼音的拼写规则

汉语拼音拼写的是以北京语音为标准的汉语普通话。因此,要掌握汉语拼音的拼写规则,需要学习两个基本的规范性文件:一是《汉语拼音方案》,二是《汉语拼音正词法基本规则》。

汉语拼音的拼写分为两个层面:一是音节的拼写;二是词、短语、句子的拼写,句子的拼写包括大写字母的使用和标点符号的使用。

《汉语拼音方案》是普通话音节拼写的基本依据,对普通话音节的拼写有具体的规定,比如关于"y、w"的使用,关于标调,关于隔音符号的用法等。

《汉语拼音正词法基本规则》规定了汉语拼音的拼写规范及其书写格式的基本规则，其主要内容包括分词连写、人名地名拼写、大写、缩写、标调、移行、标点符号使用等7个部分的基本规则。该标准适用于文化教育、编辑出版、中文信息处理和其他部门，作为用《汉语拼音方案》拼写现代汉语的统一规范。

这两个规范性文件分别对汉语音节和词的拼写做出了许多具体的规定，出版工作者要严格遵循。

（三）汉语语音规范

普通话以北京语音为标准音，北京语音是普通话语音规范的标准。但北京口语中的土音成分以及某些异读词读音不能进入普通话。从拼写形式来看，汉语拼音拼写差错主要为多了字母或少了字母、用错字母、标错声调、词语分写或连写不当、大小写字母使用错误等。产生汉语拼音差错的主要原因有四点：一是受到方言语音的影响，拼写为方言读音；二是未掌握规范读音，拼写为俗读字、错读字；三是未能全面掌握汉语拼音的拼写规则，字母用错、声调标错等；四是各种疏漏性差错。

为了避免误读，编辑在工作时要勤查工具书，注意区别和记忆各个汉字的读音和意义。

三、标点与数字规范

标点符号是辅助文字记录语言的符号，是书面语的有机组成部分，能够表示语气的停顿、语气以及标示词语的性质和作用。1990年3月，国家语言文字工作委员会和中华人民共和国新闻出版署发布了修订后的《标点符号用法》。在此基础上，有关部门制定了国家标准《标点符号用法》(GB/T 15834-1995)，由国家技术监督局于 1995 年 12 月 13 日发布，自 1996 年 6 月 1 日起实施。

2011 年 12 月 30 日，修订后的国家标准《标点符号用法》(GB/T 15834-2011)由中华人民共和国国家质量监督检验检疫总局、中国国家标准化管理委员会发布，2012 年 6 月 1 日实施，这是标点符号使用的规范性文件。数字出版编辑在开展内容编审和产品开发过程中要认真把关、严格审核。

（一）标点符号的主要功能

第一，表示语气的停顿。说话要换气，就需要有停顿；一个句子，在结构和意义上也需要有停顿。在书面语里，停顿的长短需要用不同的标点符号来表示。段落与段落之间的停顿大于句子与句子之间的停顿，句子之间的停顿又大于句子内的停顿。如句号表示的停顿长，用在句末，表示句子间的停顿；逗号表示的停顿短，用在句子中，表示句内的停顿。同样的一段文字，使用不同的标点符号，其句子结构就不一样，表达的意义也不同。

第二，表示语气。句子有四种语气：陈述语气、疑问语气、感叹语气、祈使语气。在书面语言里，句子的这四种语气可以用不同的标点符号来表示。例如：

武汉是一座英雄的城市。（陈述语气）

你去过北京吗？（疑问语气）

为中华民族的伟大复兴而努力奋斗！（感叹语气）

你给我站住！（祈使语气）

语气较缓的祈使句末尾，可用句号表示。例如：

请您稍微休息一下。

第三，标示词语的性质和作用。有些词语用了标点符号，就明确了所指的是什么。同一个词语，标点符号标示得不一样，意义就不同。例如：

巴金的《家》

《巴金的家》

前者是指巴金所写的一部长篇小说《家》；后者是指他人所写的一篇关于巴金的家的文章。

（二）标点符号的种类

常用的标点符号有 17 种，分为点号（7 种）和标号（10 种）两大类。

点号的作用是点断，主要表示停顿和语气，包括句末点号和句内点号。句末点号有 3 种：句号（。）、问号（?）、叹号（!），表示句末的停顿和句子的语气。句内点号有 4 种：逗号（,）、顿号（、）、分号（;）、冒号（:），表示句内各种不同性质的停顿。

标号的作用是标明，主要标示书面词语的性质和作用。常用的标号有 10 种：引号（""）、括号（()）、破折号（——）、省略号（……）、着重号（.）、连接号（—）、间隔号（·）、书名号（《》〈〉）、专名号（＿＿）、分隔号（/）。

（三）数字使用规范

除文艺类和古籍整理出版物外，出版物上使用数字必须遵循 2011 年修订的国家标准《出版物上数字用法》（GB/T 15835 - 2011）。政府和企事业单位公文，以及教育、媒体和公共服务领域的数字用法，也应该参照本标准执行。

目前，数字表示有三个系列的形式。一是阿拉伯数字：0、

1、2、3、4、5、6、7、8、9。二是小写汉字数字：〇（零）、一、二、三、四、五、六、七、八、九、十、百、千、万、亿。其中的"〇"用于编号或表示顺序，"零"用于表示数量，如：二〇二二年；一百零五人；三千零六十吨。三是大写汉字数字：零、壹、贰、叁、肆、伍、陆、柒、捌、玖、拾、佰、仟、万、亿。

在一般的出版物上和人们日常传递的信息中，大多使用阿拉伯数字或小写汉字数字，所以，通常说的"汉字数字"就是指小写汉字数字。国家标准规范的数字用法也是这两个数字系列的用法。大写汉字数字系列仅用于法律文书和财务票据。

参考文献表中标注版次、卷次、页码，除古籍应与所据版本一致外，一般使用阿拉伯数字；引用法规和重要文献内容，其数字应按原来写法书写，不要改变；文章竖排时，文中所涉及的数字除必须保留的阿拉伯数字外，应一律用汉字，必须保留的阿拉伯数字、外文字母和符号均按顺时针方向转90度。

思 考 题

1. 编辑工作在出版工作中的地位和作用分别是什么？

2. 编辑人员应该具备哪些基本素养？

3. 编辑与作者、读者的关系分别是什么？

4. 为什么说读者是编辑工作的检验者和促进者？

5. 数字出版编辑工作的特点是什么？

6. 数字出版编辑过程中的各主要环节应注意哪些编辑工作规范？

7. 常见错别字的类型有哪些？

8.《汉语拼音方案》的主要内容、主要用途有哪些？

9. 标点符号的种类和功能有哪些?

10. 什么情况下应该使用阿拉伯数字?

11. 什么情况下应该使用汉字数字?

第六章

著作权与网络著作权

重点提示：著作权与著作权法，著作权客体与主体；著作权内容、归属与保护期；邻接权；国家对著作权的管理与著作权的集体管理；网络著作权的特殊性及其法律保护；网络著作权内容；网络著作权的限制；网络著作权运营；技术措施与权利管理信息保护；网络著作权侵权与救济。

第一节　著作权基础知识

从某种意义上来说，著作权的保护与运用贯穿于出版活动的始终。在出版深度融合发展背景下，学习著作权基本知识、掌握著作权法中有关数字出版的规定，对于数字出版单位和从事数字出版的编辑来说至关重要。

一、著作权与著作权法

（一）著作权

著作权是一种法定权利，是著作权法赋予民事主体对作品和作品在传播中的智力成果所享有的一种民事权利。

著作权有狭义和广义之分。狭义的著作权是指著作权人对文学、艺术和科学作品依法享有的人身权利和财产权利。广义的著作权还包括邻接权，即"与著作权有关的权益"，指作品的传播者就其传播作品的过程中所付出的创造性劳动和投资所享有的权利。

著作权是知识产权的一种，具有无形性、专有性、时间性和地域性等特征。在我国，著作权也称"版权"。

（二）著作权法

著作权法是我国民法体系的重要组成部分，它是确定相关主体对文学、艺术和科学作品享有著作权并提供保护，调整因创作、传播、使用作品而产生的各种利益关系的法律规范的总和。

我国著作权法的立法依据是《中华人民共和国宪法》，立法依据与立法宗旨集中体现在《中华人民共和国著作权法》总则的第一条，即"为保护文学、艺术和科学作品作者的著作权，以及与著作权有关的权益，鼓励有益于社会主义精神文明、物质文明建设的作品的创作和传播，促进社会主义文化和科学事业的发展与繁荣，根据宪法制定本法。"我国现行有关著作权法的法律规范主要包括《中华人民共和国著作权法》《中华人民共和国著作权法实施条例》《计算机软件保护条例》《实施国际著作权条约的规定》《著作权集体管理条例》《信息网络传播权保护条例》和《广播电台电视台播放录音制品支付报酬暂行办法》等。另外,我国著作权法律规范还可见于《中华人民共和国民法典》《中华人民共和国刑法》以及最高人民法院的司法解释等文件中,它们都是解决著作权相关纠纷的法律依据。

在不断完善著作权法律规范的同时,我国还积极参与国际知识产权保护,使跨区域著作权纠纷的处理适用我国加入的相关国际条约。截至目前,我国加入的国际著作权条约主要有《保护文学和艺术作品伯尔尼公约》《世界版权公约》《与贸易有关的知识产权协议》(TRIPS 协议)中的著作权规范与两个"国际互联网条约"[《世界知识产权组织版权条约》(WCT)和《世界知识产权组织表演和录音制品条约》(WPPT)]、《保护录音制作者防止未经许可复制其录音制品公约》、《视听表演北京条约》(简称《北京条约》)、《关于为盲人、视听障碍者或其他印刷品阅读障碍者获得已出版作品提供便利的马拉喀什条约》(简称《马拉喀什条约》)。

二、著作权的客体与主体

(一)著作权的客体

1. 构成我国著作权法意义上的作品的定义与种类

著作权的客体(著作权所指向的对象)是作品。我国《著作权法》第三条规定:"本法所称的作品,是指文学、艺术和科学领域内具有独创性并能以一定形式表现的智力成果"。该条还以非穷尽的方式列举了受我国著作权法保护的九大类作品。

(1)文字作品。主要指小说、诗词、散文、论文等以文字形式表现的作品。以数字、记号等类似文字的各种符号表现的作品也被纳入文字作品范畴。

（2）口述作品。又称"口头作品"，是指即兴的演说、授课、法庭辩论等以口头语言形式表现的作品。口述作品没有经过任何物质媒介固定，预先有所记录而后经过口头表述的作品不是口述作品。

（3）音乐、戏剧、曲艺、舞蹈、杂技艺术作品。音乐作品，是指歌曲、交响乐等能够演唱或者演奏的带词或者不带词的作品；戏剧作品，是指话剧、歌剧、地方戏等供舞台演出的作品；曲艺作品，是指相声、快书、大鼓、评书等以说唱为主要形式表演的作品；舞蹈作品，是指通过连续的动作、姿势、表情等表现思想情感的作品；杂技艺术作品，是指杂技、魔术、马戏等通过形体动作和技巧表现的作品。

（4）美术、建筑作品。美术作品，是指绘画、书法、雕塑等以线条、色彩或者其他方式构成的有审美意义的平面或者立体的造型艺术作品，主要包括绘画、书法、篆刻和雕塑等；建筑作品，是指以建筑物或者构筑物形式表现的有审美意义的作品，特指建筑物或构筑物本身，而不包括建筑模型。

（5）摄影作品。主要指借助器械在感光材料或者其他介质上记录客观物体形象的艺术作品。

（6）视听作品。主要指由一系列有伴音或者无伴音的连续画面组成，并且能够借助技术设备被感知的作品，包括电影、电视剧以及类似制作电影的方法创作的作品。

（7）工程设计图、产品设计图、地图、示意图等图形作品和模型作品。

（8）计算机软件。是指计算机程序及有关文档。

（9）符合作品特征的其他智力成果。

2. 作品的特征

根据作品的定义和分类，可以看出，作品具有以下基本特征：

（1）作品必须具有独创性。独创性是构成著作权法意义上的作品的核心要素。独创性要求作品必须是作者独立创作完成的，而不是对他人成果的抄袭或是剽窃。

（2）作品必须有一定的表现形式。也就是说根据思想/表达二分法，著作权法保护表达，而不是保护思想本身。这个表达须以一定形式表现出来，使人可以感知。

（3）作品的表达限于文学、艺术和科学范围内。这意味着并非所有的智力成果都构成作品，如商业标记，如果不能满足作品独创性标准，则很难构成著作权法意义上的作品。

3. 不适用我国著作权法保护的几类客体

我国《著作权法》第五条规定了三类不受我国著作权法保护的客体：

（1）法律、法规，国家机关的决议、决定、命令和其他具有立法、行政、司法性质的文件，及其官方正式译文；

（2）单纯事实消息；

（3）历法、通用数表、通用表格和公式。

（二）著作权的主体

著作权的主体即著作权人。著作权人分为两类：一是原始著作权主体，其因创作作品而享有著作权；一是继受著作权主体，即其与创作作品无关但通过相关途径依法享有著作权的人。

1. 原始著作权主体

原始著作权主体即作者。作者分为两种：一是创作作品的自然人；一是由法人或者非法人组织主持，代表法人或者非法人组织意志创作，并由法人或者非法人组织承担责任的作品，法人或者非法人组织视为作者。《著作权法》第十二条规定："在作品上署名的自然人、法人或者非法人组织为作者，且该作品上存在相应权利，但有相反证明的除外。"

2. 继受著作权主体

继受著作权主体是指通过继承、接受遗赠、接受转让等方式或者在法律规定的其他条件下依法取得著作权的自然人、法人或非法人组织。国家在某些情况下也可成为继受著作权主体。

三、著作权的内容、归属、取得与保护期

（一）著作权的内容

著作权的内容是指著作权人所享有的专有权利的总和，是著作权法的核心。一般而言，著作权人享有两类权利：人身权和财产权。

1. 人身权

著作权中的人身权也称"精神权利"，是指作者通过创作作品而获得的与其人身不可分割、不直接涉及财产的权利。人身权主要包括发表权、署名权、修改权和保护作品完整权。

（1）发表权，即决定作品是否公之于众的权利。

（2）署名权，即表明作者身份，在作品上署名的权利。

（3）修改权，即修改或者授权他人修改作品的权利。

（4）保护作品完整权，即保护作品不受歪曲、篡改的权利。

2. 财产权

著作权中的财产权也称"经济权利",是指可以为著作权人带来经济收益的权利。财产权具体包括以下权项:

(1)复制权,即以印刷、复印、拓印、录音、录像、翻拍、数字化等方式将作品制作一份或者多份的权利。

(2)发行权,即以出售或者赠与方式向公众提供作品的原件或者复制件的权利。

(3)出租权,即有偿许可他人临时使用视听作品、计算机软件的原件或者复制件的权利,计算机软件不是出租的主要标的物的除外。

(4)展览权,即公开陈列美术作品、摄影作品的原件或者复制件的权利。

(5)表演权,即公开表演作品,以及用各种手段公开播送作品的表演的权利。

(6)放映权,即通过放映机、幻灯机等技术设备公开再现美术、摄影、视听作品等的权利。

(7)广播权,即以有线或者无线方式公开传播或者转播作品,以及通过扩音器或者其他传送符号、声音、图像的类似工具向公众传播广播的作品的权利,但不包括信息网络传播权。

(8)信息网络传播权,即以有线或者无线方式向公众提供,使公众可以在其选定的时间和地点获得作品的权利。公众的"可选择获得"是区分信息网络传播权与广播权的关键。

(9)摄制权,即以摄制视听作品的方法将作品固定在载体上的权利。

(10)改编权,即改变作品,创作出具有独创性的新作品的权利。

（11）翻译权，即将作品从一种语言转换成另一种语言文字的权利。

（12）汇编权，即将作品或者作品的片段通过选择或者编排，汇集成新作品的权利。

（13）应当由著作权人享有的其他权利。

（二）著作权的归属

1. 一般规定

《著作权法》第十一条规定："著作权属于作者，本法另有规定的除外。"作者个人独自创作的作品，著作权归该作者所有；两个或两个以上作者合作创作的作品称为合作作品，著作权由合作作者共有。

2. 特殊作品的著作权归属

所谓特殊作品，是指创作过程中存在某些特殊情况的作品。这些作品的著作权归属要依据著作权法的具体规定来确立。

（1）汇编作品，即汇集已有作品、作品的片段、不构成作品的数据或者其他材料，对其内容的选择或是编排体现独创性的作品，如报纸、期刊、百科全书、选集、文集、数据库等。汇编人享有汇编作品的著作权，但汇编的前提是已有的作品或其片段等，因此汇编人在行使著作权时不得侵犯原作品著作权人的权利。

（2）演绎作品，即在已有作品基础上进行再创作而产生的新作品，如改编作品、翻译作品、注释作品、整理作品等。演绎作品的著作权归演绎者所有，但演绎者在行使著作权时，不得侵犯原作品的著作权。出版演绎作品时，如果原作品未进入公有领域，一般而言使用者应取得原作品著作权人和演绎作品著作权人的许可,法律规定的限制情形除外。

(3) 视听作品。《著作权法》第十七条规定,视听作品中的电影作品和电视剧作品的著作权由制作者享有,但编剧、导演、摄影、作词、作曲等作者享有署名权,并有权按照与制作者签订的合同获得报酬。其他视听作品的著作权归属由当事人约定;没有约定或者约定不明确的,由制作者享有,但作者享有署名权和获得报酬的权利。视听作品中的剧本、音乐等可以单独使用的作品的作者有权单独行使其著作权。

(4) 职务作品,也称"雇佣作品",是指自然人为完成法人或者非法人组织工作任务所创作的作品。一般情况下,职务作品著作权归创作者所有,但单位有权在其业务范围内优先使用。作品完成两年内,未经单位同意,作者不得许可第三人以与单位使用的相同方式使用该作品。

特殊情形下的职务作品著作权的归属,著作权法有明确规定,即作者享有署名权,著作权的其他权利由法人或者非法人组织享有,法人或者非法人组织可以给予作者奖励。这些特别情形下的职务作品是指:第一,主要利用法人或者非法人组织的物质技术条件创作,并由法人或者非法人组织承担责任的工程设计图、产品设计图、地图、示意图、计算机软件等职务作品;第二,报社、期刊社、通讯社、广播电台、电视台的工作人员创作的职务作品;第三,法律、行政法规规定或者合同约定著作权由法人或者非法人组织享有的职务作品。

(5) 委托作品,著作权的归属由委托人和受托人通过合同约定。合同没有明确约定或者没有签订合同的,著作权属于受托人。

（6）美术作品、摄影作品，原件所有权转移不影响作品著作权的归属，但作品原件的展览权由原件所有人享有。如果作品未发表过，受让人展览该原件不构成对作者发表权的侵犯。

（7）其他特殊作品。《最高人民法院审理著作权民事纠纷案件适用法律若干问题的解释》对两类特殊作品的著作权归属进行了规定：第一，除构成法人或非法人组织视为作者的情形外，由他人执笔，本人审阅定稿并以本人名义发表的报告、讲话等作品，著作权归报告人或者讲话人享有，著作权人可以向执笔人支付适当报酬；第二，当事人合意以特定人物经历为题材完成的自传体作品，当事人对著作权权属有约定的，依其约定，没有约定的，著作权归该特定人物享有，执笔人或整理人对作品完成付出劳动的，著作权人可以向其支付适当的报酬。

（三）著作权的取得与保护期

1. 著作权的取得

著作权的取得也称为"著作权的确立"。确定权属是著作权保护的重要内容。关于著作权的原始取得，我国立法采取的是"自动取得"模式，即著作权自作品创作完成之日起产生。《著作权法》第二条规定："中国公民、法人或者非法人组织的作品，不论是否发表，依照本法享有著作权。"外国人和无国籍人的作品依照法律的相关规定也可受到我国著作权法的保护。

计算机软件的著作权人需要到著作权主管部门认定的软件登记机构办理登记。软件登记机构发放的登记证明文件是登记事项的初步证明。

2. 著作权的保护期

著作权的保护期是指著作权受到法律保护的法定期限，在法定期限内,著作权具有法律效力。超过法定期限的作品进入公有领域,相关权利则不受著作权法保护。不同国家对著作权保护期限的规定不同,出版单位在签订版权贸易合同时应当注意。

著作人身权的保护期:除发表权外,署名权、修改权和保护作品完整权的保护期不受限制,是永久性权利。

我国著作权法规定,著作人身权中的发表权与著作财产权保护期相同,具体规定如下:

(1) 自然人的作品,其发表权、著作财产权的保护期为作者终生及其死亡后五十年,截至作者死亡后的第五十年的 12 月 31 日;如果是合作作品,截至最后死亡的作者死亡后第五十年的 12 月 31 日。

(2) 法人或者非法人组织的作品、著作权(署名权除外)由法人或者非法人组织享有的职务作品,其发表权的保护期为五十年,截至作品创作完成后第五十年的 12 月 31 日;著作财产权的保护期为五十年,截至作品首次发表后第五十年的 12 月 31 日,但作品自创作完成后五十年内未发表的,不再受著作权法保护。

(3) 视听作品,其发表权的保护期为五十年,截至作品创作完成后第五十年的 12 月 31 日;其著作财产权的保护期为五十年,截至作品首次发表后第五十年的 12 月 31 日,但作品自创作完成后五十年内未发表的,不再受著作权法保护。

四、邻接权

邻接权属于广义著作权的范畴,我国著作权法称其为"与著作权有关的权利"，它是作品传播者的权利，因而也被称为"传播者权"，具有很高的商业价值。邻接权一般包括表演者的权利、录音录像制作者的权利、广播电台和电视台对其播放的节目的权利以及出版者的权利。出版工作者是作品的传播者，掌握邻接权的基本知识和法律的相关规定有利于明确自己在出版活动中的权利与义务，具有重要的现实意义。

（一）表演者权

表演者是使用他人作品进行演出的人，既包括演出的自然人，也包括演出组织者。表演者演出的前提是他人已有的作品，因而表演者应当取得著作权人的许可，并支付报酬。演出组织者组织演出的，由该组织者取得著作权人许可，并支付报酬。

1. 表演者的权利

即便是表演同样的作品，由于表演者的表达方式、表现手法与风格以及编排设计各有特点，所展现的演出效果也有所差异。因而著作权法对表演者的人身权利和财产权利做出明确规定：

（1）表演者的人身权利：第一，表明表演者身份；第二，保护表演形象不受歪曲。

（2）表演者的财产权利：第一，许可他人从现场直播和公开传送其现场表演，并获得报酬；第二，许可他人录音录像，并获得报酬；第三，许可他人复制、发行、出租录有其表演的录音录像制品，并获得报酬；第四，许可他人通过信息网络向公众传播其表演，并获得报酬。

需要说明的是，表演者行使财产权利时，被许可人除了获得表演者的许可，还必须取得作品著作权人的许可，并向其支付报酬。

2.职务表演

演员为完成本单位的演出任务进行的表演为职务表演。演员的人身权利应该受到保护,即享有表明身份和保护表演形象不受歪曲的权利,但相关财产权利归属需由当事人约定。当事人没有约定或者约定不明确的,职务表演的相关财产权利由演出单位享有。职务表演的财产权利由演员享有的,演出单位依然可以在其业务范围内免费使用该表演。

(二)录音录像制作者权

录音录像制作者的录制均以机械录制为主,录制者在智力创作上的投入要少于创作者和表演者,因此,录音录像制作者权主要集中于财产权利,而不涉及人身权利。

1.录音录像制作者要处理好与其他权利人之间的关系

(1)录音录像制作者使用他人作品制作录音录像制品,应当取得权利人许可,并支付报酬。

(2)录音录像制作者制作录音录像制品,应当与表演者签订合同,并支付报酬。

2.录音录像制作者的财产权利

(1)复制权,录音录像制作者对其制品享有许可他人复制并获得报酬的权利。

(2)发行权,录音录像制作者对其制品享有许可他人发行并获得报酬的权利。

(3)出租权,录音录像制作者对其制品的原件和复制件享有许可他人向公众进行商业性出租并获得报酬的权利。

(4)信息网络传播权,录音录像制作者对其制品享有许可他人通过信息网络向公众传播并获得报酬的权利。

上述财产权利的保护期为五十年,截至该制品首次录制完成后的第五十年的 12 月 31 日。获得上述第(1)项、第(2)项和第(4)项财产权利的被许可人行使相应权利时,还应当同时取得著作权人、表演者许可,并向其支付报酬;被许可人出租录音录像制品,还应当取得表演者许可,并向其支付报酬。

此外,《著作权法》第四十五条规定,将录音制品用于有线或者无线公开传播,或者通过传送声音的技术设备向公众公开播送的,应当向录音制作者支付报酬。

(三)广播组织权

广播组织权的主体是制作广播电视节目的广播电台、电视台等组织。在我国,具有广播组织权的主体是依法设立并专门从事广播电视节目制作、传送的广播电台、电视台。

1. 广播电台、电视台播放节目要处理好与其他主体之间的关系

(1)广播电台、电视台播放他人未发表的作品,应当取得著作权人许可,并支付报酬;播放他人已发表的作品,可以不经著作权人许可,但应当按照规定支付报酬。后一规定属于著作权限制中的"法定许可"。

(2)电视台播放他人的视听作品、录像制品,应当取得视听作品著作权人或者录像制作者许可,并支付报酬;播放他人的录像制品,还应当取得著作权人许可,并支付报酬。

2. 广播电台、电视台对其播放节目的权利

(1)有权禁止未经其许可将其播放的广播、电视以有线或者无线方式转播,该权利保护期为五十年,截至该广播、电视首

次播放后第五十年的 12 月 31 日。

（2）有权禁止未经其许可将其播放的广播、电视录制以及复制。

（3）有权禁止未经其许可将其播放的广播、电视通过信息网络向公众传播。

广播电台、电视台行使上述权利时，不得影响、限制或者侵害他人行使著作权或者与著作权有关的权利。

（四）出版者权

我国著作权法把图书、报刊出版归入邻接权制度中加以规制，其前提是图书、报刊出版单位是依据与著作权人所签订的出版合同而获得出版权，主要表现为复制权和发行权。在网络出版时代，改编权、摄制权、信息网络传播权等对出版者来说也越来越重要。

1. 签订图书出版合同应注意的法律问题

图书出版者应当与著作权人签订书面出版合同，并支付报酬。合同中应明确著作权的使用是否为专有。合同签订后，双方按约定享有相关权利，并履行合同义务，否则需承担相应的违约责任。

图书出版者重印、再版作品时，应当告知著作权人，并支付报酬。图书脱销后，图书出版者拒绝重印、再版的，著作权人有权终止合同。

图书出版者对作品进行编辑加工时，如果要对作品进行修改、删节，应经过作者许可。

出版者与著作权人的主要权利和义务将在"著作权的使用"中详述。

2. 报社、期刊社刊登作品应注意的法律问题

报社、期刊社刊登著作权人的作品一般不签订书面出版合同。著作权人向报社、期刊社投稿后，如报社、期刊社决定刊登稿件，即视为构成邀约与承诺，双方合意达成。

著作权人向报社、期刊社投稿的，自稿件发出之日起 15 日内未收到报社通知决定的，或者自稿件发出之日起 30 日内未收到期刊社通知决定刊登的，可以将同一作品向其他报社、期刊社投稿。双方另有约定的除外。

报社、期刊社可以对作品作文字性修改、删节，但对作品内容的修改，应当经作者许可。

3. 版式设计权

版式设计权是书刊出版者依据著作权法所享有的权利，属于邻接权范畴。书刊出版者有权许可或禁止他人使用其出版的图书、期刊的版式设计。此权利的保护期为十年，截至使用该版式设计的图书、期刊首次出版后第十年的 12 月 31 日。

五、著作权的使用与限制

（一）著作权的使用

著作权人对其财产权利加以利用和支配，可以为自己带来财产收益。著作权的使用主要包括三种方式：许可、转让和质押。著作权中的人身权与作者不可分离，原则上只能由作者行使。

1. 著作权的许可使用

著作权的许可使用是指著作权人授权他人以法律规定的方式、在一定时期和一定地域范围内商业性利用其作品的行为。

著作权的许可使用通常以许可使用合同的方式实现，如出版权许可使用合同、表演权许可使用合同、改编权许可使用合同、信息网络传播权许可使用合同等。合同签订各方既要遵守我国著作权法的相关规定，也要遵守民法典合同制度的相关规定。

出版合同是典型的著作权许可使用合同。著作权人与出版者所签订的出版合同主要包括以下内容：

（1）拟出版作品的名称和种类；

（2）作者姓名或者名称；

（3）出版者对作品内容与表达形式的相关要求；

（4）著作权人对作品权利无瑕疵的相关承诺；

（5）许可使用的权利是专有使用权还是非专有使用权；

（6）许可使用的地域范围和期间；

（7）出版者获得许可后是否可以转许可及其相关约定；

（8）付酬标准和办法；

（9）违约责任；

（10）双方认为需要约定的其他内容。

2. 著作权转让

著作权转让，是指著作权人把自己享有的著作财产权中的一项或是几项甚至全部合法地转移给另一民事主体的民事法律行为。著作权一经转让，出让人就不再享有该权利。

著作权转让应当订立书面合同。著作权转让合同的主要内容包括：

（1）作品的名称；

（2）转让的权利种类、地域范围；

（3）转让价金；

（4）交付转让价金的日期和方式；

（5）违约责任；

（6）双方认为需要约定的其他内容。

著作权转让与著作权许可使用存在严格区别：第一，著作权转让意味着著作权人的变更，著作权许可使用不改变权利主体；第二，著作权的受让人可以独立提起诉讼维权，而著作权的被许可人往往要经许可人的授权才可提起侵权诉讼；第三，著作权转让完成后，受让人完全控制财产权，而著作权的被许可人则需按照许可合同的约定享有权利并履行义务。

3. 著作权质押

相较于著作权许可与转让，著作权质押是著作权使用的较新方式，在出版深度融合时代，著作权质押在著作权运营中会越来越多地出现。以著作财产权出质的，出质人和质权人应依法办理出质登记。

（二）著作权限制

为平衡著作权人利益和社会公众利益，著作权法对著作权人使用其权利设定了一定的限制，主要包括合理使用、法定许可和强制许可三种制度。

1. 合理使用

合理使用是指在法律明确规定的情况下，著作权人以外的人使用作品可以不经著作权人许可，不向其支付报酬，但应当指明作者姓名或者名称、作品名称，并且不得影响该作品的正常使用，也不得不合理地损害著作权人的合法权益。

法律规定，构成合理使用的情况有：

（1）为个人学习、研究或者欣赏，使用他人已经发表的作品；

（2）为介绍、评论某一作品或者说明某一问题，在作品中适当引用他人已经发表的作品；

（3）为报道新闻，在报纸、期刊、广播电台、电视台等媒体中不可避免地再现或者引用已经发表的作品；

（4）报纸、期刊、广播电台、电视台等媒体刊登或者播放其他报纸、期刊、广播电台、电视台等媒体已经发表的关于政治、经济、宗教问题的时事性文章，但著作权人声明不许刊登、播放的除外；

（5）报纸、期刊、广播电台、电视台等媒体刊登或者播放在公众集会上发表的讲话，但作者声明不许刊登、播放的除外；

（6）为学校课堂教学或者科学研究，翻译、改编、汇编、播放或者少量复制已经发表的作品，供教学或者科研人员使用，但不得出版发行；

（7）国家机关为执行公务在合理范围内使用已经发表的作品；

（8）图书馆、档案馆、纪念馆、博物馆、美术馆、文化馆等为陈列或者保存版本的需要，复制本馆收藏的作品；

（9）免费表演已经发表的作品，该表演未向公众收取费用，也未向表演者支付报酬，且不以营利为目的；

（10）对设置或者陈列在公共场所的艺术作品进行临摹、绘画、摄影、录像；

（11）将中国公民、法人或者非法人组织已经发表的以国家通用语言文字创作的作品翻译成少数民族语言文字作品在国内出版发行；

（12）以阅读障碍者能够感知的无障碍方式向其提供已经发表的作品；

（13）法律、行政法规规定的其他情形。

对邻接权的合理使用与上述情况相同。

2. 法定许可

法定许可即依据法律的明确规定使用已经发表的作品，可以不经著作权人许可，但应向其支付报酬，并注明作者姓名或名称、作品名称，且不得侵犯著作权人依法享有的其他权利。我国著作权法规定的法定许可方式有以下几种：

（1）为实施义务教育和国家教育规划而编写出版的教科书中汇编已发表的作品片段或者短小的文字作品、音乐作品或者单幅的美术作品、摄影作品、图形作品。

（2）作品刊登后，除著作权人声明不得转载的外，其他报刊可以转载或者作为文摘、资料刊登，但应当按照规定向著作权人支付报酬。

（3）录音制作者使用他人已经合法录制为录音制品的音乐作品制作录音制品，可以不经著作权人许可，但应当按照规定支付报酬；著作权人声明不许使用的除外。

（4）广播电台、电视台播放他人已经发表的作品或者已经出版的录音制品，可以不经著作权人许可，但应当按照规定支付报酬。

3. 强制许可

我国著作权法没有规定强制许可制度，但我国加入的两个基本国际公约《伯尔尼公约》和《世界版权公约》都有强制许可制度的相关规定。

六、国家对著作权的管理与著作权的集体管理

（一）国家对著作权的管理

我国著作权法规定，国家著作权主管部门负责全国的著作权管理工作；县级以上地方主管著作权的部门主管本行政区域的著作权管理工作。

国家版权局主管全国的著作权工作。国家版权局设立于1985年。2018年3月，中共中央印发《深化党和国家机构改革方案》，明确指出："为加强党对新闻舆论工作的集中统一领导，加强对出版活动的管理，发展和繁荣中国特色社会主义出版事业，将国家新闻出版广电总局的新闻出版管理职责划入中央宣传部。中央宣传部对外加挂国家新闻出版署（国家版权局）牌子。"

国家版权局的主要职责如下：

（1）拟订国家版权战略纲要和著作权保护管理使用的政策措施并组织实施，承担国家享有著作权作品的管理和使用工作，对作品的著作权登记和法定许可使用进行管理；

（2）承担著作权涉外条约有关事宜，处理涉外及港澳台的著作权关系；

（3）组织查处著作权领域重大及涉外违法违规行为；

（4）组织推进软件正版化工作。

（二）著作权的集体管理

复制和传播技术的发展促使作品的使用日趋多样化，也增加了著作权人对作品使用的掌控难度。为切实保护著作权人利益，著作权的集体管理首先在西方应运而生。

著作权集体管理机构的设立需要经过国家版权局批准。我国《著作权集体管理条例》对我国的著作权集体管理加以规制。目前,我国成立了五家著作权集体管理组织,分别是中国音乐著作权协会、中国音像著作权集体管理协会、中国文字著作权协会、中国摄影著作权协会、中国电影著作权协会。

《著作权法》第八条规定,著作权人和邻接权人可以授权著作权集体管理组织行使著作权人或者邻接权人的权利。依法设立的著作权集体管理组织是非营利法人,被授权后可以以自己的名义为著作权人和邻接权人主张权利,并可以作为当事人进行涉及著作权或者邻接权的诉讼、仲裁和调解活动。该条第二款规定,著作权集体管理组织根据授权向使用者收取费用。使用费的收取标准由著作权集体管理组织和使用者代表协商确定,协商不成的,可以向国家著作权主管部门申请裁决,对裁决不服的,可以向人民法院提起诉讼;当事人也可以直接向人民法院提起诉讼。该条第三款规定,著作权集体管理组织应当将使用费的收取和转付、管理费的提取和使用、使用费的未分配部分等总体情况定期向社会公布,并建立权利信息查询系统,供权利人和使用者查询。国家著作权主管部门应当依法对著作权集体管理组织进行监督、管理。

七、著作权纠纷类型与法律责任

(一)概述

著作权纠纷主要表现为两大类型:违约与侵权。前者是指违反著作权合同的相关约定而产生的矛盾和争议,后者是指侵犯著作人身权或是财产权所导致的矛盾和争议。

著作权纠纷的处理方法有三种：

第一，调解，即通过说服教育和劝导协商，纠纷各方当事人在调解组织主持下互相谅解达成和解。调解必须贯彻当事人自愿原则，可以在诉前进行，也可以在进入诉讼程序后由法庭主持调解。调解协议不具备法律效力，达成协议后若反悔，则可采取其他途径解决纠纷。

第二，仲裁，即当事人自愿将争议提交第三方裁决。提请仲裁的前提是当事人之间达成仲裁协议或是在著作权合同中约定了仲裁条款。著作权仲裁主要适用于著作权合同纠纷。仲裁机构做出的仲裁具有法律效力。

第三，诉讼，即人民法院和案件当事人在其他诉讼参与人的配合下为解决纠纷，依照法定程序所进行的全部活动。人民法院对案件的判决具有法律效力。当事人对一审判决不服的，可以提出上诉。二审判决为终审判决，必须执行。当事人不服二审判决的可以申请再审或提出申诉，但在此期间二审判决仍然继续执行。

著作权纠纷的诉讼时效为三年。诉讼时效届满后，权利人虽可提起诉讼，但所主张的权利请求不能得到法律保护，即丧失了实体意义上的诉讼权。

权利人在提起诉讼前，为保护自己的权利可以请求人民法院采取诉前责令停止侵权、财产保全和诉前证据保全等措施。

（二）著作权（邻接权）违约与法律责任

著作权（邻接权）违约是指违反著作权（邻接权）许可合同或是转让合同。

构成违约的要件包括：第一，存在损害事实；第二，当事人一方违反合同义务与他方所受损害之间存在因果关系;第三,行为人存在故意和过失的过错。

违反著作权(邻接权)合同构成违约的应承担相应的民事责任,主要有停止侵害、消除影响、赔礼道歉、赔偿损失等方式。当然在两种情况下可以免除民事责任:第一,存在法定免责事由,如不可抗力;第二,存在约定的免责事由,即著作权合同中约定的特定免责事由。但免责事由既不能违反法律的强制性规定,也不能违背公序良俗。

(三)著作权技术措施保护与著作权侵权

1. 著作权技术措施保护

著作权技术措施保护是指广义著作权,包括邻接权。我国《著作权法》规定,著作权人为保护著作权可以采取技术措施,并将技术措施定义为:"用于防止、限制未经权利人许可浏览、欣赏作品、表演、录音录像制品或者通过信息网络向公众提供作品、表演、录音录像制品的有效技术、装置或者部件。"法律规定特殊情形下可以避开技术措施,但不得向他人提供避开技术措施的技术、装置或者部件,不得侵犯权利人依法享有的其他权利。这些特殊情形是指:

(1)为学校课堂教学或者科学研究,提供少量已经发表的作品,供教学或者科研人员使用,而该作品无法通过正常途径获取;

(2)不以营利为目的,以阅读障碍者能够感知的无障碍方式向其提供已经发表的作品,而该作品无法通过正常途径获取;

(3)国家机关依照行政、监察、司法程序执行公务;

(4)对计算机及其系统或者网络的安全性能进行测试;

（5）进行加密研究或者计算机软件反向工程研究。

《著作权法》第五十一条是对邻接权的技术保护的相关规定。未经权利人许可，不得进行下列行为：第一，故意删除或者改变作品、版式设计、表演、录音录像制品或者广播、电视上的权利管理信息，但由于技术上的原因无法避免的除外；第二，知道或者应当知道作品、版式设计、表演、录音录像制品或者广播、电视上的权利管理信息未经许可被删除或者改变，仍然向公众提供。

2. 著作权侵权

侵犯著作权的类型按所侵犯的客体可分为两类：侵犯著作人身权和侵犯著作财产权。

《著作权法》第五十二条和第五十三条规定了侵犯著作权的若干行为，这些行为也可分为两类：一类是只须承担民事责任的侵权行为，这是指《著作权法》第五十二条所列举的 11 种行为；另一类是指还须承担其他责任的侵权行为，这是指《著作权法》第五十三条所列的 8 种行为。

（1）只须承担民事责任的侵权行为包括侵犯著作人身权的行为、侵犯著作财产权的行为、侵犯邻接权的行为和其他侵权行为。具体是指：

第一，未经著作权人许可，发表其作品的；

第二，未经合作作者许可，将与他人合作创作的作品当作自己单独创作的作品发表的；

第三，没有参加创作，为谋取个人名利，在他人作品上署名的；

第四，歪曲、篡改他人作品的；

第五，剽窃他人作品的；

第六，未经著作权人许可，以展览、摄制视听作品的方法使用作品，或者以改编、翻译、注释等方式使用作品的，《著作权法》另有规定的除外；

第七，使用他人作品，应当支付报酬而未支付的；

第八，未经视听作品、计算机软件、录音录像制品的著作权人、表演者或者录音录像制作者许可，出租其作品或者录音录像制品的原件或者复制件的，《著作权法》另有规定的除外；

第九，未经出版者许可，使用其出版的图书、期刊的版式设计的；

第十，未经表演者许可，从现场直播或者公开传送其现场表演，或者录制其表演的；

第十一，其他侵犯著作权以及与著作权有关的权利的行为。

（2）"还须承担其他责任的侵权行为"，意味着只要实施了相关行为，侵权人不仅要承担相应民事责任，还要因为损害了公共利益而承担行政责任甚至刑事责任。这些侵权行为包括侵犯著作财产权的行为、侵犯邻接权的行为、与信息网络传播有关的侵权行为和其他侵权行为。具体是指：

第一，未经著作权人许可，复制、发行、表演、放映、广播、汇编、通过信息网络向公众传播其作品的，《著作权法》另有规定的除外；

第二，出版他人享有专有出版权的图书的；

第三，未经表演者许可，复制、发行录有其表演的录音录像制品，或者通过信息网络向公众传播其表演的，《著作权法》另有规定的除外；

第四，未经录音录像制作者许可，复制、发行、通过信息网络

向公众传播其制作的录音录像制品的,《著作权法》另有规定的除外;

第五,未经许可,播放、复制或者通过信息网络向公众传播广播、电视的,《著作权法》另有规定的除外;

第六,未经著作权人或者与著作权有关的权利人许可,故意避开或者破坏技术措施的,故意制造、进口或者向他人提供主要用于避开、破坏技术措施的装置或者部件的,或者故意为他人避开或者破坏技术措施提供技术服务的,法律、行政法规另有规定的除外;

第七,未经著作权人或者与著作权有关的权利人许可,故意删除或者改变作品、版式设计、表演、录音录像制品或者广播、电视上的权利管理信息的,知道或者应当知道作品、版式设计、表演、录音录像制品或者广播、电视上的权利管理信息未经许可被删除或者改变,仍然向公众提供的,法律、行政法规另有规定的除外;

第八,制作、出售假冒他人署名的作品的。

（四）著作权侵权的法律责任

1. 民事责任

《著作权法》规定侵犯著作权所应承担的民事责任包括:停止侵害、消除影响、赔礼道歉、赔偿损失。

2. 行政责任

侵犯著作权的行为如果同时还损害了公共利益,那么侵权人除了承担民事责任外,还应接受著作权主管部门依法实施的行政处罚,即承担行政责任。行政处罚包括:责令停止侵权行为,罚款,没收违法所得,没收、销毁侵权制品,没收主要用于制作侵权复制品的材料、工具、设备等。

3. 刑事责任

著作权侵权人须承担刑事责任的情况,由我国刑法规定。适用于著作权侵权人的刑事处罚包括有期徒刑、拘役和罚金。侵权人具体应承担何种刑事责任,须由人民法院依法判决。

第二节 网络著作权知识

一、网络著作权概述

数字技术和网络技术的发展给著作权制度的合理性带来极大的挑战。我国现行《著作权法》就是为顺应信息技术的发展和技术环境的变化而做出的修订。网络著作权制度理论基础、权利客体、作品利用方式和权利保护体系等方面都呈现出"数字化"特性。

（一）网络著作权的特殊性与法律保护

针对网络时代著作权的特殊性，除了修订《著作权法》和加入国际"互联网条约"外，自20世纪90年代中叶开始，我国针对网络信息服务的有关法规和规章也在一直持续不断地制定和完善着。如：行政法规《互联网信息服务管理办法》《互联网上网服务营业场所管理办法》《计算机信息网络国际互联网管理暂行规定》，行政规章《互联网电子公告服务管理规定》《互联网站从事登载新闻业务管理暂行规定》《中国公众多媒体通信管理办法》《计算机信息网络国际互联网络暂行规定实施办法》等。

2005年4月30日，《互联网著作权行政保护办法》通过，这为制定《信息网络传播权保护条例》提供了很好的铺垫。

（二）《信息网络传播权保护条例》

1. 概述

《信息网络传播权保护条例》是对网络出版进行规制的集中

表现,它是专门规范信息网络传播权的行政法规,自 2006 年 7 月 1 日起施行。《著作权法》是《信息网络传播权保护条例》的直接立法依据,《信息网络传播权保护条例》对《著作权法》中未明确的内容加以具体化。此外,《信息网络传播权保护条例》还需与其他法律法规中有关网络知识产权的规定相配套,以更好地对网络环境中著作权的创造、保护、管理、运营加以指引与规制。

我国《著作权法》已于 2020 年完成第三次修正,《信息网络传播权保护条例》的相关内容也将依据《著作权法》的修订而修订。

2. 基本内容

(1) 立法宗旨

该条例第一条规定了立法宗旨,即保护著作权人、表演者、录音录像制作者(以下统称"权利人")的信息网络传播权,鼓励有益于社会主义精神文明、物质文明建设的作品的创作和传播。这与《著作权法》的基本精神相一致。

(2) 基本原则

从该条例第二条和第三条的规定可以推导出信息网络传播权有如下立法原则:

① 权利依法保护原则。信息网络传播权是一个法定权利,著作权人依法行使该权利受到法律保护。

② 授权许可原则。信息网络传播权既可以由著作权人自己行使,也可以由著作权人授权他人行使,从而使权利人获得收益。

③ 非法信息不受保护原则。该条例第三条对此有明确规定,即"依法禁止提供的作品、表演、录音录像制品,不受本条例

保护"。

④ 权利不得滥用原则。为了实现权利人利益与社会公众利益的平衡，行使信息网络传播权不得违反宪法和法律，不得损害公共利益。

（3）主要规则

① 信息网络传播权的范畴界定。该条例第二十六条对信息网络传播权的含义加以规定："以有线或者无线方式向公众提供作品、表演或者录音录像制品，使公众可以在其个人选定的时间和地点获得作品、表演或者录音录像制品的权利。"

② 信息网络传播权的权利限制。该条例把我国《著作权法》中关于合理使用的相关规定适用于网络环境，从而形成信息网络传播权的合理使用制度，并且规定了信息网络传播权的法定许可制度。

③ 规定技术措施和权利管理电子信息的保护和限制。除了该条例明确规定的例外情形外，任何人不得故意避开或者破坏技术措施，不得故意制造、进口或者向公众提供主要用于避开或者破坏技术措施的装置或者部件，不得故意为他人避开或者破坏措施提供技术服务。

④ 创造性地规定了扶助贫困许可。该条例第九条对扶助贫困有明确规定。

⑤ 规定侵犯信息网络传播权的法律责任。针对信息网络传播权的特别情况，在《著作权法》基础上，该条例规定了侵犯信息网络传播权所应承担的民事责任、行政责任和刑事责任，并就著作权主管部门查处网络传播行为的职责进行规定。

⑥ 规范了网络服务提供者的"避风港"原则。"避风港"原

则是指网络服务提供者在知道侵权行为或侵权内容的存在后有义务采取防范措施，如果在明确知道侵权事实后，仍不及时采取相关措施，则需要承担责任。该条例第十三条规定网络服务者的协助义务，即著作权主管部门查处侵犯信息网络传播权时，可以要求网络服务提供者提供涉嫌侵权的服务对象的姓名（名称）、联系方式、网络地址等资料。网络服务提供者如果拒绝履行或是不当履行该协助义务则应承担相应的法律责任。该条例还详细规定了"通知、删除"的程序，以及通知和反通知时应该提供的材料和相应责任的分担，并且规定提供网络自动接入服务、提供自动传输服务、提供自动存储服务、提供信息存储空间、提供搜索或者链接服务时网络服务提供者的免责条件。

与"避风港"原则相关的还有"红旗"原则。它是指当侵权事实显而易见，像"红旗一样飘扬"时，网络服务提供者不能视而不见，或者以不知道侵权为由推脱责任。也就是说，在按常理和应尽基本审慎义务的情形下，网络服务提供者应当知道侵权行为的存在却不删除链接，即使权利人没有发出删除通知，网络服务提供者也应当承担侵权责任。由此可见，"红旗"原则可谓"避风港"原则的例外，或者说当符合一定条件时，网络公司不得以"不知道"或"未接到通知"等为由，不履行对侵权作品的审查及删除链接义务。

《中华人民共和国民法典》第一千一百九十四～一千一百九十七条对网络侵权责任进行了规定，确立"避风港"原则和"红旗"原则，用以平衡网络平台服务提供者、著作权人、社会公众等各方利益。

（三）我国网络著作权立法的完善

我国网络著作权法的体系已初步建构，但与新技术发展所引领的出版产业的日新月异的变化之间还有一定距离。而且《信息网络传播权保护条例》只是针对著作权中的一个具体权项的制度设计，很难全面涵盖网络著作权的方方面面。网络著作权法的立法完善还需关注以下内容：

1. 网络著作权基本原则的完善。

2. 网络著作权内容方面，应针对网络技术特征，设计更为合理的著作权内容，尤其是完善网络环境下复制权与发行权的规则。

3. 网络著作权限制方面，可以考虑引入"三步测试法"进行一般性规定；在具体的限制条款上，可与《著作权法》的规定保持一致，引入图书馆、文化馆的权利限制条款。

4. 网络著作权运用制度方面，应随着网络技术的发展，探索建立更多形式有利于权利运用的网络著作权默示许可规则。

5. 技术措施和权利管理电子信息规则方面，可以考虑增加技术措施保护的限制条款。

6. 网络著作权保护方面，应关注数字技术如区块链技术和数字认证技术在网络著作权权属确定、电子证据存证等方面的应用。另外，要回应数字技术带来的文化消费方式的变化，对网络用户、网络服务提供者权利义务边界以及免责条件做出相对合理的调整。

二、网络著作权内容

著作权是法定权利。我国著作权法规定了著作权人所享有的 4 项人身权利和 13 项财产权利。在网络环境下,著作人身权内容无实质性变化,但著作财产权内容却深受网络技术发展的影响,特别是复制权、发行权、广播权和信息网络传播权等。数字出版编辑除了应掌握各项权利的具体内容外,还需明晰各项权利之间的边界,从而确保出版活动合规,预防或化解著作权风险。

（一）网络环境中的复制权

1. 数字化复制

复制是出版活动的重要内容之一。我国著作权法列举了复制行为的多种形式,如印刷、复印、拓印、录音、录像、翻录、翻拍、数字化等,著作权人享有以各种方式将作品制作一份或者多份的权利。数字化复制,一般而言就是将作品以各种形式固定在芯片、光盘、硬盘等媒介,下载到计算机、上传到网络服务器等。

2. 数字化永久复制的法律问题

数字化复制,是指用户将作品、表演和录音制品等通过数字化手段复制到存储设备或者以有形物质载体将其固定的行为。

数字化永久复制行为主要包括:第一,将作品以各种技术方式固定在芯片、光盘、硬盘、软件磁盘上,如将作品刻录成光盘或者将软件安装在计算机中;第二,将作品上传至网络服务器,如在微博上发布作品,就是以文字化格式在网络服务器硬盘中形成永久复制件;第三,将作品从网络服务器或其他计算机上下载到本地计算机中,使文件永久存储于计算机硬盘中;第四,通过网络向其他计算机用户发送作品,如将数字化的作品通过网络发送到用户的电子邮箱,从而在用户电子邮件服务器的硬盘上形成永久复制件。

以上就是对数字化作品进行固定、传播和利用的主要途径。数字化永久复制具有两大要点：一是信息要有存储载体，这种载体一般可以离开计算机或者网络而独立存在；二是信息在载体中以一种稳定的状态存在，不会自动消失。

数字化永久复制还有一种表现形式，就是把已有作品制成数字化制品，即将受著作权法保护的作品以数字化代码形式固定于有形载体中，如激光唱盘（CD）、激光视盘（LD）、数码激光视盘（VCD）、高密度光盘（DVD）、软磁盘（FD）、只读光盘（CD－ROM）、交互式光盘（CD－I）、照片光盘（Photo－CD）、高密度只读光盘（DVD－ROM）、集成电路卡（IC Card）等。

我国著作权法把数字化纳入复制权的定义中，明确其为复制作品的手段之一，为网络环境中的复制权侵犯问题提供了法律判定依据。

3. 数字化临时复制的法律问题

数字化临时复制，是指数字终端内存在读者通过计算机及其他数字化产品进行阅读、浏览、倾听和使用作品的过程中自动出现复制件的现象。学界通行观点认为，临时复制只是一种客观的技术现象，而且没有独立的经济价值，因而不能构成著作权法意义上的"复制行为"。

（二）网络环境中的发行权

发行是出版活动的重要组成部分。传统出版中的发行，是指销售或赠与出版物的行为。此处的出版物是作品固化在载体上的物质成品，它表现为作品的原件或是复制件，而不是作品本身。

网络环境中,公众获取作品的方式有了较大改变:网络用户把数字化作品上传至公共网络服务器,其他用户通过网络将这一数字化作品下载到自己的存储设备中,以此完成作品的传播与复制。这与我国《著作权法》意义上的发行权有所不同。实质区别就在于发行权传播的一般是作品的复制件,而互联网上的这种传播行为指向的是作品本身,因而这一传播行为不构成我国《著作权法》意义上的发行,而应归为信息网络传播行为,属于信息网络传播权范畴。

明确发行权与信息网络传播权二者的边界,有利于网络出版从业者对著作权进行保护和使用,从而避免法律纠纷,也可以在自身权利受到侵害时及时维权。

（三）网络环境中的广播权

网络环境中对作品的传播一般分为两种形式:交互式传播和非交互式传播。前者属于信息网络传播权范畴,后者属于网络环境中的广播权范畴。

网络环境中的非交互式传播可以分为两种情形:一是直接通过网络进行非交互式的初始传播,而不是对接收到的广播、电视信号进行网络转播,如网络电台、网络电视台按照预定的时间表通过网络传播含有作品的内容;二是对接收到的广播、电视信号等实时获取的传播内容进行同步网络转播,而不是直接通过网络进行初始传播,如一些网站在接收某电视台大型赛事的现场直播信号后通过网络同步播出。这种网络环境中的非交互式传播,通常称前一情形为"网播",称后一情形为"网络转播"。

世界知识产权组织对"网播"有非常明确的解释:"接收者可以在某一具体时间登录,以获得对节目的流媒体传送,并接收传来的任何内容,但不能以其他方式影响该节目的流媒体传送"。《伯尔尼公约》将"网络转播"界定为对作品广播的再传播,强调的是转播对作品的传播,而不是转播作品。

我国现行《著作权法》在对广播权的定义中明确"以有线或者无线方式公开传播或者转播作品",且把信息网络传播权排除在外,这就把网络环境中的广播权与信息网络传播权进行了明确区分,即前者指向网络环境中的非交互式传播,后者指向网络环境中的交互式传播。

（四）信息网络传播权

1. 定义与特征

为了加强互联网时代著作权的保护,我国《著作权法》在2001年修订时规定了信息网络传播权,并且在2006年国务院制定的《信息网络传播权保护条例》中将这一权利加以强化。我国现行《著作权法》第十条第十二项对信息网络传播权作出定义:"以有线或者无线方式向公众提供,使公众可以在其选定的时间和地点获得作品的权利。"《信息网络传播权保护条例》第二十六条规定,信息网络传播权是指以有线或者无线方式向公众提供作品、表演或者录音录像制品,使公众可以在其个人选定的时间和地点获得作品、表演或者录音录像制品的权利。按照现行《著作权法》第四十七条第三项的规定,广播电台、电视台有权禁止未经其许可,将其播放的广播、电视通过信息网络向公众传播。因此,《信息网络传播权保护条例》中所规定的信息网络传播权,也应该拓展到向公众提供广播、电视的情形。

信息网络传播权在出版深度融合发展的当代显得尤为重

要,网络出版从业者应掌握其基本概念与特征,明晰信息网络传播权与互联网环境中其他著作财产权的边界。

信息网络传播权的特征如下:

(1) 规制交互式传播

交互式传播就是使用户可以根据自己的意愿获取作品,以进行在线欣赏或下载,也就是使公众可以同时选择获取作品的时间和地点的传播模式。这一特征也被称为"异地异时"获取作品或"按需传播"。交互性是信息网络传播权最核心的特征。

典型的信息网络传播行为主要分为三种情况:

① 网站经营者直接将数字化作品置于开放的网络服务器上供用户在线欣赏或下载;

② 用户将数字化作品上传到开放的网络服务器供用户在线欣赏或下载;

③ 将作品置于 P2P 软件划定的"共享目录"中,供其他网络用户搜索并下载。

(2) 有线、无线及其他信息网络传播

信息网络传播权的存在形态、权利内容和保护方法受制于网络技术的发展。信息网络是一种宽泛的概念。《最高人民法院关于审理侵害信息网络传播权民事纠纷案件适用法律若干问题的规定》规定,信息网络包括以计算机、电视机、固定电话、移动电话机等电子设备为终端的计算机互联网、广播电视网、固定通信网、移动通信网等信息网络,以及向公众开放的局域网络。由此可见,通过微信公众号推送作品或是在网吧、图书馆通过局域网向公众进行交互式传播都可能构成信息网络传播行为。

（3）公开传播使公众获得作品

公开传播主要包括两种情形：

① 向不特定的多数人进行传播，例如在向公众开放的网络平台上传播作品；

② 向特定的多数人进行传播，因为网络互通的特性，只要这些多数人之间不构成家庭成员或者正常社交成员关系，即便是出于个人学习、欣赏或者与其他人交流的目的，也可以达到公开传播的效果。

公开传播作品的必要条件不是公众获取作品的结果，而是公众获得作品的可能性。且此处的作品应作广义解释，在线阅读、收听、观看文艺作品和在线安装、运行软件等行为，都属于公众获取作品的范畴。

2. 权利主体与客体

（1）信息网络传播权的主体

确定信息网络传播权的归属是权利运营的前提，也是司法裁判和行政执法的前提。信息网络传播权的主体分为两类：著作权人和邻接权人。

信息网络传播权是法律赋予互联网时代著作权人的重要财产权。邻接权人享有该项权利则是基于《信息网络传播权保护条例》第一条所作出的规定，即"为保护著作权人、表演者、录音录像制作者的信息网络传播权"。表演者、录音录像制作者作为邻接权人，依该条例规定也享有信息网络传播权。需要说明的是，出版者虽是邻接权人，但没有被规定为信息网络传播权的主体，其版式设计权也不含有信息网络传播权。如未经许可将已出版的图书扫描后放在网络上传播，不构成侵犯信息网络传播权。

（2）信息网络传播权的客体

《信息网络传播权保护条例》明确规定，信息网络传播权的客体包括作品、表演、录音录像制品，现行《著作权法》第四十七条增加了广播、电视作为信息网络传播权的客体。所谓的"网络作品"并非一种新型的著作权法意义上的作品，它只是作品数字化后在网络空间的展现。

受信息网络传播权保护的著作权法意义上的作品存在一些特殊样态，主要包括：

① 计算机软件，即计算机程序及其有关文档，它是信息网络传播权的主要客体之一。

② 多媒体作品，即利用数字技术将文字、静态画面、动态画面、单色等多种表现形式综合起来形成的作品，它可以借助相互作用的传递媒介进行统一展示。

③ 数据库，即经系统或者有序安排，并可通过电子或者其他手段单独加以访问的独立作品、数据或者其他材料的集合，以及可受信息网络传播权保护的以电子形态存在的数据库。

④ 网页，通常以 HTML 格式体现，可借助网页浏览器进行阅读，当网页的设计在整体上具有独创性时，就可成为信息网络传播权的客体。

3. 信息网络传播权与其他权利的辨析

（1）信息网络传播权与复制权

在互联网环境下，将作品上传到网络服务器存储即构成复制行为。如果这个服务器是向公众开放的，复制的作品处于可被公众获取的状态，形成交互式传播，则属于信息网络传播权范畴；如果这个服务器不向公众开放，那就只完成了对作品的复制，属于复制权范畴。

（2）信息网络传播权与广播权

信息网络传播权与广播权的相似性在于都是远程传播，即都通过网络向公众传播。不同的是，信息网络传播权的核心特征在于它规制的是交互式远程传播行为，即通过网络将作品传送至不在现场的公众，如作者把自己创作的小说上传到网络平台供网络用户阅读或下载；而广播权中的"以有线或者无线方式公开传播或者转播作品"是一种非交互式的传播行为，不论以何种方式传播或转播，只要属于非交互式的传播行为，都属于广播权的规制范围，如网络游戏的实况直播。

三、网络著作权限制

我国著作权法规定了合理使用和法定许可两种著作权限制方式。在互联网环境下，著作权限制面临许多挑战，合理使用与法定许可的具体情形也随着数字技术、网络技术的不断发展而出现一些新特点。《信息网络传播权保护条例》也有专门条款规定信息网络传播权合理使用和法定许可的相关情形。

（一）网络环境中的复制权合理使用

《著作权法》在对复制权的定义中明确规定了数字化的复制方式。网络环境中存在大量不同情形的数字化复制。该法第二十四条列举了构成合理使用的各种情况，数字化复制只有符合这些相关规定方才构成合理使用。随着网络技术的不断发展，网络环境中的数字化复制行为也更为多样。常见的数字化复制的著作权限制有三类。

1. 私人数字化复制与著作权合理使用

在互联网环境下,私人数字化复制的主要情形有三种:第一,个人通过互联网直接下载文字作品、音乐作品或视听作品,即使存在技术措施,一些使用者也有能力规避相关措施获得相应作品;第二,个人上网时通过数字化设备或者软件私人复制各类作品,并且通过数字化方式将作品拷贝到电脑中;第三,消费者个人在接受文化服务中进行数字化复制,如观看画展时用手机拍照。这些情形都符合我国《著作权法》第二十四条第一项的规定,即"为个人学习、研究或者欣赏,使用他人已经发表的作品"。需要注意的是,这种私人数字化复制的主体只能是个人,使用目的是非营利性的,且复制数量应受限制,同时不能影响作品的正常使用,不能损害著作权人的合法权益。

2. 教育机构数字化复制与著作权合理使用

《著作权法》第二十四条第六项规定:"为学校课堂教学或者科学研究,翻译、改编、汇编、播放或者少量复制已经发表的作品,供教学或者科研人员使用,但不得出版发行。"据此,符合此规定情形下的数字化复制也属于合理使用。实践中,教育机构利用数字化技术复制已发表的作品,主要用于远程教育。远程教学活动一般要利用数字化技术通过网络开展,近几年的线上教学就是远程教育的典型模式。远程教学活动中的数字化复制行为在满足下列条件时,可以认为构成合理使用:第一,远程教育机构的教学活动必须是非营利的;第二,远程教育机构对通过信息网络传播的作品等客体的数字化复制品不得用于出版发行;第三,远程教育机构必须采取有效措施防止数字化复制件向非注册学员传播;第四,采取措施保证作品的使用不会不合理地损害著作权人的合法利益。

3. 图书馆等公益性机构数字化复制与著作权合理使用

《著作权法》第二十四条第八项规定:"图书馆、档案馆、纪念馆、博物馆、美术馆、文化馆等为陈列或者保存版本的需要,复制本馆收藏的作品。"符合此项规定的数字化复制属于合理使用。网络环境下的数字化复制大大提升了上述公益性机构复制作品的能力,既节约了存储空间,也便于所收藏作品的保管,但如果不依法规制其数字化复制行为,则可能出现某些作品的数字化形式流入市场,从而损害著作权人的利益。

因此,这些公益性机构的数字化复制除满足合理使用相关规则外,还需注意以下法律问题:第一,根据读者或使用者的请求进行数字化复制,且只收取成本费;第二,应上述公益性机构请求,数字化复制藏品免费提供给请求方,且该作品为孤本绝版或濒临毁损;第三,为陈列或保存版本需要,数字化复制藏品;第四,上述非营利公益性机构利用网络上已经传播的、可自由下载的作品为使用者提供检索服务时,如果不存在直接故意侵权行为,可不承担赔偿损失的责任。

(二)信息网络传播权的合理使用

1. 信息网络传播权合理使用的特征

信息网络传播权对网络出版单位和网络出版从业者来说是极为重要的权利,这一权利因为网络技术自身的特性在判断是否构成著作权的合理使用情形时有一些特别之处,比如:第一,针对的是作品在网络环境中交互式传播所涉及的著作财产权;第二,信息网络传播权所涉及的利益群体较为复杂,如著作权人、图书馆等公益性机构、少数民族、落后地区、网络服务提供者以及网络用户等,需要从多个角度平衡各群体的利益,《信息网络传播权保护条例》第六至七条即反映出这一立法本意;第三,信息网络传播权合理使用的具体情形处于变化之中。《著作权法》第二十四条第十三项规定,合理使用的具体情形包括法律、行政法规规定的其他情形,这为在新的数字环境下建构特殊的信息网络传播权合理使用规则提供了依据。

2.《信息网络传播权保护条例》关于合理使用的具体规定

《信息网络传播权保护条例》关于合理使用的规定具体体现在第六条和第七条中。这些情形可与《著作权法》第二十四条的相关规定对照分析。

《信息网络传播权保护条例》第六条规定,通过信息网络提供他人作品,属于下列情形的,可以不经著作权人许可,不向其支付报酬:

(1)为介绍、评论某一作品或者说明某一问题,在向公众提供的作品中适当引用已经发表的作品;

(2)为报道时事新闻,在向公众提供的作品中不可避免地再现或者引用已经发表的作品;

(3)为学校课堂教学或者科学研究,向少数教学、科研人员提供少量已经发表的作品;

(4)国家机关为执行公务,在合理范围内向公众提供已经发表的作品;

(5)将中国公民、法人或者其他组织已经发表的、以汉语言文字创作的作品翻译成的少数民族语言文字作品,向中国境内少数民族提供;

（6）不以营利为目的，以盲人能够感知的独特方式向盲人提供已经发表的文字作品；（2020年修订版《著作权法》将这种情形规定为"以阅读障碍者能够感知的无障碍方式向其提供已经发表的作品"。）

（7）向公众提供已经在信息网络上发表的关于政治、经济问题的时事性文章；

（8）向公众提供在公众集会上发表的讲话。

《信息网络传播权保护条例》第七条规定，图书馆、档案馆、纪念馆、博物馆、美术馆（2020年修订版《著作权法》中还增加了"文化馆"）等可以不经著作权人许可，通过信息网络向本馆馆舍内服务对象提供本馆收藏的合法出版的数字作品和依法陈列或者保存的需要以数字化形式复制的作品，不向其支付报酬，但不得直接或者间接获得经济利益。当事人另有约定的除外。上述规定的为陈列或者保存版本需要以数字化形式复制的作品，应当是已经损毁或者濒临损毁、丢失或者失窃，或者其存储格式已经过时，并且在市场上无法购买或者只能以明显高于标定的价格购买的作品。

（三）信息网络传播权的法定许可

法定许可是我国著作权法规定的另一种著作权限制措施，法律对符合法定许可的情形也有明确规定。法定许可与合理使用最大的不同在于需要向著作权人支付报酬。

1.《信息网络传播权保护条例》关于法定许可的具体规定

《信息网络传播权保护条例》第八条规定，为通过信息网络实施九年制义务教育（2020年修订版《著作权法》将"九年制义务教育"修改为"义务教育"）或者国家教育规划，可以不经著作权人许可,使用其已经发表作品的片段或者短小的文字作品、音乐作品或者单幅的美术作品、摄影作品制作课件,由制作课件或者依法取得课件的远程教育机构通过信息网络向注册学生提供,但应当向著作权人支付报酬。

对比《著作权法》第二十五条关于编写教材的法定许可制度,可以看出二者的区别:

(1) 使用的方式不同,传统教育机构法定许可的使用方式是编写教科书,远程教育机构的使用方式主要是制作课件,在形式上更多地采用了多媒体和互动式技术。

(2) 提供的对象不同,传统教育机构法定许可不限定对象;信息网络传播权法定许可限定提供的对象是注册学生。这是考虑到网络环境下作品的快速传播与侵权的低成本,为了防止因不当使用而造成对著作权人合法权益的损害。

2. 网络转载、摘编不构成信息网络传播权的法定许可

《信息网络传播权保护条例》没有对网络环境下转载、摘编法定许可的相关规定。2015 年 4 月国家版权局办公厅发布的《关于规范网络转载版权秩序的通知》明确规定,互联网媒体转载他人作品必须先获得授权,并就转载内容向权利人支付报酬。

(四) 网络戏仿的著作权限制

基于促进人类多元文化创作、少数批评者的利益需要得到重视等角度,有观点认可戏仿构成合理使用。网络技术的发展使得戏仿走向更为普遍的场域。不少网络剧对经典艺术文本进行改编、反讽和滑稽模仿,从内容到形式都展现出独创性,丰富了文艺批评市场,对文化的繁荣具有一定的推动作用。对原作品的戏仿与原作具有不同的市场对象,因此一般不会对原作合

法利益造成损害。但一切行为都有边界,如果超出一定限度,戏仿就可能构成对原作的侵犯,并给原作带来负面影响等。

我国法律没有明确规定戏仿的法律性质,我国《著作权法》第二十四条也未把戏仿明确列为合理使用情形。因而网络文学或是网络游戏从业者在创作或经营活动中应合理把握戏仿这一创作形式的边界,避免引起法律纠纷。

四、网络著作权运营

网络出版的健康持续发展离不开网络著作权的合法有序运营。网络环境中交互式和非交互式传播方式的发展,丰富了出版业态,推进了出版深度融合发展,带动了更多的市场主体参与网络出版,诸如网络文学和网络游戏产业。网络著作权运营发展出许多新模式,集中表现为授权他人行使相关权利的方式方法,也带来一些新的法律问题。

(一)网络著作权运营的新模式

1. 网络著作权使用合同

网络环境下签订的著作权使用合同根据主体可分为两类:一类是著作权人与数字媒体签订的著作权使用合同,一类是数字媒体与普通使用者之间签订的著作权许可合同。

著作权人与数字媒体签订的著作权使用合同具有以下特点:

(1)明确约定数字媒体依法享有的著作权权能及使用相关权利所能达成的目的和状态;

(2)数字媒体一般必须取得信息网络传播权才可在互联网上传播作品;

(3)签订使用合同的方式具有多样性,如签订协议获得授权、通过默示许可协议获得授权等。

数字媒体与普通使用者签订的著作权许可合同具有以下特点：

（1）数字媒体往往采取格式合同条款约定被许可人的权利义务；

（2）在未采取技术措施的情形下，推定数字媒体默示许可使用者的浏览行为和个人复制行为，但是未经授权不得在网络上传播；

（3）在采取技术措施的情形下，数字媒体通过技术措施控制使用者的复制或者浏览行为。

2. 网络著作权特殊许可方式

（1）DRM 著作权许可

DRM 著作权许可，是由著作权人借助数字权利管理系统，以权利管理电子信息和格式条款为基础，由数字媒体（许可人）代表著作权人与使用人（被许可人）签订的著作权许可使用合同。此模式常用于线上音乐下载服务。

① 概念

DRM 著作权许可，是指借助 DRM 机制以权利管理电子信息和格式条款为基础，由著作权人、数字媒体人（许可人）与使用人（被许可人）签订的作品使用合同。所谓 DRM，即数字权利管理系统，是指在数字化作品使用过程中用以控制、监督、调整和计量作品、表演和录音录像制品复制、传播的技术手段、信息系统、计价方式和跟踪反馈系统等的综合机制。

电影《让子弹飞》在各大视频网站上线时即采用了这一模式：用户只需付 5 元钱即可在 48 小时内无限制点播该电影的

普通话版或是四川话版。上线首日,即有 2 700 多人付费观看。

② 主要内容和特点

DRM 著作权许可合同一般包括以下条款:第一,授权条款,条款内容一般由许可人列出供被许可人选择,选择什么条款,被许可人就享有什么权利;第二,支付条款,主要表明收费项目、收费标准、计价模式、收费信息等;第三,约束条款,一般包括双方的违约责任、许可人要求被许可人承担的不可多次复制的义务等。

由定义和内容可以看出,这一著作权许可模式的主要特点为:著作权人或数字媒体人确定许可合同的基本内容和条件,通过技术措施阻止被许可人在付费之前接触或者获取作品,被许可人只能以点击方式被动选择是否缔结合同,以及以何种方式缔结合同。被许可人在 DRM 环境中决定是否作出缔结合同的承诺时,必须了解作品的权利归属、使用价格以及内容质量等信息,以免造成对自己不利的后果。

另外,需要注意的是,DRM 著作权许可模式可能会对消费者的利益产生消极影响,如若没有顾及用户的知情权,格式条款的使用就容易引起有失公平的交易并给用户的个人信息带来安全隐患等。

(2) GPL 著作权许可

GPL 著作权许可,即通用公共许可协议,其基本特征是:允许被许可人自由发行与传播作品,开放软件代码,以实现修改后作品的复制与传播,且不论有偿或是无偿。但被许可人若不遵守 GPL 著作权许可合同所拟条件,许可人可以无条件撤销许可,被许可人的一切权利都将终止。

（3）CC 协议许可

CC 协议，即知识共享协议，它是由知识共享组织发起推广的网络著作权许可授权机制，致力于让所有创造性作品都有机会被更多人分享和看见，以促进作品在其生命周期内实现最大价值。CC 协议提供多种可供选择的授权形式及条款组合，创作者可与大众分享创作，授予他人再传播的权利，且权利人还能保留其他一些权利。我国不少博客网站就采用了 CC 协议许可模式。

（4）默示许可

默示许可，是指在没有著作权人明示许可的情形下，被许可人依据法律的规定或者许可人的行为推断权利人已做出许可的作品利用模式。《信息网络传播权保护条例》第九条关于"扶助贫困"的许可规定既是一种制度创新，也是我国著作权法对默示许可的首次确认。用默示许可的方式鼓励网络传播，已经成为一种新的商业营销模式。

（5）免费许可

数字经济时代，越来越多的著作权人愿意免费许可媒体传播作品，数字媒体也乐意免费授权使用者使用作品，而不需要消费者支付报酬。如美国环球唱片公司曾与热门视频网站 YouTube 合作推出一个免费的音乐视频网站，这家网站采用免费许可的模式为消费者服务，网站运营依靠广告收入来维持。权利人虽未从数字媒体处直接通过音乐作品或制品获取经济利益，但能从被许可人的其他经营活动中分得利润，依然享有相应的经济利益。

（6）授权要约模式

授权要约模式，是指在作品等信息向公众公开或传播时，著作权人以申明的形式向公众发出要约,规定公众能够以何种条件、何种方式复制和传播作品。只要接受该条件,即可按条件自动使用该作品。这一模式顺应了数字经济时代网络传播的特性,节约了著作权人(许可人)与使用者(被许可人)的谈判成本,使数字化作品得以快速被利用,有助于知识的传播。

(7)交叉许可模式

交叉许可模式,是指著作权人之间就各自享有的权利进行相互许可,以代替许可金的相互支付并实现技术共享和互利共赢的方式。有些数字图书馆就采用交叉许可模式:根据约定,著作权人将自己作品的使用权许可给数字图书馆,作为交换,数字图书馆向著作权人赠送读书卡以免费使用该数字图书馆的其他资源。

(8)特定网络空间的权利放弃模式

网络环境中,为避免默示许可的效力不足或权利人事后提出异议,有些数字媒体会要求著作权人承诺放弃一部分或者全部权利,具体表现为在提供存储空间的同时对著作权的使用方式进行在先申明,著作权人只有点击同意,才可完成注册或者登录。

(9)"飞流"许可

此许可模式源自哈佛大学费舍尔教授倡导的"飞流"(Felio)项目,旨在推行一种新的许可途径:著作权人加入"飞流组织"后,其作品会一揽子许可给网络服务商、移动电信运营商或者大学,然后免费提供给消费者使用。在这种许可模式下,著作权人只能根据作品被使用的情况从"飞流组织"获得一定补偿。

(10)定位许可

定位许可,是指著作权人(许可人)和被许可人约定,根据被许可人确定的数字网络定位(如 IP 地址、区域网络等)来进行许可。被许可人(一般为教育机构或图书馆)可以在约定期限内免费试用。

随着信息技术的发展、人们新的消费习惯的养成,网络著作权的许可方式还会不断演变,在符合《著作权法》立法宗旨前提下,促进知识与文化传播的许可方式也将逐步被社会所接受。

(二)信息网络传播权的默示许可

1. 概念与特征

默示许可是著作权许可使用的一种,本部分重点介绍信息网络传播权所涉及的默示许可。它是指在一定情形下,著作权人虽然没有明确表示可以在网络环境中传播作品,但是从权利人的行为或者依照法律的规定可以推定权利人对该使用不表示反对,从而认定经由许可而使用作品的状态。由此归纳默示许可具有如下特征:

第一,默示是非明示的行为,但可以推判出来,比如存在既往惯例;

第二,默示许可只发生在特定情形下,虽然"沉默",但足以表明著作权人愿意承担许可后的法律后果;

第三,在默示许可制度下,著作权人可以行使的是许可权、报酬请求权和禁止权,即使用人在使用作品后任何时段,权利人都可以主张权利,使用人必须按照适当标准履行相应义务。

2.《信息网络传播权保护条例》的具体规定

《信息网络传播权保护条例》第九条规定,为扶助贫困,通过信息网络向农村地区的公众免费提供中国公民、法人或者其他组织已经发表的种植养殖、防病治病、防灾减灾等与扶助贫困有关的作品和适应基本文化需求的作品,网络服务提供者应当在提供前公告拟提供的作品及其作者、拟支付报酬的标准。自公告之日起 30 日内,著作权人不同意提供的,网络服务提供者不得提供其作品;自公告之日起满 30 日,著作权人没有异议的,网络服务提供者可以提供其作品,并按照公告的标准向著作权人支付报酬。网络服务提供者提供著作权人的作品后,著作权人不同意提供的,网络服务提供者应当立即删除著作权人的作品,并按照公告的标准向著作权人支付提供作品期间的报酬。依照前款规定提供作品的,不得直接或者间接获得经济利益。

由此规定可以归纳出基于扶助贫困的信息网络传播权默示许可的构成要件是:第一,使用作品的目的,即通过默示许可,推广作品的使用,达到扶助贫困的目的;第二,默示许可的作品类型,应是已经发表的种植养殖、防病治病、防灾减灾等与扶助有关或是适应基本文化需求的作品;第三,默示许可的使用者应是中国公民、法人或其他组织;第四,默示许可的行为,表现为著作权人未对被许可人的公告提出异议,网络服务提供者须先以公告程序公示 30 天,若著作权人不同意提供,网络服务提供者应立刻删除著作权人的作品;第五,使用者的使用应是非营利性的,即使用者不得直接或间接从该使用中获得经济利益。

3. 信息网络传播权默示许可的其他类型

除了《信息网络传播权保护条例》明确规定的默示许可外,实践中还有不少其他形式的默示许可。

(1) 特定网络空间的默示许可

在特定的网络空间,著作权人发表作品的目的,就是希望更多的人转载、传播，以此提高自己的知名度。只要著作权人在特定网络空间发表作品，就意味着允许转载和摘编，此行为代表权利人默示许可他人使用的合法性，除非他在发表作品时明确表示不得进行网络传播。

（2）由非网络空间中著作权许可行为推定的信息网络传播权默示许可

非网络空间中，比如在著作权人与传统媒体签订著作权许可使用合同时，如果没有明确反对，即存在构成默示许可的可能。又如著作权人向具有法定职责的特定机构签发使用许可证书时，也存在构成默示许可的可能。此种情形对著作权侵权留有一定不确定性，具体使用场景应进行个案分析。

（3）商业竞争中的默示许可

为在商业竞争中取得一定优势，有些权利人会采用默示许可的方式推广自己的作品。如 QQ 软件被权利人作为免费传播软件默示许可其他网站进行非营利性传播，但权利人可通过出售 QQ"靓号"来营利。

现实中存在大量默示许可模式有待法律的进一步规制。在具体的经营活动中如何恰当使用这一方式，既能提高经营效率，又可避免侵权风险，需要网络文学、网络游戏从业者认真对待。

（三）网络环境中的著作权集体管理

权利人加入著作权集体管理组织成为其会员，授权集体管理组织代为行使相关权利并从中获益。这也是权利人运营著作财产权的一种方式。

1. 网络环境中著作权集体管理的新挑战

网络环境中，著作权集体管理面临新的挑战，主要表现为：

第一，网络时代从事创作相对容易，著作权人数量众多，但大多数不是集体管理组织的会员，按照既有的集体管理规则，管理组织不能对非会员的作品进行授权；

第二，我国著作权采用的是自动获权规则，网络上大量作品的作者或是著作权人难以确定，集体管理组织很难找到真正的权利人；

第三，数字技术的发展让著作权人有更多可供选择的授权模式，不必完全依赖集体管理组织行使其权利，因此集体管理组织必须创新管理规则与方式，以顺应网络时代作品创作与传播的需要。

2. 网络环境中著作权集体管理的创新发展

创新著作权集体管理的规则与机制，既可以满足网络环境中人们对于作品使用的需要，又可以更好地保护著作权人的利益。

第一，建构延伸性集体管理规则。所谓延伸，即在法律特别规定的范围内，集体管理组织也能管理非会员的权利，即使用的作品被规定在某一著作权集体管理组织所管理的特定种类的范围内，即便该作品的著作权人不是该集体管理组织的会员，只要使用者按一定标准向该集体管理组织支付报酬即可使用该作品。

第二，建立向集体管理组织提存的制度。当著作权人不明确或者经过努力仍不能取得联系获得授权时，著作权集体组织可以提出提存的主张，同时发表公告继续寻找权利人。

第三，发挥集体管理组织在建构数字权利管理系统中的作用。集体管理组织应积极利用新技术，在法律允许的范围内建设集作品发布、查询、运营于一体的综合平台，实现著作权资产的有效管理与利益分配。

第三节　技术措施与权利管理信息保护

一、概述

《著作权法》第四十九条规定："技术措施，是指用于防止、限制未经权利人许可浏览、欣赏作品、表演、录音录像制品或者通过信息网络向公众提供作品、表演、录音录像制品的有效技术、装置或者部件。"由此可以看出，技术措施具有以下特征：

第一，非独立性，它能够受到《著作权法》保护的前提是依附于一定的作品信息；

第二，合法性，因为它存在的目的是限制他人非法接触、使用作品，合法性是应有之意；

第三，有效性，这意味着所采用的技术措施能够达到控制作品等信息被接触或使用，可以阻止一般人实施侵权行为。

二、技术措施保护的内容

技术措施保护的内容就是通过《著作权法》禁止规避技术措施的行为以及禁止提供规避技术措施设备、服务以达到最终保护权利人利益的具体规范。我国《信息网络传播权保护条例》既禁止直接规避行为，又禁止间接规避行为，为技术措施提供了较为全面的保护。

（一）禁止规避技术措施的行为

《著作权法》第四十九条规定，任何组织或者个人不得故意避开或者破坏技术措施。实施这类行为可能构成直接侵权。此规定包含以下内容：

（1）规避技术措施的行为是对技术措施的直接回避或者破坏；

（2）行为人主观上存在故意，即行为人明知或应知著作权人采取了技术措施，仍然实施了规避技术措施的行为；

（3）法律对实施规避行为的主体没有特别要求，任何组织或者个人都在规制范围内；

（4）规避技术措施行为应承担相应的法律责任（见《信息网络传播权保护条例》第十八条），除非法律明确规定可以避开。

（二）禁止规避技术措施的设备和服务

提供规避技术的设备和服务是一种间接规避技术措施的行为。

《著作权法》第四十九条规定，任何组织或者个人不得以避开或者破坏技术措施为目的制造、进口或者向公众提供有关装置或者部件，不得故意为他人避开或者破坏技术措施提供技术服务。对此规定，可以从以下几方面来理解：

（1）提供规避技术措施的设备和服务涵盖多种行为方式，如制造、进口、向公众提供（包括发行、出租等行为）、服务（帮助他人实现规避技术措施的行为）；

（2）只有提供主要用于规避技术措施的设备和服务才构成违法；

（3）行为人存在故意，即明知或者应知其提供的设备和服务所造成的后果；

（4）故意提供规避技术措施设备或服务的行为，应承担相应的法律责任(见《信息网络传播权保护条例》第十九条的规定),除非法律明确规定可以避开。

三、技术措施保护的限制

对技术措施保护的限制,就是法律明确规定在一定情形下允许使用者规避技术措施或者获得规避技术措施的技术、装备和服务。这是对使用者规避权的保护。

《著作权法》第五十条规定,下列情形可以避开技术措施,但不得向他人提供避开技术措施的技术、装置或者部件,不得侵犯权利人依法享有的其他权利:

(1)为学校课堂教学或者科学研究,提供少量已经发表的作品,供教学或者科研人员使用,而该作品无法通过正常途径获取;

(2)不以营利为目的,以阅读障碍者能够感知的无障碍方式向其提供已经发表的作品,而该作品无法通过正常途径获取;

(3)国家机关依照行政、监察、司法程序执行公务;

(4)对计算机及其系统或者网络的安全性能进行测试;

(5)进行加密研究或者计算机软件反向工程研究。

使用者行使规避权时应注意合理限度,超过必要限度依然可能构成侵权,并需承担法律责任。

四、权利管理信息的保护与限制

权利管理信息,是指说明作品及其作者、表演及其表演者、录音录像制品及其制作者、广播电视节目及其广播电台电视台的信息,作品、表演、录音录像制品以及广播电视节目权利人的信息和使用条件的信息,以及表示上述信息的数字或者代码。

（一）表现形式

权利管理信息的表现形式主要有以下几种：

（1）作品的名称和标记作品的其他信息，包括著作权标记指明的信息；

（2）作品的作者姓名和有关作品作者的其他标记信息；

（3）著作权和相关权利人的姓名、名称和有关该著作权人、相关权利人的其他标记信息，包括著作权和相关权利标记指明的信息；

（4）使用作品、表演、录音录像制品、广播电视节目的期限和条件的信息；

（5）表明这类信息的数字、符号或者可以引至这类信息的链接；

（6）其他经确认的任何此类信息。

（二）权利管理信息保护的内容

为权利管理电子信息提供保护的基本途径就是禁止规避权利管理电子信息的行为，即禁止未经许可删除或者改变权利人为自己的作品设置的权利管理电子信息，或者提供已经删除或者改变了权利管理电子信息的作品，以及禁止标示虚假的权利管理信息。

依据《著作权法》和《信息网络传播权保护条例》的相关规定，网络环境中，著作权人有权依法对权利管理电子信息的规避行为采取相应措施以维护自己的合法权利。具体而言，权利人禁止规避权利管理信息包括三种情况。

1. 禁止删除或改变权利管理信息

《著作权法》第五十一条规定，未经权利人许可，任何组织或者个人不得故意删除或者改变作品、版式设计、表演、录音录像制品或者广播、电视上的权利管理信息。该法第五十三条规定，未经著作权人或与著作权有关的权利人许可，故意删除或者改变作品、版式设计、表演、录音录像制品或者广播电视上的权利管理信息的，应当承担法律责任。

2. 禁止提供权利管理信息被删除或改变后的作品、版式设计、表演、录音录像制品

《著作权法》第五十一条规定，未经权利人许可，任何组织或者个人不得在知道或者应当知道作品、版式设计、表演、录音录像制品或者广播、电视上的权利管理信息未经许可被删除或者改变，仍然向公众提供。该法第五十三条规定，通过信息网络向公众提供明知或者应知未经权利人许可被删除或者改变权利管理信息的作品、表演、录音录像制品的权利管理信息的，应当承担民事责任、行政责任或刑事责任。

3. 禁止标示虚假权利信息

我国《著作权法》规定，制作、销售假冒他人署名的作品的，构成侵犯著作权的行为。因而，在并非他人创作的作品上标记虚假姓名、名称等权利管理信息的，将构成对著作权的侵害。如果虚假标示的不是姓名、名称等权利管理信息，也可能构成不正当竞争，可能受到《反不正当竞争法》的规制。

（三）权利管理信息保护的限制

《著作权法》第五十一条规定，由于技术原因无法避免删除或者改变权利管理信息的，可以作为个例享受法律上的豁免。

对权利管理信息的限制主要包括两种情况。

1. 基于公共利益的限制

基于公共利益的限制，具体是指国家机关、国家机关工作人

员和经合法授权的其他组织为调查、情报收集或者为识别和指明政府部门计算机、计算机系统、计算机网络的弱点而删改权利管理信息的，不承担法律责任。

2. 基于技术要求的限制

基于技术要求的限制包括在播放广告或者其他节目时，使用作品、录音录像制品的片段，因时间短，无法在播放节目的同时表明权利管理信息；或者在实行数字与模拟信号转换时无法保存权利管理信息等情况。在这些情况下，可以对权利管理信息进行规避或者删除。

第四节　网络著作权侵权与救济

网络著作权侵权事件频繁发生,因此,数字出版从业者要研究分析网络环境下著作权保护的困难和对策,同时助力完善相关政策措施,适当时还可以申请法律救济。

一、网络环境中著作权保护的困境与对策

(一)网络环境中著作权保护的困境

网络著作权侵权只是侵权行为在网络环境中的表现,因而其构成要件与传统的著作权侵权并无差异,所不同的是因为作品是以网络为载体而传播所造成的侵权呈现形式上的差异。这些差异造成了网络环境中著作权保护的一些困境,主要表现为以下几个方面:

1. 网络环境中著作权主体确定困难

数字经济时代,很多作品都是作者直接在某一互联网平台上创作并发布的。作者可能署自己的真实姓名,也可能署笔名、网名,甚至根本不署名。网络为更多的自然人提供了更为便利的传播空间,创作作品与发布作品的数量远超现实环境,导致网络用户很容易接触到作品却很难判断作品的权利人。这就给网络作品的使用造成一定的障碍。网络出版者如果想合法使用作品,就得花较大成本去查找著作权人。

2. 网络环境中侵权主体与侵权事实确定困难

网络信息技术的发展,助推了大批新媒体的增长,加快了

作品的传播，网络侵权主体也较现实环境更为多元。网络内容服务提供商、网络用户都有可能成为网络环境中著作权侵权主体。而网络信息传播的便捷，又使得侵权事实难以被追踪，并且这些侵权事实有时只需按一下删除键或是断开链接就可以抹去。依靠传统手段很难把网络环境中的著作权侵权事实固定下来。

3. 网络著作权侵权维权成本高

侵权容易、维权难，这是众所周知的网络时代著作权保护的痛点。维权成本高集中体现在两个方面：一是时间成本，网络侵权扩散速度快、规模大，只要网络畅通，侵权随时可能发生，想对网络侵权状况进行监测，传统手段几乎难以实现；二是经济成本，如果只依靠公证机关对网络侵权事实进行公证，固化侵权网页既耗时间，也要花费一大笔开销。综合考虑维权成本与获得赔偿的数额，著作权人的维权行为常常举步维艰。

（二）网络著作权侵权行为的主要表现

1. 抄袭或超过合理限度的使用

网络环境中的作品抄袭现象比较普遍，尤其是网络文学领域，因抄袭而引发的纠纷占有较大比例。网络上传播的很多文学作品读来给人"千文一面"的感觉，作品之间存在大量情节类似、人物性格与关系类似的情况。另外，不少作品是对他人网络作品进行改编或是演绎而成，事先没有取得合法授权或是使用超过必要限度，也常常构成侵权并引发纠纷。

2. 侵犯网页著作权

此类侵权行为主要表现为：（1）网络使用者或者网络服务提供商在自己设立的网页、论坛非法复制、传播、转载他人享有著作权的作品;(2)将在网络上传输的他人作品下载并复制成光盘;(3)行为人将他人熟知的著作权文件传到网络并从网络上下载进行非法使用;(4)未经许可将他人作品提供到网络上进行公众交易或者传播。

3.规避技术措施设置深层链接

此类侵权行为将他人作品从原先不能为公众获得的状态转变为可为公众获得的状态,即形成了"传播源",因此可能构成对他人信息网络传播权的侵犯。

(三)网络环境著作权保护对策

1.增强著作权保护意识

网络服务提供商、网络用户以及在网络上从事创作者都需要增强著作权保护意识。一方面,著作权是私权,自己是作品的第一保护人,要采取一定措施保护好自己的著作权。另一方面,使用他人作品时,要合规合法,尤其是网络服务提供商和各类媒体要尊重他人著作权,尽到合理注意义务,共同营造尊重智力成果、尊重原创作品的网络环境。

2.优化著作权集体管理

著作权集体管理组织要顺应科技发展和现实需要,调整管理机制和工作机制,协调著作权人与作品使用者之间的关系,加强与国家著作权主管部门沟通,提供高效公平的著作版权服务。

3.引入新技术加强著作权保护力度

中共中央宣传部印发的《关于推动出版深度融合发展的实施意见》明确指出,要加强前沿技术的探索应用、促进成熟技术应用推广,具体到网络著作权保护方面,可以引入比较成熟的数字认证技术和相对成熟的区块链技术,助力著作权的确权举证和维权证据固化,解决网络著作权保护的痛点和难点,以保护促运营,推动网络出版产业高质量发展。

4. 进一步完善法律法规

法律法规相对于行业发展总是存在一定滞后性,随着我国《著作权法》的修订与实施,相关行政法规和部门规章也会随之修订。相关部门应在充分调研网络环境中著作权的保护、应用、管理、服务等各环节的现实需要基础上,细化《著作权法》在某些特殊情境中的落实与应用,平衡好权利人、使用人、网络服务提供商等主体间的利益,平衡好私权利和社会公众之间的利益。

二、法律救济:行政执法与司法审判

行政执法与司法审判在执法主体、执法依据、执法程序、执法特点等方面存在诸多区别,但二者可以加强协调、形成联动,共同推进网络著作权侵权的法律救济。

(一)加大网络著作权侵权行政执法力度

行政执法讲究主动性和灵活性,治理面相对广泛。近些年,针对网络环境中的著作权侵权状况,国家新闻出版主管部门联合国家网信办、公安部、工信部、全国"扫黄打非"办公室、全国打击侵犯知识产权和制售假冒伪劣商品工作领导小组办公室等部门、机构,持续开展"剑网""净网""护苗"等专项行动,打击网络侵权、治理电商平台等,营造良好的网络出版环境。

(二)提升网络著作权侵权司法审判水平

全国法院系统逐步建构起知识产权审判体系,成立专门的知识产权法院或是知识产权法庭,审判专业化水平不断提升,并且引入新的技术手段完善网络侵权判定标准,在司法审判过程中综合运用各种技术、经济手段展开科学分析与论证，力求公平裁判、精准打击。这些都对网络环境中著作权的保护甚至对整个网络出版产业都起到了坚实的保障作用。

思 考 题

1. 著作权的定义和特征是什么？

2. 著作权法意义上的作品的特征是什么？

3. 著作权中的人身权利和财产权利分别包含哪些内容？

4. 出版者的权利和义务分别是什么？

5. 网络环境中著作权许可使用有哪些主要方式？

6. 信息网络传播权合理使用的情况有哪些？

7. 信息网络传播权法定许可使用的情况有哪些？

8. 网络服务提供者不用承担赔偿责任的情况有哪些？

9. 侵犯著作权和邻接权的行为分别有哪些？

参考文献

1. 马克思,恩格斯.马克思恩格斯全集:第17卷[M].北京:人民出版社,1956.

2. 毛泽东.毛泽东选集(第2卷)[M].北京:人民出版社,1991.

3. 习近平.习近平谈治国理政:第2卷[M].北京:外文出版社.2017.

4. 习近平.论党的宣传思想工作[M].北京:中央文献出版社,2020.

5. 习近平.在中国文联十一大、中国作协十大开幕式上的讲话[N].人民日报,2021-12-15(002).

6. 栾玉广.方法的科学:探索自然奥秘之路[M].合肥:安徽科学技术出版社,1982.

7. [英]斯坦利·安文著,王纪卿译.出版概论[M].太原:书海出版社,1988.

8. [法]孟德斯鸠著.论法的精神(上)[M].北京:商务印书馆,1992.

9. 彭建炎.出版学概论[M].长春：吉林大学出版社,1992.

10. 中国大百科全书总编辑委员会.中国大百科全书·新闻出版[M].北京：中国大百科全书出版社,1992.

11. 刘光裕,王华良.编辑学理论研究[M].济南：山东教育出版社,1995.

12. 林穗芳.中外编辑出版研究[M].武汉：华中师范大学出版社,1998.

13. 中国出版科学研究所.出版改革与出版发展战略研究[M].北京：中国书籍出版社,1998.

14. 田胜立.中国著作权疑难问题精析[M].武汉：华中理工大学出版社,1998.

15. 吴汉东.知识产权法学[M].北京：北京大学出版社,2000.

16. 《中国编辑研究》编委会编.中国编辑研究 2000[M].北京：人民教育出版社,2001.

17. 全国出版专业职业资格考试办公室编.出版专业理论与实务（中级）[M].上海：上海辞书出版社,2002.

18. 魏永征.新闻传播法教程[M].北京：中国人民大学出版社.2003.

19. 全国出版专业职业资格考试办公室编.有关出版的法律法规选编[N].北京：中国大百科全书出版社.2003.

20. 袁亮.周恩来刘少奇朱德陈云与新闻出版[M].北京：中国书籍出版社,2003.

21. 全国出版专业职业资格考试办公室编.出版专业理论与实务（中级）[M].上海：上海辞书出版社,2004.

22. 夏红兵编著.志鉴备考(下)·知识与规范[M].贵阳：贵州人

民出版社,2004.

23. 罗紫初,吴赟,王秋林.出版学基础[M].太原：山西人民出版社,2005.

24. 王清.知识产权原理[M].太原：山西经济出版社,2006.

25. 方毅华,郝丽丽编著.编辑学概论[M].北京：中国广播电视出版社,2007.

26. 黄先蓉.出版法教程[M].长沙：湖南大学出版社,2008.

27. 郝铭鉴.心中要有块石头[M].北京：华夏出版社,2010.

28. ［加拿大］马歇尔·麦克卢汉著,何道宽译.理解媒介：论人的延伸[M].南京：译林出版社,2011.

29. 徐丽芳,刘锦宏,丛挺.数字出版概论[M].北京：电子工业出版社,2013.

30. 顾萍编著.印刷概论[M].北京：中国轻工业出版社,2013.

31. 刘春田主编.知识产权法（第五版）[M].北京：中国人民大学出版社,2014.

32. 梅术文.著作权法：原理、规范和实例[M].北京：知识产权出版社,2014.

33. 国家新闻出版广电总局数字出版司.新闻出版标准化工作手册[M].北京：中国质检出版社,2015.

34. 国家新闻出版广电总局数字出版司.探索者的足迹——首批传统出版单位数字出版转型示范案例集[M].北京：电子工业出版社,2015.

35. 何海燕,吴晨晖,吴晋主编.印刷设计与实训[M].石家庄：河北美术出版社,2015.

36. 梅术文.网络知识产权法：制度体系与原理规范[M].北京：

知识产权出版社,2016.

37. 《党的十九大报告辅导读本》编写组编著.党的十九大报告辅导读本[M].北京：人民出版社,2017.

38. 黄先蓉.中外数字出版法律制度研究[M].武汉：武汉大学出版社,2017.

39. 黄先蓉.《出版法律基础》案例选编[M].武汉：武汉大学出版社,2018.

40. 董晓松等.中国数字经济及其空间关联[M].北京：社会科学文献出版社,2018.

41. 华鹰.数字出版版权保护法律制度研究[M].北京：科学出版社,2018.

42. 国家新闻出版署出版专业资格考试办公室编.数字出版基础（2020年版）[M].北京：电子工业出版社,2020.

43. 国家新闻出版署出版专业资格考试办公室编.出版专业基础（初级）[M].武汉：崇文书局,2020.

44. 张立,吴素平.中国数字内容产业——市场格局与投资观察（2019—2020）[M].北京：社会科学文献出版社,2020.

45. 国家新闻出版署出版专业资格考试办公室编.出版专业基础（中级）[M].北京：商务印书馆、中国书籍出版社,2020.

46. 黄先蓉.出版法规及其应用[M].苏州：苏州大学出版社,2021.

47. 中国新闻出版研究院.编辑常用标准规范解说[M].北京：中国标准出版社,2021.

48. 黄薇,王雷鸣主编.中华人民共和国著作权法导读与释义[M].北京：中国民主与法制出版社,2021.

49. 方卿,许洁.出版学基础[M].武汉：武汉大学出版社,2022.

50. 王迁.网络著作权专有权利研究[M].北京：中国人民大学出版社,2022.

51. 编辑出版学名词审定委员会审定.编辑与出版学名词(2022)[M].北京：科学出版社,2022.

52. 袁亮.关于出版自由的是非问题[N].人民日报,1990-05-07.

53. 杨贵山.行业协会任重道远[N].中国图书商报,2002-06-20.

54. 杜尚泽.坚持正确方向创新方法手段　提高新闻舆论传播力引导力[N].人民日报,2016-02-20(001).

55. 方卿.新中国出版人才工作体系建设回顾：出版大计　人才为先[N].中国新闻出版广电报,2021-11-30.

56. 王振铎.文化缔构编辑观[J].河南大学学报,1988(3)：104-114.

57. 黄晓斌.文献复制的法律问题[J].图书情报工作,1992(5).

58. 王益."出版"再探源,出版发行研究[J].1999(6).

59. 阙道隆.编辑学理论纲要(下)[J].出版科学,2001(4)：8-23.

60. 罗紫初.出版学理论研究述评[J].出版科学,2002(S1)：4-11+17.

61. 施勇勤,张凤杰.数字版权概念探析[J].中国出版,2012(05)：61-63.

62. 佟雪娜.数字在线音乐的产业价值链研究[J].艺术百家,2012(2)：70-75.

63. 黄先蓉,张窈.媒介融合背景下出版人才的需求及培养[J].新闻前哨,2016(04)：29-31.

64. 仇景万.英国创意产业发展对我国创新驱动发展战略的启示[J].现代管理科学,2016(5)：73-75.

65. 杨晓新.数据科学视域下的出版学研究方法[J].出版科学,

2017(6).

66. 香江波.新闻出版业相关标识符标准的现状及发展趋势[J].
    出版发行研究,2017(11):45－47.

67. 黄先蓉,贺敏.意识形态安全视域下我国出版政策法规及其
    优化路径[J].出版与印刷,2020(04):22－31.

68. 方卿.关于出版学研究对象的思考[J].中国出版,2020(6):
    15－23.

69. 方卿.关于出版学学科性质的思考[J].出版科学,2020(3):
    5－12.

70. 徐丽芳,陈铭.媒介融合与出版进路[J].出版发行研究,2020
    (12):20－30.

71. 敖然,李弘,冯思然.我国数字阅读行业的发展现状、特征与
    趋势[J].数字出版研究,2023(2):67.

72. 敖然,李弘,冯思然.我国网络文学出海现状、困境、对策[J].
    科技与出版,2023(4):26.

73. 《2023 中国网络文学发展报告 》课题组.《2023 年度中国网
    络文学发展报告》解读——内容生态日趋完善,业态模式持
    续创新[J].中国数字出版,2024,2(04):36－42.

74. 《2023 年中国游戏产业报告》项目组.中国游戏产业发展概
    况分析——基于《2023 年中国游戏产业报告》数据[J].中国
    数字出版,2024(2):80－87.

75. 中国互联网络信息中心.第 53 次《中国互联网络发展状况统
    计报告》[R].北京.2024.

76. 中国新闻出版研究院.2023—2024 中国数字出版产业年度
    报告[R].海口.2024.